現代散文20

兩岸糾葛情

目錄

序文

本小說敘述海峽兩岸人民於公元一九四五年至今，在交往、接觸以及婚姻的過中所發生的離奇古怪、異乎尋常的真實事例一作者數年來記載的所見所聞以及同胞好友所訴的真實情狀。

文中描寫人的本性及千奇百怪的人的眾生相。有光明面亦有陰暗面。光明面提大眾學習、發揚；陰暗面則供大眾批判、警戒。

本文為小說創作，文中人物或情節有與現實人物及事例雷同、巧合，需證實者一概免談。

作者：海鳴

2017 年 6 月於台灣

一、「老少配」夫妻柔情蜜意羡煞同仁大陸女

Ｚ先生於民國三十八年（公元一九四九年）隨國民黨部隊來到台灣。由於他文化水平高，作風正派、品性善良，嚴于律己。被上級派遣到某中學任教師。他退休後，在台灣開放去大陸投資之際，他去上海投資做生意。就在此時，他結識了一位上海小姐。這位滬女的年紀雖然跟Ｚ先生相差近三十歲，可是他們一見傾心。他們在上海很快辦理了結婚手續。

滬女來到台灣，Ｚ先生對她關懷備至。還給她充分自由。她要去跟同樣嫁到台灣的上海同鄉聚會，Ｚ先生支持她去；她要去找工作，甚至找到晚上不能回家的工作，Ｚ先生也讓她去。而且對她毫無怨言。

Ｚ先生對朋友們說：「我年紀大，我對我太太講明，她如果有需要，可以隨時提出跟我分手。我對她唯一要求就是不要背叛我。夫妻之間就是要相互信任。」

Ｚ先生還對朋友們說：「我年紀大了，找個伴，就是為得到生活、精神、性生活等方面過的愉快。我如果對太太不好，太太也不會對我好。這樣不是替自己找痛苦嗎？」

Ｚ先生盡可能做到夫妻能閒情逸致、幸福快樂。他們夫妻常常利用休息時間到戶外遊玩。一方面增加情趣；一方面亦能增進感情。有一次，Ｚ先生跟太太一起回上海探望太太的父母親。他們回台灣時，Ｚ先生帶著太太從金門花十萬台幣坐偷渡船回台灣。他們一方面為省事不需要辦理入海關的手續。一方面也為在大海的驚濤駭浪中體驗尋常的遊玩意境。

滬女出門時常挽著Ｚ先生的手，她的頭還歪倚在Ｚ先生的肩頭。體現出一副「老少配」夫妻間的柔情蜜意、和樂融融的模樣。熟識他們夫妻感情的朋友既羨慕又自愧弗如。特別是大陸嫁來台灣的女子，聽說他們夫妻過著柔情蜜意、互敬互愛的甜蜜生活，直呼：「Ｚ太太真好命！我們跟她比起來簡直不是人過的日子！」

滬女是她娘家的獨生女。她對自己嫁給這麼好的先生也很惜福。為了愛，她把心傾注在台灣的家，她跟老夫形影不離。她也就很少回去大陸上海的娘家。

二、一場速戰速決的相親記

公元一九八七年十一月二日台灣開放去大陸探親之後，緊接著公元二十世紀九十年代，台灣商人又赴大陸經商。於是，一股「慕台潮」在大陸風起雲湧。

孟先生是大陸普通的公務人員。他耳聞目睹一位大陸女子嫁到台灣，均由台灣老公替她們在大陸買一套或二套新住房。他心裡十分羨慕。於是，孟先生決定托朋友替女兒介紹一位台灣金玉滿堂的女婿，讓他現有的中等經濟水平能更上一層樓。他相信女兒窈窕、如花似玉的容顏，要嫁台灣人是很容易的事。他拿一張女兒的玉照托朋友帶到台灣去。沒多久，如他所願，那位朋友很快替他女兒物色到一位「台灣郎」。那位已近中年的台灣貴先生看到孟女的照片，對孟女如痴如醉，恨不能即刻飛到大陸跟美女見面。同時，他也精心挑選一張自己最滿意，也最能打動女人心的照片。他還廢寢忘食的寫了一封柔情蜜意的求婚信一併寄到大陸。

孟先生收到台灣貴先生的信和照片喜不自勝。他忙跟妻子一起對女兒百般勸說和央求。孟女勉為其難的同意跟貴先生見面。於是，他們雙方通過介紹人很快談妥貴先生到大陸跟孟女見面的時間。

那天，孟先生為了迎接台灣來的貴客，特地找單位借一輛高級轎車，帶著女兒和介紹人一起前往機場。在機場出境處，貴先生拖著行李箱一走一拐的走出來。介紹人忙上前向貴先生打招呼。介紹人亦是第一次看到貴先生。她見貴先生走路的樣子十分驚訝，她邊走邊想:「貴先生的介紹人說，貴先生是一家大企業的業務員。他身體很健康，人也很能幹。那他走路為什麼是這樣子？難道他曾罹患小兒麻痺症？」

孟女見貴先生走路一拐一拐的，原本不悅的她，這下更如烏雲罩頂，滿臉抑鬱。孟先生見貴先生走路不尋常的樣子，仍不以為然。他熱情的招呼貴先生坐上轎車的副駕使座，並替他將行李搬上轎車的後車箱。一路上，貴先生喜形於色地扭頭看孟女，孟女卻冷若冰霜、無事似的呆坐在車的後座上。

轎車開到一處高級餐館門前停下。貴先生從車上下來，走到孟女身邊迫不及待的說：「孟小姐，你好！」

孟女只是微微點頭示意，臉上毫無表情。

在餐館裡前來用餐的顧客們聽到貴先生講的濃重閩南語的國語，就知道他是台灣人。大家都用仰慕的眼神看著他。用餐時，孟先生的注意力一直落在貴先生的身上。貴先生用舌尖撩撩上下牙床，孟先生忙拿牙籤遞給他；貴先生吃烤雞腿，孟先生忙遞餐巾紙；貴先生向桌上茶壺瞟一眼，孟先生忙給他奉上一杯茶。

孟女一直垂著頭，心事重重的喝魚湯。

孟先生一邊招待貴先生，一邊幻想：「如果女兒跟貴先生成婚，我便慫恿貴先生到大陸來投資經商。我也就可以參入他經商。到時候……」他越想越興奮。

餐後，孟先生將貴先生載到事先特別為他的到來而裝修的三室一廳居室。其中一間大的臥室卻特別裝修得華貴、典雅。全套的嶄新傢俱、龍鳳呈祥的絲織窗帘、全套牛皮沙發、高級席夢思床、精美的書櫃、擺有各式藝術品的展示櫃。殊不知，這些華貴的裝飾及擺設遠遠超出孟先的經濟能力。這全是孟先生借貸張羅而成的。貴先生未來之前，孟先生在心裡一直盤算，不能讓貴先生認為他們家很寒磣。他信心滿滿的想：「女兒漂亮的臉蛋一定能贏得貴先生的歡心。貴先生見到這些為他準備的奢侈品，他一定會加倍償還的。」

孟先生將貴先生請進華麗、典雅的臥室時，貴先生驚嘆道：「喔！你們家好漂亮呀！」貴先生在台灣只是一名普通的業務員，靠工資吃飯，對於這些華貴的擺設，他想都不敢想。

「快給貴先生泡茶！」孟先生小聲吩咐女兒。

孟女緩緩起身去客廳。貴先生坐在臥室沙發上想：「她這樣子應該是女孩子的矜持。」

孟先生可不滿意女兒的矜持，他恨不能即刻使「生米做成熟飯。」以圓他跨入富裕生活的夢。孟女剛端一杯茶走進臥室，孟先生就迫不及待的走出臥室，並將臥室門反鎖上。然後，他坐在臥室門邊的小凳上倚靠著臥室門，側耳細聽他們可否改變他家經濟命脈的談話。

一直坐在孟家客廳看電視的介紹人，見孟先生宛如婦人般的小動作，感覺孟先生的心胸太狹隘。俗話說：「兒孫自有兒孫福。」「兒女的婚姻大事由他們自己主導。孟女已二十歲了，再說作為父親也不能替她越俎代庖哇！」她邊看電視邊想。

「砰……」一陣急驟的敲門聲。

「誰呀？嗯……」孟先生嘆口氣，不得已將客廳門拉開一道縫。

「你……」孟先生從門縫裡見到來人，恐懼的說不出話來。

「孟伯伯，我找孟玲說一句話。」站在門外，長相頗帥的小伙子央求道。

「不，她不在家。」孟先生將身體堵在門縫裡，本能的朝臥室瞥一眼。

「我知道她在家，請她出來，我只說一句話就走。」小伙子貼近門邊，幾乎要闖進來。

孟先生焦急的走出去，反手關緊客廳門說：「你有什麼話跟我說，我替你轉達。」孟先生不耐煩的低聲說。

「孟伯伯，您知道我和孟玲的感情，您不能拆散我們。」小伙子說出心裡話。

「什麼感情？哪怕是正式夫妻也不能勉強，而且隨時可以辦理離婚手續。她現在不願意跟你繼續交往，你不能強迫她。你快走吧，她跟你交往時花了你多少錢，我可以賠償你的損失。」孟先生正經八百的說。

小伙子驚愕的望著孟先生，沉吟片刻說：「孟伯伯，愛情是無價的，錢算什麼？！」

「坦白告訴你吧，現在我們全家同意，包括她自己也決定嫁給台灣人。如果心為她好，為我們全家好，你就別再來打擾她。」

「她會接受沒有愛情的婚姻嗎？孟伯伯，我請求您讓她出來一下，如果她當面對我表態要我離開她。往後，我絕對不再來麻煩您了。」他眼裡噙著淚沮喪的說。

孟先生似乎被他的誠意感動了，他沉默一會兒，臉上的表情也緩和了。再過一會兒，他心靈深處嚮往幸福的慾望又驅使他將緩和氛圍變得強硬起來。「你快走吧，改天她有空，我會叫她去找你說清楚的。」

暮色悄悄從窗外漫延到臥室裡來。孟玲擰開五彩燈飾，霎時間，臥室充滿溫馨柔和的色彩。在燈光下，孟玲更顯得楚楚動人。貴先生一直對孟玲深情告白，表示她嫁到台灣，他一定會讓她永遠幸福。然而，孟玲始終未開口對貴先生說一句好聽的話。她一直垂著頭玩弄她的手指頭，甚至沒正眼看貴先生一眼。

貴先生感覺他在台灣收到孟小姐的信，信裡她表示她嚮往台灣，她會一輩子待在他身邊……。為什麼信裡的內容跟她本人判若二人？貴先生始終想不通。可是，貴先生不知道那封信是孟先生代指女兒寫給他的。當貴先生收到孟玲的照片和那封信，他以為他的緣份到了，找到真愛。他越看孟玲的照片越痴迷。他為了迎娶孟玲來台灣，立即付於行動。他去外面另找一份送貨到購物者住宅的工作。為能多賺錢讓孟玲嫁到台灣能幸福，他不辭辛苦一天做兩份工作。他萬萬沒料到，他來大陸跟孟玲見面，她卻一直視他為陌生人。「從她對我的態度，說明她根本看不上我。既然這樣，我也不要自討沒趣。俗話說『強扭的瓜不甜。』我不要再待在這裡，我要回台灣。」貴先生坐在沙發上冥思苦索。

孟玲聽到她母親下班回來了，她忙拉開臥室的門，她低聲對母親講有事要出去一下。她好像跟男朋友心有靈犀，她並不知道男朋友來找過她。她現在是要去找男朋友訴苦。

貴先生從臥室出來，見孟玲出門卻對他連個招呼也沒打。他知道此事徹底沒希望了。他跟介紹人講，他要去機場買飛機票回台灣。介紹人也觀察到事情有變化。她跟孟家夫婦講，貴先生要回台灣。孟家夫婦表情尷尬的送貴先生出門。

一場兩岸的相親記，速戰速決地劃上休止符。

三、覬覦娶大陸女爲妻卻賠上自己性命

在台灣老榮民居住的一處眷村，那裡時常是寧靜、蕭瑟的景象。那白髮蒼蒼的老榮民以及缺牙癟嘴的老太太坐在自家門前孤寂度日，毫無生趣。自從公元二十世紀八十年代末，台灣開放去大陸探親。以至公元二十世紀九十年代興起兩岸「婚姻潮」時期，一批大陸女子嫁到台灣眷村後，使眷村景象，瞬間變成朝氣蓬勃而充滿生氣。

每天清晨，眷村的小公園裡，一個個打扮得花枝招展的大陸女子，隨同她們年邁的老公在小公園步道上散步。有的跟老公肩並肩的走；有的攙扶著一走一拐的老公慢慢走；有的則推著輪椅上的老公跟在人群後面走。一眼望去全是年輕的大陸女子陪伴著年邁衰老的老榮民所組合的「老少配」夫妻。這種景象羨煞了眷村裡伴著年邁老妻苦苦度日的老榮民們。

每天早晨，一位眷村鄔姓老榮民坐在小公園步道旁的一棵樹下，她默默的看著在步道上散步的大陸女子。其中一位大陸Ｅ女頗有幾分姿色。Ｅ女發現鄔先生老盯著她，她便望他笑。散步完後。Ｅ女特別走到鄔先生坐的地方跟他聊天。鄔先生對Ｅ女說：「你老公娶到你這麼年輕漂亮的小姐真幸福。」

Ｅ女說：「您也可以娶像我這樣年輕的老婆呀！您如果想娶老婆我可以幫您介紹，我們家鄉多得很像我這樣的小姐。」

之後，Ｅ女每天跟鄔先生聊天，聊得鄔先生心蕩神迷。鄔先生每天回到家裡，看到滿面皺紋、彎腰駝背的老妻時，心海裡湧發一陣波濤洶湧的無名遐想。又可怕又誘惑人的慾望在他腦海裡翻騰。在夜裡，他不能入眠。他想乾脆跟患有羊巔瘋的老婆離婚。然後又想，如果跟老婆離婚，在台北工作的兒女們一定不會同意。就算我強迫老妻離了婚，那兒女們也不會允許我娶大陸女子。那該怎麼辦呢？他冥思苦想後說：「對，唯一辦法就是讓老妻死，那樣就一了百了！」

鄔先生想到一了百了的辦法就馬上開始行動。第二天中午，鄔妻正準備做飯。鄔先生便去廚房，他背著老妻將媒氣桶上的管線扯掉後，再把媒氣桶擰開一點，讓媒氣慢慢往外漫溢。鄔妻打不開煤氣爐，她忙拿煤氣點火槍點火。「砰」的一聲，滿廚房的煤氣燃燒起來，鄔妻當場被大火吞噬。鄔先生逃往客廳，還是被熊熊燃燒的大火包圍。

待鄰居們打 119 報案後，消防車開來方才將大火撲滅。同時也將燒得焦黑的鄔妻和燒得面目全非的鄔先生用擔架抬出來，送往醫院搶救。鄔妻已回天乏術；鄔先生沒幾天亦一命嗚呼！

眷村人都知道是鄔先生心術不正害死老妻，鄔先生的死卻是上天對他的懲罰！

四、台灣法官歪曲引用魯迅先生所揭露的口頭禪

台灣《自由時報》在公二〇一七年四月二十七日星期四的社會焦點新聞報導「新北市一家不鏽鋼公司陳姓主管不滿廖姓部屬的工作態度，雙方屢生口角，廖因此離職。陳在廖離職隔天，在公司的 5 人 LINE 群組 PO 文『你打包是這樣的膩，你媽的，當這旅館是嗎？』……廖控告陳誹謗罪。」

「一審簡易庭認定罵『你媽的』……等屬侮辱性用語，依誹謗罪判罰五仟元台幣……」

「二審法官援引中國作家魯迅在〈墳·論「他媽的」〉文章中，『無論是誰，只要在中國過活，便總得常聽到「他媽的」或其相類的口頭禪。」法官因此認為「他媽的」、「你媽的」都是口頭禪，便改判被告無罪。

按照台灣這種法律判決的結果，大有誤人子弟之嫌。正在求學的大、中、小學生看到報上報導的判罪內容，一定會認為既然法官將這種罵人的口頭禪——「他媽的」、「你媽的」定論為無毀損他人名譽的惡意。那麼大、中、小學生就會把這種口頭禪掛在嘴上，對人、對事都來一句「他媽的！」、「你媽的！」俗話說：「學好千日不足，學壞一日有餘。」那麼台灣的社會風氣就會被這罵人的口頭禪占領。人家的媽在家好好的，既沒招誰、惹誰，為什麼要把人家的媽掛在嘴上？聽起來就是在侮辱人家的媽，也是罵人者庸俗無知的表露。難道台灣法官就是用這種判罪的尺度來敗壞社會風氣嗎？

再說魯迅先生在〈墳·論「他媽的」〉文章中寫道：「無論

是誰，只要在中國過活，便總得常聽到『他媽的』或其相類的口頭禪。」這是魯迅先生揭露中國人醜陋的惡習。也就是把罵人當口頭禪似的隨便。卻被台灣法官引用為改判罵人的被告無罪的依據。這簡直讓世人貽笑大方！

五、在台灣後來者受歧視

在台灣除當地的原住民以外，絕大多數都是從大陸遷居來台灣的。最早於唐朝、明朝、清朝等朝代的一批人陸續遷居來台。接著在公元一九四五年日本投降，國民黨政府的部隊和官員來台接管台灣；再接著民國三十八年（公元一九四九年）國民黨八十萬大軍和眷屬以及從舟山群島等地撤退來台的二百六十萬大陸軍民；最近是台灣人去大陸探親後陸續嫁入台灣的三十多萬大陸女子以及少數跟台灣女子結婚的大陸男子。

俗話說：「先進山門為師，後進山門為徒。」照道理先進山門的師父應該幫助和愛護後進山門的徒弟才對。然而，在台灣先來者歧視後到者的現象普遍存在。美國是白種人歧視黑種人和黃種人。在台灣卻是黃種人歧視黃種人。

L女剛來台灣，看到一處廁所的外牆上用大字寫上「外省豬滾回去！」的標語。她不懂這標語的意思。後來，L女請教幾位老榮民（從國民黨部隊退休、退伍的榮譽軍人簡稱老榮民）他們告訴她，凡是從大陸來到台灣的國民黨軍隊及其眷屬被早期遷居來台的閩南人稱之為「外省人」或被罵為「外省豬」。L女說：「他們這樣也太不講理了。在明朝末年台灣被荷蘭人占領，是明朝將領鄭成功趕走了荷蘭人。接著公元一九三七年至一九四五年中國和美、俄等國共同抗日趕走了占領台灣五十年的日本人。在荷蘭人、日本人占領台灣時期，難道他們也會寫標語罵『台灣滾回去！』嗎？」

老榮民們說：「不可能，他們不可能罵外國人，因為他們『吃柿子，撿軟的捏。』」

Ｌ女在公元二十一世紀二零一六年三月九日星期三的《自由時報》上看到一則有關台灣林姓家族為爭遺產，其侄兒殺害大伯一家三口人的新聞報導。報上報導：「林家世代在桃園市八德務農，原是呂姓大家族的佃農，因『耕者有其田』成了大地主……」

國民黨在民國三十八年（公元一九四九年）來台灣時，在台灣實施「耕者有其田」的政策，分田給窮人，使窮人瞬息成為富人。照道理先來台灣的那批人應該感謝他們，為什麼還有無情無義的人辱罵他們為「外省豬」呢？

在公元二十世紀的一九九六年，Ｌ女從踏上台灣這塊土地就聽到「大陸妹」這刺耳的歧視蔑稱。有一天，一個小男孩跟在Ｌ女身後大叫：「大陸妹！大陸妹！……」Ｌ女頭也不回的只顧往前走。她邊走邊想：「不怪這無知的小孩。俗話說：『不知者不罪。』這全是大人們的歧視意識所造成的」。

更誇張的是，台灣人居然將蔬菜變成歧視意識的工具。自從將嫁入台灣的大陸女子扣上「大陸妹」這個蔑稱時，在台灣各菜市場卻將名為「生菜」的蔬菜取名為「大陸妹」。

Ｌ女去菜市場常常聽到，買菜的問：「這『大陸妹』新鮮嗎？」

賣菜的抓起一顆生菜給買菜的看說：「你看，這『大陸妹』水水嫩嫩的，像剛生下來的『大陸娃』！」

更令Ｌ女氣憤的是，她看到菜市場載運蔬菜的貨車上，一疊一疊擺放整齊的包裝箱上規行矩步地印刷上「大陸妹」三個特大的正體字。看來歧視大陸女子的菜名已經成為台灣鐵安如山的菜名了。

對於這種明顯歧視大陸女子的事態，可是台灣的人權組織、婦女會以及各級政府均充耳不聞，視而不見。不過，台灣有的媒體尚未隨聲附和。L女看中天電視新聞台報導蔬菜新聞時，所報導的是正規蔬菜的名稱——生菜，並不是蔑稱「大陸妹」。

有一次，L女幫七旬老榮民在高雄高樓林立的住宅區路邊賣小籠包時，一位年近六旬的老者走到餐車跟前，L女忙有禮貌的迎上去問道：「先生，請問，您買幾籠小籠包？」

那老者卻瞬間變臉，他指手劃腳地厲叱喝。L女聽不懂閩南語，只是尷尬的站在那兒呆想：「這人為什麼要對我發這麼大的脾氣？我沒對他有絲毫的怠慢呀？」

此刻，賣小籠包的老板忙上前接待那位無故暴戾的老者。老板用閩南語接待他。那老者買好小籠包離開後，L女迫不及待地問老板：「剛才，那人為什麼對我無緣無故的發脾氣？」

老板說：「他說你不跟他講台語，也就是閩南話。」

「啊！——」L女震驚的說：「台灣不是號稱民主自由的社會嗎？她憑什麼干涉我說話的權利！干涉我的自由！台灣不是有很多人講國語嗎？我講國語有什麼錯？這人太無知了！」

有一則電視新聞報導，在某小吃店，有一位小姐走到小吃店收銀台邊講國買早點。坐在店內餐桌吃早點的男人馬上站起來用閩南語大聲指責她，不准她講國語。L女邊看新聞邊氣憤的說：「儘管世界上有些國家有種族歧視，還沒聽說有阻止別人使用自己語言的事。唯獨台灣極少數無知的人太誇張了，連最基本的人權也不懂，竟阻止人家說話的權利。」

L女跟老榮民的兒子，也就是台灣人所稱的「外省第二代」

聊起這件事。他感慨的說，他們早期在台灣還受閩南人的孩子欺負。在學校上學時，閩南人的孩子們拿矛頭攻擊我們「外省第二代」。當他們長大成人去找工作時，在招聘單位填寫履歷表，他在籍欄填寫父親在大陸的原籍。那招聘人員看到籍貫欄裡所填寫的大陸省份，馬上沉下臉把履歷表丟在桌上。他知道對方討厭「外省人」而悻然離開招聘單位。之後，有些單位把履歷上的籍貫欄改為出生地，這種無辜受歧視的現象方才改善。

以上所述，後來台灣者在台灣所遭受的種種異乎尋常的歧視何時了？大陸人民以及全世界人民都在看。

六、荒誕無稽有老婆卻找處女強身

一位大陸女子嫁給台灣老榮民十餘年，她為得到八旬老榮民錢財而投其所好，想盡心思討好老榮民。有一次。她要回故鄉探望新生的孫子。她為了要老公同行，便對老公承諾替他在農村找一位處女供他強身。

他們夫婦倆回到大陸家鄉，這位大陸女子四下裡打聽誰家有未出嫁的處女。她在一處窮鄉僻壤找到一位處女。她給處女的媽媽一仟元人民幣讓處女陪她老公睡一宿。這位窮而喪志的母親竟為一仟元人民幣出賣了自己女兒的初夜權。

這對殘害處女的夫妻回台灣後四處吹噓說：「我老公跟一個處女睡覺後紅光滿面，飯也吃得多，覺也睡得好。」

有位愈七旬的老榮民聽到這位大陸女子的說法，當即心動了。他決心要去大陸找處女。這位老榮民於公元一九四九年隨國民黨部隊來台灣。民國四十八年（公元一九五九年）國民黨部隊對國民黨官兵開放結婚時，根據當時台灣的習俗，凡是娶老婆的男方，必須給女方娘家台幣一萬二仟元或二萬元聘金。這位老榮民沒錢給聘金，只有找一位寡婦結婚。因為娶寡婦不用給聘金。所以這位老榮民結婚多年後，仍對處女十分好奇。他一方面對處女好奇，一方面也是聽信那對夫妻找處女能強身的無稽之談。於是，這位老榮民稱極托親靠友替他找處女。經過幾番周折，他花了上萬元人民幣，終於在大陸某地農村找到一位處女。他跟處女同居了幾天後返回台灣。他在台灣沒過幾天，原本身體很好的老榮民卻猝然去世。

有許多知道這位老榮民去大陸找處女的民眾都紛紛議論說：「他去大陸傷風敗俗，去傷害一位純僕而無辜的農村姑娘。他死得這麼快，是遭到報應、遭到天譴！」

七、他在台灣遭騙婚後爲大陸戀人自裁

一位大陸東北的國民黨軍人，他身材魁岸；容貌英俊；風姿瀟洒。他於公元一九四九年隨國民黨部隊來台灣之前，在家鄉跟一位窈窕、嫵媚的少女相親相愛並私訂終身。兩人立下海誓山盟：「男不婚；女不嫁。」少女一雙烏溜溜的雙眸深深印入東北先生的心田。他們在村子裡是一對人人稱羨的俊男美女。東北先生來到台灣後日夜思念他的戀人。他到不惑之年時，無論誰勸他結婚，他一概不理會，他一直要堅持遵守跟戀人共同訂立的誓言。

有一天，軍中同袍約東北先生去他家喝酒、聊天。這同袍事先有意安排他太太的表妹，一位容貌醜陋而嫁不出去的女子陪東北先生一起喝酒。在飲酒時，他們幾個人輪番對東北先生勸酒。最後使他喝得爛醉如泥趴倒在酒桌上。這使東北先生的同袍稱心如意，他忙安排他太太的表妹跟東北先生睡在一張床上。翌日晨，東北先生酒醒後看到一同飲酒的醜女睡在他懷裡，他驚嚇得逃跑了。同袍帶著他太太的表妹找到東北先生家裡。那醜女當面對東北先生說：「我已經失身了。」

東北先生沒辦法咬牙忍痛答應這門婚事。他們後後生了三男三女六個孩子。東北先生常常當老婆的面嫌惡她又黑又醜。他心裡卻無時無刻地思念著家鄉的戀人。他從部隊退休後，整日間心情鬱悶。他每天外出打牌以消磨歲月。他老婆患有糖尿病。東北先生打牌打到半夜回家叫門時，他老婆病得不能起床。當他老婆聽到他拍門的聲音，急忙掙扎著起床卻又站不住，她只有趴在地上一步一步爬行著去開門。她爬到門邊再慢慢撐起來倚靠在門上，然後拉開門。東北先生見她這麼久才來開門，他不耐煩的大罵道：「你睡死了！為什麼這麼久才出來開門？」他老婆一慣懼怕他，她也不敢解釋晚來開門的原田。其實，東北先生的老婆除了長相較差之外，她從結婚到如今一直全心全意、無微不至地侍候她老公。每天清晨起床替老公打洗臉水，還把牙膏擠在牙刷上。再替老公做早餐，還把早餐端到老公面前的桌子上，然後，把筷子、湯匙遞在他手裡。每天把老公出門要穿的衣服疊得整整齊齊放在床頭櫃上；連他要穿的鞋子、襪子都擺放在他垂手可得的地方。每天晚上，替他在浴缸裡放好澡水。

這天，東北先生去參加同袍的婚禮。他看到人人稱羨的大美人——新娘，很像他家鄉的戀人，他驚呆了。他坐在宴席上無心喝喜酒，他的心沉浸在那個時候跟戀人在一起的快樂情景中。當他的思緒回到現實時，他的精神恍惚，彷彿他在跟戀人結婚。他回到家裡，越想越覺得自己違背了跟家鄉戀人共同訂立的誓言，背叛了對戀人的愛情。他怨恨自己說話不算話，根本不配做一個男子漢。他下決心以死明誓。他半夜起床寫好遺書，然後走進浴室，一口喝下洗馬桶的強鹼液，繼而又回到臥室躺在床上。此刻，他的內臟被強鹼液灼傷，他痛得從床上滾落到地上。清晨，東北先生的老婆發現他躺在地上口吐白沫。東北先生的老婆大哭大叫：「我老公自殺了！我老公自殺了！」

鄰居們聽到哭聲，都跑到她家，抬的抬東北先生，打的打電話叫救護車。救護車將東北先生送醫院搶救，沒幾天，回天乏術東北先生在醫院去世。他的遺書寫道：「孩子門，你們的媽媽很勤勞、很辛苦的撫養你們，我去世後，你們一定要好好孝敬和照顧你們的媽媽。」

那年是公元一九八六年。就在東北先生去世的第二年也就是公元一九八七年十一月二日台灣開放去大陸探親。唉……太遺憾了！如果東北先生晚一年出事，他完全可以去大陸探親跟他朝思暮想幾十年的戀人團聚。一對戀人淒婉的、可歌可泣的戀情就這麼結束了！

八、她在台灣當看護回家鄉當貴婦

嫁到台灣的大陸女子絕大多數為改善大陸家人的生活品質，而在台灣拚命賺錢。台灣薪水較高的工作是去醫院住院病房當看護。一天工作十二小時的日薪是一仟元台幣；一天工作二十四小時，也就是晚上睡在病人旁邊，病人如果狀況得隨時服侍病人，日薪為二仟元台幣。

四十餘歲的大陸X女嫁給一位近八旬的老榮民，雖然老榮民月領近四萬元台幣的終身俸，但是，老榮民得顧及兒女的生活以及他菸、酒、茶的嗜好。他每月給X女五仟元台幣的零用錢。X女很氣憤，她認為這點錢還不夠她買一件像樣的衣服。她抑鬱的想：「我離鄉背井來台灣難道就為這區區五仟元台幣嗎？」

之後，X女實在忍不住對她老公講：「我兒子要創業，我沒錢幫助他。我聽老鄉講，去醫院做看護比較賺錢，我要去做看護。」

台灣家庭為夫權至上。許多大陸女子的老公不允許大陸老婆去外面打工賺錢。他們的理由是：「你嫁給我就應該在家陪伴我，照顧我的飲食起居。」X女的老公知道自己無能力幫助X女的兒子創業，只好默許她去醫院做看護。

X女開始請老公給她一萬多台幣到看護培訓班學習，之後，經過考試拿到看護證，才名正言順地去醫院做看護。做看護必須替重病人處理大小便、洗澡、換紙尿褲、擦屁股。X女生平第一次替病人做骯髒事，她心理極不平衡。可是為了賺錢，她只有按捺自己的情緒，咬牙苦撐。她所照顧的病人尿失禁，一夜喚她數次幫他處理小便，害她夜夜難眠。使她精疲力竭。一位做看護多年的同事教X女在病人陰莖上繫上塑膠袋接尿，不需要時常起床替病人換紙尿褲。X女按此方法果然助效，使她終於能夠在夜裡入眠。前一位病人出院後，X女分配照顧一位身體胖碩出車禍受傷的病人。她既要翻身又要替病人洗澡，她身體孱弱照顧這麼胖碩的病人很吃力，時常腰酸背痛。還好這位病人沒多久就出院了。接著X女又照顧一位中風的老先生。有一次，老先生的大便堵在肛門口排不出來，老先生大喊大叫，X女只好用手替老先生將大便掏出來。

X女做了近一年的看護，感覺身心俱疲。她跟一位做老護的老鄉約好，向看護公司老板請假回大陸家鄉探親。X女回到家鄉後，她為緩解自己替病人做骯髒事的不平衡心理，特別托朋友替她請一位年輕貌美的女子侍候她。替她做飯菜、做家庭清潔、洗衣疊被，替她用手洗內衣褲、甚至替她擦屁股。她為了炫耀，每次出門時穿時髦高檔服裝；戴粗的白金項鏈；戴精緻的金手鏈和金腳鏈；祖母綠的吊式耳環；手腕上掛一只小巧的名牌繡花包。她走起路來那耳垂上的耳環和掛在手腕上小包一直晃盪著，很引人側目。她還去舞廳找「小白臉」談情說愛。她每次出門購物時，她的那位褓姆拎著購物袋跟她保持兩步路的距離在她身後走。X女渾身上下珠光寶氣格外引人注目。她一位初中時的女同學在路上跟X女不期而遇。女同學看到她眼睛睜得大大的，視她驚為天人的說：「嗨！你到底是從海外歸來的貴婦，簡直跟我們判若雲泥呀！」

X女有意仰頭側身對褓姆說：「小茹，把我們剛買的進口蘋果拿兩個給我的同學嚐鮮。」小茹忙從購物袋裡拿出兩個大蘋果給那位女同學。

女同學說：「她是你女兒呀？真貼心，還替媽媽拎東西。」

X女忙湊近那位女同學說：「我哪有女兒呀，她是我請的幫傭，也就是你們所說的褓姆。」

女同學更驚詫的說「唷！看你這貴婦的樣子，我簡直不想活了。」她低頭看著自己的穿著說：「你看我穿得這麼寒磣，連貧婦都不如！」

X女擺出一副驕矜之態說：「我這算什麼，我在台灣穿著更華麗。每次出門散步牽一隻捲毛貴賓狗。我住在豪宅裡過著衣來伸手，飯來張口的生活。要出去玩都坐賓士轎車，也就是大陸人說的奔馳轎車。」

此刻，有一個十二、三歲的小男孩靠近X女，冷不防將她手腕上掛的名牌小包一把搶走後，直往前跑。

女同學忙說：「快去追他！」

X女裝出滿不在乎的樣子說:「沒關係，我的名牌包多得很。」

這時候，有位穿戴華麗的婦女走過來說：「咳，真巧！我正要去你家，卻在這裡碰到你。我接到看護公司老板的電話，他要我們提前回台灣，因為他接到好多客戶。」

女同學好奇的問：「你們在台灣有工作呀？看護公司是做什麼的？難怪你們這麼富有。」

那位X女的同事快言快語的說：「我們在台灣當看護，也就是在醫院照顧重病人，幫病人洗澡、擦屁股。賺那種錢真不容易，既髒又辛苦。」

女同學疑惑的想：「Ｘ女剛才說在台灣住豪宅過飯來張口，衣來伸手的生活。她看起來那麼富貴，怎麼會做替病人洗澡、擦屁股的事呢？原來她那貴婦的樣子是裝出來的？」

褓姆小茹也在一旁不解的想：「原來她在台灣跟我做一樣的事。她回家鄉卻裝出貴婦的樣子。她洗澡時要我替她擦背，還規定我用手替她洗內衣褲，甚至還我替替她擦屁股……」

Ｘ女見她們滿腹疑團的表情，她亦站在一邊想：「說明她們知道我在台灣做骯髒事。知道就知道吧，我有什麼錯？我有錢花費是我的自由。我在台灣侍候別人很辛苦，我回家鄉就是要嘗嘗別人侍候我的滋味。我花大錢請別人侍候我，這樣不是很公平嘛！」

九、二十年後兩岸婚姻潮退潮了

二十世紀九十年代兩岸「婚姻潮」的二十年後，台灣有位六旬的T先生在他老婆去世後很想續弦。他想托人在大陸找一位四十歲左右的子結婚。他的台灣朋友便替他在嫁來台灣的大陸女子中打聽是否有女子想嫁來台灣。她們都說好像沒聽說家鄉有女子要嫁到台灣。最後找到一位熱心腸的女子說他兒子在大陸認識一位離婚的四十出頭的農村女子想找男朋友。T先生得到這個信息忙去大陸找那位大陸女子的兒子，也就是女方的介紹人。

T先生跟那位女子見面時，見那位女子身材苗條，長相清秀，便對她一見鍾情。他請介紹人和那位女子一起去餐館吃飯。當介紹人私下問那位女子是否同意嫁給T先生？那位女子說T先生的年紀跟她太懸殊。當兒子將此事告訴她媽媽時，這位嫁到台灣二十多年的大陸女子感慨的說：「哼！真是此一時，彼一時。想當年，那麼多大陸女子爭著要嫁到台灣。哪怕別人介紹一位老、弱、病、殘者，也會欣然接受。要不然『過了這個村，遇不上那個店。』如今，那女子還嫌T先生的年紀跟她太懸殊。她不知道那時候台灣男方與大陸女方的年紀從大二十歲起跳；大三十、四十的很普遍；大五十、六十，甚至大七十的也大有人在。這說明如今大陸人民的生活水平提高了，人的眼界也跟著提高。」

二十世紀九十年代的兩岸「婚姻潮」在二十年後退潮了。如今，在台灣的鄰里間或在親戚朋友間很少聽說有大陸女子嫁到台灣的事。

十、他回故鄉探親送金飾反遭兒媳侮辱

公元一九四五年日本投降後，湖北籍先生隨國民黨部隊來台接管台灣。之前他在湖北的故鄉已結婚生子。他來到台灣後一直感覺他作為父親對大陸兒子沒有盡到撫養之責很內疚。後來因為兩岸對峙，他沒機會回大陸而在台灣結婚生子。但他心裡仍惦念大陸兒子放心不下。

在公元一九八八年台灣開放去大陸探親時，他為探望兒子急迫的辦理手續前往大陸。他的故鄉是湖北省的一處窮鄉僻壤。他回故鄉才知道，他的前妻已改嫁，他的兒子已結婚生子，連他的孫子也已經在讀高中。他拿出一萬二仟美金送給兒子。那時候，這些錢可以在他們鄉下買好幾棟房子。他送給媳婦的見面禮是一只一台兩重（37.5 克）的金手鐲。因為金手鐲的包裝很大，不便攜帶著上飛機走遠路，他特別買一個腰包放金手鐲。在許多鄉親面前，他從腰包裡拿出金手鐲送給媳婦時，只見媳婦馬上把臉沉下來。老先生當時認為媳婦可能嫌他送給她的禮物太少了。他萬萬沒料到他媳婦卻當著鄉親和親戚們的面說：「你們台灣人有什麼了不起，竟這樣欺負我們窮人，拿個假東西來騙我們！」接著「砰」的一聲，她一把將金手鐲摔在地上。

老先生當即氣得渾身發抖。他盡力克制自己不要發火，並極力穩住自己受屈的情緒。他彎腰從地上撿起那只金手鐲，仍舊放回他的腰包裡。發生這種令人難堪、令人費解的事，得從兩個層面看。第一，老先生的媳婦生活在窮鄉僻壤沒知識、亦沒見識，她從未見過這麼粗重的金首飾。第二，當今社會上各種騙子很多，導致人與人之間產生隔閡，對人對事都信不過。儘管發生那種令人難堪的事之後，老先生不愧為軍人出身，他寬宏大量的請他兒子一家以及親戚朋友去小鎮上的餐館聚餐。聚餐時，大家彷彿跟老先生很陌生，都沒話講。甚至讓老先生感覺他們對他有敵對情緒。見大家都不講話，老先生把話題轉向他的孫子。他對孫子說：「你現在讀高中不比讀初中輕鬆，你得加倍用功。你台灣的小叔跟你一樣讀高中，他每天都在用功讀書為考大學作準備。」

孫子不屑的說：「台灣讀的什麼書呀？他們的高中比我們大陸的初中還不如。」

老先生說：「你放暑假時，我接你去台灣玩一玩，看一看，你就會知道他們讀的什麼書。」

孫子說：「台灣那麼小的地方有什麼玩頭？」

老先生說：「你去看看台灣就知道台灣小不小。台灣有城市、有農村、有山、有海。」

孫子說：「大陸只要打兩個炮彈就可以把台灣打垮！」

老先生笑笑說：「如果打兩個炮彈到台灣，那炮彈掉到我頭上怎麼辦？」

孫子說：「那活該！」

媳婦坐在旁邊不但不制止她兒子說些對老人不尊重的話，她反倒惡狠狠的對老先生說：「你不要在我們面對談你們台灣的小叔怎樣、怎樣的，他有什麼了不起的事值得在我們面前炫耀的。」

這時期，老先生的兒子害怕媳婦越說越難聽，忙舉起酒杯跟父親碰杯勸酒。老先生聽到媳婦說這些不尊重長輩的話，氣得渾身顫抖。他舉起酒杯時，酒杯裡的酒洒落到桌子上。

老先生在故鄉實在待不下去了，他立即買機票回台灣。那天，兒子、媳婦到機場送行時，媳婦依然故我地不懂事又極不禮貌的說：「我們很窮，以後不要再拿假東西來騙我們。」

老先生氣極了，他當即大聲對兒子說：「難道我送給你的美金也都是假的嗎？往後，我們父子關係就此了斷！」

老先生回到台灣，將他在大陸故鄉所受的屈辱全講給他太太聽。他太太將老公拿回台灣的金手鐲送給台灣的媳婦說：「這只金手鐲是大陸媳婦嫌假不要的。」

台灣媳婦說：「就算是假的我也要。凡是長輩給我們晚輩的禮物都是我們的傳家寶。」

十一、按摩女來台灣騙稱是醫生欺壓老公

在公元二十一世紀初的某一年的大年初三，從大陸嫁到台灣的幾位女子坐在H女嫁的老公Y先生家裡聊天。有位女子大吐苦水說，她受台灣夫權至上的老公的虐待。此刻，約五旬的H女自稱曾在相籍某小鎮當過醫生，實際只是按摩女。H女臉上露出得意的神情對那位訴苦的女子說：「你老公對你不好，你就去外面找份工作賺錢，不再回家見他。你越把老頭當回事，老頭就越會欺負你。」

坐在一旁的H女老公Y先生忙說：「這樣不好，會把家庭關係弄僵……」

Y先生尚未把話說完，H女就衝著Y先生大聲嘶吼：「你懂什麼？什麼家庭關係？老頭待她不好，她待在家裡有什麼意思？」H女從嫁給Y先生的那天開始就認為她是醫生，比一般嫁到台灣的大陸女子有優勢，高人一等。她根本不尊重Y先生，隨時遇到機會就踐踏Y先生的尊嚴。

在座的大陸女子，見H女在眾人面前不顧Y先生的面子而大聲斥責他。大家都傻眼了。有位大陸女子在一旁默想：「H女是什麼醫生呀？跟打街罵巷的潑婦有什麼兩樣？她對她老公Y先生太不尊重了。簡直像教訓小孩似的教訓Y先生。」

然而，Y先生很有修養，他不但不回咤H女，反而起身替在座的大陸女子添茶。大陸女子們十分感動，她們一個一個起身對Y先生說：「謝謝！」

Ｙ先生從部隊退休後閒不住，他去一家工廠上班。Ｈ女在台灣也找到一個小診所替病人按摩，月薪四、五萬台幣。Ｈ女每天早晨上班之前，便指使Ｙ先生替她買早餐，還規定每天要喝一杯鮮奶；吃一個煎蛋餅和一個蘋果。有一天，Ｙ先生買香蕉回來。Ｈ女不高興又大聲吼叫：「誰叫你買什麼鬼香蕉？你明明知道我只吃蘋果！」

Ｙ先生無奈的待在一邊，他是一位鄰居們都很喜歡的德高望重的好先生。他不想鬧得四鄰不安，他輕輕嘆口氣又騎上摩托車出去買蘋果。Ｈ女不跟Ｙ先生同房，更不跟他同床。她跟Ｙ先生一樣在外面上班，她卻連家事也不做。她嫁到台灣故意裝出一副高傲的樣子。其實，她在大陸只是在一個小鎮的小中醫診所當按摩女。Ｈ女家裡很貧窮，她跟父母、兄弟們擠住在一間搭蓋暗樓的房間裡。她嫁到台灣有較優渥的生活環境就為自己抬高身價，說自己是醫生，處處強霸道壓制老公。有一次，Ｙ先生部小心坐了一下Ｈ女的床，她氣急敗壞地大罵：「你是個不講衛生的老傢伙！為什麼隨便坐我的床，你太不像話了！」她邊罵邊一股腦兒的將她床上的被套、床單全扯下來仍進洗衣機裡。對於她這種蠻橫不講理、不尊重人的動作，Ｙ先生總是忍讓。為了避免吵鬧，Ｙ先生只得一聲不吭地走出家門。

已經半百的Ｈ女，她那國字臉上佈滿皺紋，她還嫌棄長她十八歲的Ｙ先生太老，跟她不相配。其實，Ｙ先生中等身材，身板骨硬朗。他臉上光光的，沒有抽菸、喝酒的嗜好。看上去他精神抖擻不像近七十歲的人。Ｈ女每天坐計程車上下班時，跟一位與她年紀相彷的計程車司機打情罵俏。之後，Ｈ女當計程車司機的秘密情婦。每天清晨，計程車司機開車到Y先生家附近等待H女，到晚上又將H女送到同一地點。他們兩人不正常的親蜜互動，被Y先生家附近的鄰居們看得一清二楚。鄰居背地裡議論紛紛說：「這個H女不守婦道，讓野男人到家附近來接送她，真不知羞恥！」

就在H女跟情夫交往密切之時，Y先生卻不幸罹患癌症住院治療。這下，H女更自由了，她乾脆不再回Y先生家，直接跟情夫同居。她有了自由還想得到錢財。她趕到Y先生住院的醫院，逼Y先生寫遺囑，讓她繼承Y先生三層樓的房子。Y先生罹患絕症，心情郁抑鬱，他不願跟H女談房子問題。一慣對Y先生凶悍的H女，便賴在醫院不走。她拿著錄音機，一定要Y先生口述，答應她繼承房子。Y先生被H女逼得疾首蹙額、悲憤填膺。他後悔跟這種無情無義、凶悍自私的女人結婚。

這天，Y先生的鄰居們去醫院病房看望Y先生時，恰巧碰到H女氣勢洶洶的對Y先生吵鬧說：「當初，我憑什麼嫁給你？你沒房子我會嫁給你嗎？這房子就應該由我繼承……」

Y先生躺在病床上閉上眼睛任憑H女說什麼，他也不理睬她。鄰居們看不下去說：「H女，Y先生在醫院治病，你有什麼事，等他治好病回家再說，不要在病房裡吵鬧影響其他病人安寧。」

Y先生在H女每天來病房不斷的吵鬧中，沒過多久，Y先生在疾憤交加之中不幸猝逝。有位名人曾經說：「在一個家庭裡，不是男人壓迫女人；就是女人壓迫男人。」在Y先生的家庭裡完全是女人壓迫男人。Y先生一直被H女壓迫他致死。

Y先生去世後，Y先生在大陸工作的兒媳夫婦倆回台灣住在

Ｙ先生三層樓的房子裡。Ｈ女又跑來找Ｙ先生的兒子要房子。Ｙ先生兒子是位很有能力的年輕人。他不想跟Ｈ女囉嗦，他乾脆給她一佰萬台幣，叫她永遠別再來他們家。由於Ｙ先生兒子的果斷決定，終於使Ｙ家擺脫了無恥之尤的Ｈ女的糾纏。同時亦使Ｙ先生的在天之靈得以安息。

十二、她嫁老夫生孩子逼她賺錢撫養

公元二十一世紀初，大陸一位二十餘歲未婚的Ｌ女，正值風華正茂的青春期。她見同鄉或同學都嫁到台灣，她亦想到台灣開展新的人生。經人介紹，一位長她半個世紀的七旬Ｆ老榮民跟她見面。老榮民在部隊以中校官階退休，每月領四、五萬台幣的終身俸。開始，Ｌ女見老榮民年紀太大而猶豫不決。她見家鄉有許多女子都想嫁到台灣，Ｌ女馬上同意嫁給這位祖父輩的老夫。

Ｆ老榮民見到這麼年輕、清秀的Ｌ常高興。他們剛辦完結婚手續，Ｆ老榮民就替Ｌ女在大陸買下一套房子。Ｌ女到台灣後，她將自己想要一個孩子的想法告訴老公。Ｆ老榮民原本有子女。當他知道Ｌ女想生孩子極不高興。他說：「我不想再有孩子，我年紀大了，待孩子長大，我早已歸西了。」他還明確的告誡Ｌ女說：「你要生孩子，孩子就該你養。」

Ｌ女想：「趁自己年輕生孩子比較好。」在老公明確的壓力下，Ｌ女仍不屈服，還是堅持要孩子。之後，她生下一個男孩。Ｆ老榮民說到做到，他見Ｌ女生下孩子，他竟無情的不給錢她養孩子。Ｌ女不求他給錢，她決定自立自強靠自己把孩子撫養成人。為了賺錢，她把孩子送到大陸家鄉托母親幫忙撫養。她回到台灣便四處打工賺錢。最後，經人介紹去醫院當看護。

Ｆ老榮民見Ｌ女整日間忙著賺錢，他就悠然自得的去外面拈花惹草。他有錢跟女人在外面花天酒地、吃喝玩樂，卻不給錢Ｌ女養孩子。有天深夜，Ｆ老榮民從外面回來，他看到Ｌ女熟睡的樣子很可愛，他不經Ｌ女同意竟蠻橫的扒下她的褲子強奸她。Ｌ

女當即痛哭流涕。她認為F老榮民不但不關心她、體恤她，還對她做出這種侵犯人權的行為。她想報警、也想跟他離婚。然而，在異鄉孤身隻影，又受政策的約束。因為她沒有台灣身份證，如果離婚就得回大陸。那麼她就毀了無故兒子的前途。她左思右想只有吞下受污辱、受虐待的怨氣。於是，她擦乾眼淚，堅強的面對現實。

十三、夫中風妻不倫被夫子察覺而離婚

在公元二十一世紀十年代初期，大陸贛籍四十餘歲的H女跟一位去大陸旅遊的七旬W先生在大陸一處風景區不期而遇。H女嫁給W先生來到台灣後，沒多久，W先生就中風了。當時，他們住在台灣南部的一處眷村裡。他們的住家很寬敞。進門是庭院，靠庭院有前後兩大間房。H女住前房；W先生住後房。

W先生中風後左半身不遂。H女在照料老夫時，時常在外面跟朋友和鄉親們抱怨說:「老公有天晚上起床上廁所，當時我睏了，睡在老公床邊的沙發上。老公起床時站不穩，一下子摔倒在我身上。他個身體硬邦邦的壓住我，當時，我一點力氣也沒有，我好不容易從他身體下面鑽出來。還好，電話機就在我身邊。我抓起電話打到醫生家，醫生來後，檢查我老公沒有什麼狀況就走了。每天晚上，老公總喜歡瞪大眼睛看著我，他的眼睛連眨也不眨，活像一具僵屍。我常常被他嚇得精神錯亂，閉上眼睛不敢看他。其實，他比誰都明白。他的存摺、他的首飾、他的機車、他的衣物等。他指使我將他的東西一件一件登記在他的日記本上。」

自從W先生中風，H女就想心思賺錢。她買一台舊縫紉機，並寫一張廣告牌「換拉鏈、修改衣褲」貼在大門邊的顯眼處。眷村裡，有老婆、沒老婆的老先生們都好奇的上門來跟她聊天、拉交情。H女的長相稱不上漂亮，可是她五官端正，正值「女人四十一枝花。」的年紀。再加上她喜歡對男人嬌滴滴的講話或者對男人暗送秋波。那年，在大陸某風景區，她就是用淫女常用的陪睡「撒手鐧」迷住了W先生。他們兩人第一次見面就上床。如

今她故態復萌打出「換拉鏈、修改衣褲」的幌子，其實是當暗娼賺錢。可是，W先生對少妻的作為，一直蒙在鼓裡。他一直以為少妻待他忠誠可靠。為了維護少妻利益，他常常跟自己的兒女們大吵大鬧，要兒女們每月多給些錢續母。

H女為當暗娼賺錢，還時常對朋友們訴苦說：「我年輕需要性生活。可是，我老公卻無能。」言下之意她是迫不得已才幹這種事。一天深夜，W先生被H女的嘿咻聲吵醒，他以為H女在半夜裡發了什麼疾病。他慌忙從床上掙扎著起床，拖著半身不遂的身體在地上爬行。他爬到H女房門邊撞門，卻撞不開門。這時，H女的嘿咻聲停了。她推開身上的男人，從床上下來，穿好衣服，拉開門。她將W先生從地上扶起來門：「你有什麼事要我幫忙？」

W先生說：「我聽到你的哼哼聲，怕你病了，你哪裡不舒服哇？」

H女尷尬而嬌滴滴的說：「沒……我沒病。剛才我正在做夢。真對不起！把你吵醒了。」她攙扶著W先生走進他的房間，並扶他睡在床上。在房間明亮的燈光下，W先生看到H女臉上的濃妝艷抹不解的說：「你睡覺怎麼還化妝？」

H女要緊不慢地說：「我白天照顧你吃喝拉撒像個老媽子，晚上我化化妝， 可以輕鬆、自信一下嘛！」

俗話說：「罈口好封、人嘴難捂。」時間久了，H女以做縫紉為藉口卻跟眾多男人睡覺的醜聞一傳十，十傳百的傳到W先生兒子的耳裡。W先生的兒子是一位有知識、愛面子的人。他認為H女的行徑太醜惡、太卑劣。他跟父親講應該立即跟H女離婚，不要讓她把我們家當淫窟，做這種丟人現眼的事。W先生雖然有病，他也覺察到Ｈ女做這種事丟盡了他的臉。他同意立即跟Ｈ女離婚，讓兒子照護他的殘生。

Ｈ女離婚後，帶著她不光彩的所得二佰萬元台幣回到大陸家鄉。她在大陸家鄉找年輕男人吃喝玩樂。沒多久，她的錢悖入悖出全被年輕男人騙走。

十四、她嫁到台灣盡做無恥之尤的事

大陸豫籍某鎮的P女，在公元九十年代中期，以不惑年紀嫁給台灣長她三十餘歲的老榮民。P女身個高胖；皮膚黝黑；大方臉盤上配一張大翻嘴，真可謂醜羸了。可是。她運氣好，儘管外表難看，她的榮民老公不但不嫌棄她，反而將他的經濟收入全交給她管理。P女能管理家庭經濟，說明她的際遇大大優越嫁來台灣的大多數大陸女子。可是，P女不但不惜福，還管不住自己的身體，專做些不知羞恥的淫亂勾當。

P女的住家離眷村很近，眷村是老榮民的居住地。那裡有一些嫁給老榮民的大陸女子。P女跟這些大陸女子很熟悉。P女時常打聽大陸女子回大陸的信息。如果有人回大陸，她就去那位回大陸的女子家找她老公交媾。有一次，P女到一位回大陸的女子家，主動要求跟那位女子的老公上床陪睡。然而這位老榮民對女人既花心又很挑剔，他打心底裡就瞧不起P女的長相。他故意扯理由說他沒錢而推辭她。

P女卻拉著他的胳膊說：「沒錢沒關係，我就是喜歡你。」說著她硬拉老榮民上床，這老榮民也就硬著頭皮將就她。

翌日，P女又去另一位回大陸的女子家找她老公。這位老榮民不愛講話，P女拉老榮民上床陪睡後，她把擦拭精液的衛生紙抓在手裡逼老榮民付錢。老榮民見她緊緊抓著那團有精液的衛生紙害怕事情鬧大，忙給她六佰元台幣方才打發她走。

有一天，P女求一個專拉皮條的大陸女，替她介紹嫖客。拉皮條女介紹一個男人跟P女約定好時、地點。P女特別打扮一番後，按照約定的時間趕到約定的地點。她看到一個男人正站在約定的地點等著。Ｐ女忙走到那男人跟前說：「你在等我嗎？我就是大姐安排我來找你的。」

那男人看到Ｐ女的「尊容」嚇得想調頭就走。可是，那男人礙著拉皮條女的面子對Ｐ女說：「我現在有急事要處理。」他邊走邊說。

Ｐ女急了說：「你打電話約我來，怎麼又要走呢？我不能白來，我要跟你一起走。」

那男人迫不得已從口袋裡掏出一佰元台幣給Ｐ女說：「今天我實在沒辦法，給你一佰元，你坐車回去。」他說著像避「瘟神」似的快步離開她。

Ｐ女拿著那一佰元台幣眼睜睜的看著那男人遠去。

在眷村，凡知道Ｐ女作為的人，都罵她「偷男人的騷貨！」有一次，Ｐ女去一位獨居老榮民家做家庭看護。那老榮民中風後經過治療，身體各機能逐漸恢復了正常。這老榮民也有短暫的性需求。Ｐ女也就抓住老榮民短短幾分鐘的性慾跟他交媾。老榮民除了給她看護費還另外給她陪睡錢。她也就隨便拿老榮民的存摺去銀行取錢。不久，老榮民去世了，老榮民的錢財亦被Ｐ女掏空。

凡知道Ｐ女德性的人都對她指指點點、指桑罵槐的羞辱她，她依然我行我素一點也不在乎旁人對她的鄙視。

十五、推輪椅結下不解之緣

在公元二十一世紀初期，有一位大陸浙籍女子，年約五旬。她身個矮小，其貌不揚。她嫁到台灣時，任勞任怨、不辭辛苦地照顧老公的事跡遠近流傳。她很快成為老年病人爭取聘請或單身老先生們爭先恐後要娶她為妻的熱門人物。

浙女在家鄉時，因做生意的老公搞「婚外情」，她毅然決然地結束這種令人怨憤的婚姻。為了離開傷心地經人介紹，她嫁給台灣一位八旬老先生。誰知她踏上台灣土地僅僅五天，老先生便因心肌梗塞在醫院猝逝。這時候，她身上既無錢又無棲身之所。正當她一籌莫展時，有一位熱心快腸的鄰居，帶浙女到一位中風老先生面前。鄰居拉著浙女笑著對老先生說：「這位小姐的老公剛去世，您想娶她做老伴嗎？」

坐在輪椅上的老先生仔細看了浙女一眼，見她相貌平凡，可是眉宇間卻透露出憨厚、僕實的本質。老先生當即拍板說：「那好吧，就讓她做我的老伴。」

鄰居笑著說：「您還真是『慧眼識英雄』。我也覺得她是一位很本分的老實人。」

於是，老先生跟浙女馬上啟程去浙女家鄉辦理了結婚手續。浙女萬萬沒料到這次婚姻卻是導致她受盡折磨的厄運。這位老先生中風之後又罹患喉癌。醫生替他插有尿管和鼻胃管。病魔導玫他的脾氣異常暴躁，他每天打罵老婆宛如家常便飯。浙女服侍這個惡魔般的老公，除了忍耐就是偷偷流淚。她每天早、中、晚推著坐輪椅的老公出門透氣。另外還得推輪椅上的老公去醫院做復健。她在照顧老公五年半的艱苦歲月中，就推爛了四部輪椅。可想而知，她為這位老公付出了多少的勞力和心力啊！

這位老先生不但病重而且經濟條件也不好，每月只領一萬三仟五佰元的生活津貼費。浙女在儘有的經條件下，盡量給老公多做一些營養食物。她每天清晨四點半鐘起床，替老公清洗尿管。每天固定給老公進食六次。等於四小時進食一次。其中兩次為正餐。正餐是雞蛋白、青菜、魚湯和燕麥。她將這些食材放在果汁機裡打碎，然後倒在鍋子裡煮開，再用涼水浸到溫熱，最後才灌進鼻胃管裡。老先生雖然罹患絕症，卻在老婆的精心照料下，他的臉色始終保養得紅潤、白胖。俗話說：「久病床前無孝子。」可是老先生的這位半路妻子卻勝過人家最好的孝子。因此，老先生一刻也離不開盡心盡力照顧他的妻子。他習慣要妻子陪伴在他身邊睡覺。有一天，凌晨兩點鐘，老先生醒了，他伸手去摸身邊的妻子卻未摸到，當即，他如火山爆發般的大發雷霆。他嚎叫道：「人呢？去哪裡了？她去外面跟野男人睡覺去了！」他面朝天花板對住在樓上的兒媳們大叫道：「你們快下來，快去把她給我找回來！」他邊叫邊把床邊能拿到的東西往地上摔，還把床邊的椅子推倒，弄得家裡震天價響。

他住在樓上的孫子忙跑下來勸道：「爺爺，別吵了！別吵到左鄰右舍的人不能睡覺，人家都是要上班的。」

其實，浙女一直睡在他旁邊，只是床舖太寬大，她睡在靠牆的裡邊，所以老先生沒摸到她。再說，可憐的浙女白天照顧老公的飲食起居，還得推著坐輪椅的老公出門好多次，她實在太勞累了。在老先生無理的吵鬧時，她仍在熟睡中。後來，她在老先生強烈的叫罵聲中驚醒。她醒來時把身體挪過來靠近老公，當她老公摸到她時說：「剛才，你去哪裡了？你去偷人才回來吧？」

浙女說：「我能去哪裡呀？我一直睡在床上。」

老先生抓起抓癢棒照浙女身體重重打一棒說：「你騙我，剛才我怎麼沒摸到你？你是剛從外面跑回來的吧？」

浙女摸著自己被打傷的痛處說：「我跟你講不清楚，你認為怎樣就怎樣。快睡覺不要吵到人家！」

有位鄰居先生見浙女辛苦照顧癌末病人，出於對她的關心而跟她打招呼說：「你出來了，吃早餐沒有？」

這下卻使浙女的老公醋性大發，他坐在輪椅上罵道：「人家為什麼跟你打招呼？肯定是你這不要臉的女人跟人家偷情！」

鄰居的孫女看見他們，很有禮貌的喊道：「爺爺、奶奶早！」

接著，浙女老公又罵：「你這賤女人，肯定跟她爺爺睡過覺。要不，這小孩為什麼對你叫得這麼親熱？」

俗話說：「牙齒打落往肚子裡咽。」善良的浙女聽老公這些刺耳的羞辱，只能咬牙忍受。

有一次，老先生的同袍在路上碰到浙女推著坐輪椅的老先生，就問他：「你太太對你照顧得好嗎？」

老先生忙豎起大拇指說：「好！她把我照顧得很好。如果沒有她照顧我，我不知道該怎樣活下去。」

「那——你為什麼經常打罵她？我聽很多人告訴我，你總是打罵她。」老先生的同袍說。

老先生強詞奪理地說：「我是害怕她出去找野男人跟人跑

了。」

同袍說：「你打罵她，如果是厲害一點的女人要跑早就跑了。你要善待她，她才不會跑。」

「好，我聽你的。」老先生自慚形穢地說。

不久，老先生的病情惡化，他臨終時對浙女流著淚說出公道話：「老婆，我對不起你！你辛辛苦苦照顧我這多年，我卻沒有給你留下一點錢和財產⋯⋯」

浙女第一次亦是最後一次聽到老公對她說出貼心話。她宛若受冤屈終於得已昭雪那樣，湧泉般的淚噴發出來再也止不住的痛哭流涕。

「禍兮福之所倚，福兮禍之所伏。」浙女照顧病魔纏身的老公，她的辛苦，她挨打挨罵的痛苦和委屈都是被鄰居們口碑載道、人人稱贊的美名遠揚。於是，浙女老公去世後，許多遠近的民眾紛紛托人聘請她去家裡照顧行動不便的老人。還有數位單身老先生主動托人問她求婚。可是，浙女不想再婚，因為去世的老公對她凌辱、限制她自由的陰影一直在她的腦海中隱現。由於浙女在遭受老公折磨的痛苦中依然以極大的寬容心對待和照顧老公的精神感動了所有人。同時也感動了一位粵藉老先生。這位八旬老先生在他太太患糖尿病已被截肢時，他早、中、晚一日三次推著輪椅上的太太出門透氣。他跟浙女推著輪椅上的老公走的是同一條路。有一次，粵籍先生推著輪椅上的太太出門透氣時，他看到前方不遠處，浙女推著輪椅上的老公正停下腳步跟不期而遇的老鄉講幾句話。這時候，坐在輪椅上的老先生卻不耐煩，他當即拿起抓癢棒朝浙女胳膊狠狠打一棒。頓時，浙女的胳膊上起了一道粗粗的紅梗。她摸摸打傷的部位，默默的跟老鄉揮手告別。然後，繼續推著輪椅上的老公朝前走。

這一切全被粵籍先生看得一清二楚。他憤憤不平地推著輪椅上的太太加快腳步走到浙女老公的身邊，邊走邊說：「先生，你太太日夜照顧你這樣的重病人已經很辛苦了，你怎麼還要這麼狠心的抽打她呢？」

老先生不耐煩的回？粵籍先生：「我看你喜歡上她了，你喜歡她就把她帶回家去！」

坐在輪椅上的粵籍先生的太太也憤怒的說：「『路不平，有人踩。』你自己亂打人，還說這些不講理的話！」

沒多久，粵籍先生的太太因病去世，接著浙女的老公也因疾而終。由於他們在同一條路上推著輪椅上的病人透氣，相互對對方都很了解。當粵籍先生和浙女同時成為單身身份時，粵籍先生對浙女的愛慕與日俱增。他常常跟朋友們說：「我對大陸女子的印象並不好。我見到也聽到人家說有些大陸女子嫁到台灣，不是撈錢。我太太去世後，很多人幫我介紹大陸女子，我一律不要。可是我對浙女一見如故。我被她對她老公寬容和忍辱含羞的作為感動了。我從不以貌取人，外表再好看而品德不好又有什麼用？人與人之間以誠相待才能獲得幸福。」

大陸女子離鄉背井在台灣辛辛苦苦服侍照顧多病的老公。待老公去世後，她們就被老公的子女們掃地出門。由於她們沒住處，只有四處求人，有的被逼上賣淫的路，有的卻黯然回大陸故鄉。哪怕這位浙女得到眾人的贊賞，也逃脚不了被老公的三個兒子趕出家門的命運。浙女沒有安身之處，她被人聘請到一個社區去照顧一位行動不便的老人。她每天早晨八點鐘至十一點鐘推著輪椅上的老人到社區大院裡透氣。粵籍先生便趁這個時段去社區找浙女聊天，並向她誠懇表達「與子廝守，與子偕老。」的意願。他每天早晨八點鐘來，十一點鐘待浙女推老人回家時才依依不捨的離開她。他就這樣伴隨她達七個月之久。「精誠所至，金石為開。」原本不願意找老伴的浙女終於被粵籍先生的誠意打動。她辭掉照顧老人的工作，收拾好自己的衣物，跟隨粵籍先生走進他的家。從此，推輪椅照顧家人的兩位好心人築成宛如年輕人般的愛巢。過著相濡以沫的貧窮而甜蜜的生活。

十六、她到處吹噓將兒吹進毒窟

一位大陸鄂籍嫁到台灣的Q女，她不但行為荒唐，還喜歡炫耀、吹噓。當她第一次從台灣回到故鄉時，渾身金光閃閃、珠光寶氣。她見人就拉著說：「我是從台灣回來的，我在台灣住的房子比大陸富人住的豪宅還要高級得多。嗨！我在台灣整天吃海鮮都吃膩了。」

Q女的鄰居大媽、大嫂們聽到她說說法都羨煞了。她們看著Q女那張大扁臉以及闊鼻瞇眼的模樣搖搖頭說：「喔！你真有福氣！」Q女笑得合不攏嘴。她要的就是人們的讚揚和恭維。其實這些大媽、大嫂卻在背地裡議論說：「福在醜人邊。」

有的說：「Q女找的那位老男人連路也走不穩。」

有的說：「我看過Q女的老公那一副窮酸樣，哪有錢供她享受哇！說不定她在台灣搞歪門斜道弄錢。」

Q女的誇張行徑以及大媽、大嫂的紛紛議論引起Q女住家附近販毒的密切注視。販毒的找Q女的兒子，有意跟他拉交情，還大方的送一盒香菸給Q女的兒子抽。那盒香菸的菸盒上寫有聯絡電話。原來那盒香菸的每支香菸裡都摻有毒品。Q女的兒子抽完那盒香菸就上癮了。從此，他打香菸盒上的聯絡電話購買毒品，他媽媽就是他購買毒品的資金來源。

Q女在台灣的第一任老公因疾而終。她在老公生病期間就未雨綢繆，四處尋找單身老榮民陪睡以便再次結婚。她找到第一位單身老榮民主動去他家獻身後，那個老榮民卻不喜歡她。老榮民還跟朋友們宣揚說：「Ｑ女一點也不性感，她一個奶大一個奶小……」

Ｑ女又去另一位老榮民家。事後，那老榮民也出來跟朋友們說：「那Ｑ女的那東西簡直是個防空洞。」（Ｑ女因病已摘除子宮。）

Ｑ女再次找到一位老榮民家，她跟老榮民上床後的第二天早晨，老榮民坐在學校運動場地的石凳上跟朋友們聊天說：「Ｑ女的長相太醜了，她去我家硬拉我上床，可是，我那傢伙就是翹不起來。」

Ｑ女第一任老公去世後，她害怕只能在台灣停留一個月的政策到期就得回大陸，她忙加快速度找單身老榮民結婚。她打聽到有一位Ｗ先生很有錢。她即刻找到Ｗ先生的家獻殷情。Ｗ先生有點小病痛但無大礙。Ｑ女說要幫他洗澡。Ｑ女拉Ｗ先生走進浴室，先替他脫光衣服，再脫光自己的衣服。她替Ｗ先生洗澡時，把自己的奶頭塞進Ｗ先生嘴裡，並叫他咬住奶頭說：「你邊洗澡邊吃奶很刺激吧？」

洗完澡，Ｑ女馬上拉Ｗ先生上床。Ｑ女雖然貌不驚人，可是她會想心思挑逗Ｗ先生，並精心照顧Ｗ先生。原來，Ｗ先生有一位正在交往的女朋友，Ｑ女卻用種種手法橫刀奪愛，使Ｗ先生轉向她，並跟她辦理了結婚手續。

因Ｗ先生不知道Ｑ女的兒子吸毒。Ｑ女跟Ｗ先生結婚後就要求Ｗ先生給錢她去大陸買一套房子。她對Ｗ先生說：「你比我將近大三十歲，你在我前面上天堂後，我一個人留在台灣沒意思。你替我在大陸買房子，將來我才有一個安身之處。」Ｗ先生給她一佰萬人民幣告訴她去大陸買一棟好房子。其實她在大陸有房子，W先生給的錢，她正好分期、分批的給她兒子吸毒。

Q女知道她兒子的毒窟永遠也難以填滿。她在台灣跟第二任老公結婚後，她依然背著老公在外面找嫖客賺錢。她找到一位單身老榮民，事先跟老榮民講好條件。她說每天陪老榮民睡一次，還替他做一餐飯，這樣，一年給她二十萬台幣。老榮民同意她開的條件，當即給她二十萬台幣。開始，Q女每天去老榮民家履行她說定的條件。過一段時間後，Q女對老榮民講她父母病重，她要回大陸一趟看望父母。

其實，Q女害怕她老公知道她背叛他，而對那位老榮民撒謊。實際上她根本沒回大陸。有一天，Q女萬萬沒料到在路上碰到那位老榮民。老榮看到她便知道她沒去大陸，他氣得調頭就走，不想理睬她。Q女嚇得急忙跟在老榮民身後走，一直走到老榮民家門口。老榮民氣得關上門，不讓她進他家。Q女站在門外苦苦哀求。直到夜幕降臨，老榮民心軟只有開門放她進來。Q女對老榮民百般的說好話道歉，兩人又重溫舊夢。

十七、台灣人仁愛之心感人肺腑

公元一九九六年，H女剛踏上台灣這塊土地，她宛如《紅樓夢》裡的劉姥姥進大觀園，對台灣的一切都感到新鮮、好奇。她剛下飛機就看到台灣樹高葉闊的椰子樹；像含苞待放的蓮花狀的水果——蓮霧；以及聽不懂的閩南語。

之後，一位七旬老榮民請H女幫他做小籠包賣早點。清晨，H女站在住家馬路邊等待老先生開餐車載她去高雄高樓林立的住宅區做路邊攤。老先生中年時在遠洋輪上工作，而練就他十分精細的性格。他做什麼事都力求完美。因而使他的工作效率十分低下。他清晨兩、三點鐘起床，發麵、做豆漿，待豆漿涼後又一杯一杯灌好，放進保麗龍箱子裡保溫。一直忙到清晨六點鐘出發，到目的地已近七點鐘。剛開始生意平平，待生意逐潮好轉時，他那慢吞吞的動作更增添他的疲榮度。

有一天，小籠包很早就賣完了，老先生高興的開著餐車回家。沿途H女見他疲憊不堪的樣子，打心裡替他擔心。H女坐在副駕駛座一直找話題跟他講話，突然她講話卻未聽到他搭腔。就在幾秒鐘的時間裡他打瞌睡將車開到馬路中央的分隔島上翻覆。老先生趴在翻覆的方向盤上毫髮無傷的說：「我做了一個夢，夢到我的車開進森林裡……」此刻，H女嚇傻了，她的手被撞碎的車窗玻璃割傷，鮮血直流。她站在側翻的破車窗裡看到馬路上有好幾輛轎車停在路邊，車上的駕駛們全衝到翻覆的餐車旁，把H女從車窗裡拽出來。一位騎機車約三十餘歲的小姐忙將受傷的H女拉到她機車的後座上，載她去醫院，待醫生替H女縫合好傷口，這位熱心助人的小姐方才離開。通過這次車禍，H女被台灣人的仁愛之心深深感動，她在心裡默許：「要告台灣人學習，多做好事。」

有一次，H女跟老公一起去菜市場買菜。老公把機車停在路上，然後去廁所。H女見機車在熙來攘往的路上擋人去路，她搬動機車時「啪」的一聲，機車倒在路上，她欲扶起機車時，有兩位過路的白髮蒼蒼的老太太忙過來合力扶起機車。H女滿面通紅愧疚的說：「謝謝！謝謝！我年紀比您們輕，還勞駕您們幫忙扶起機車，真不好意思！」

她們笑著說：「沒關係，我們只是舉手之勞，又沒花多大力氣。」

H女將來台灣的所遇所感一一講給來台灣探親的兒子聽，兒子亦很感動。有一次，兒子跟繼父外出，在路上他看到一位騎機車的小姐被汽車撞倒在地上血流不止，他毅然從繼父機車上跳下來，將自己新買的一件外套脫下來蓋在那位躺在地上滿是鮮血的小姐身上，讓在場處理車禍的人員很感動。

還有一次，H女帶兒子去高雄榮總看病，走到醫院門外的汽車站，他們遇到一位老先生心臟病復發，他躺在候車的長條凳上，他老伴急得不知所措，說他們剛從病房出來散步就發病了。H女兒子二話不說，忙飛快的跑到住院部一樓借一部輪椅來車站，將老先生抱到輪椅上推到住院部交給醫護人員搶救。H女認為是台灣人的仁愛之心使兒子受感染而助人為樂。

十八、軍中樂園軼聞

民國四十年（公元一九五一年）台灣蔣中正先生一心想蓄養力量返攻大陸。他下令禁止國民黨部隊的官兵結婚。公元一九四九年從大陸到台灣的八十萬大軍中絕大多數已超過二十歲以上的適婚年齡。甚至還有二十八、九歲的未婚官兵。當時部隊執勤的駐紮在民眾家裡。久而久之，部隊官兵跟村民們打成一片。有的官兵跟所住民眾家裡的女兒秘密談戀愛。有的軍人致女方懷孕。當家長們知道自己的女兒未婚懷孕，紛紛向部隊長官哭訴。這下，問題鬧大了。部隊為嚴明軍紀，嚴懲違犯軍紀的官兵。部隊長官竟將致女方懷孕的官兵一個個抓起來拉到郊外對他們執行槍決。企圖懲一儆百。有些官兵跟女朋友的家長建立了如同家人般的深厚感情。家長們對女兒懷孕卻不聲張，他們教犯錯的官兵秘密找部隊醫官，將女兒肚子裡的胎兒服藥打下來。這樣不僅平安無事，甚至到升官年限還可以繼續升官。也有的軍人跟小姐談戀愛時遭到家長極力反對，最後軍人以自殺的憾事結束自己的生命。

經過槍決一批官兵後，部隊上級認為，這樣嚴懲下去不是辦法，不但會喪失官兵們的戰鬥力，還會使部隊劫力逐漸衰敗。有人建議，建立「軍中樂園」以解決部隊官兵的生理需要。於是，由政府出錢，在地方上找有關人員負責經營、管理「軍中樂園」。其「軍中樂園」的地址必須設在部隊駐地以外的地方。根據這一方案，在極短的時間內，各地軍營陸續建立「軍中樂園」。建在民房三合院裡，且將房子隔成一小間的房間。妓女都由貧窮家庭的女孩子自願加入。她們都很年輕，一般在十五歲以上。規定她們一星期檢查一次身體，以預防得性病。「軍中樂園」規定專替軍人服務。服務一次收十元台幣。當時軍人每月發五十元台幣，中尉軍官每月三佰二十元台幣。部隊官兵每月用所發的錢購買自己所需的香菸、牙刷、牙膏或吃零食或送洗衣服等。官兵們一星期去「軍中樂園」兩次。每次去都得排很長的隊。官兵們走進「軍中樂園」的三合院裡，進門就看到所設的廣告欄。廣告欄裡貼有小姐們的照片以及她們的編號。官兵們可自由選擇心儀的小姐。他們花十元買一張票就可以拿一張小姐的號碼牌。有極少數人一次買兩張票。有人在小姐房間待太久，就全引起外面排隊人的叫罵。小姐房間約十平方米，房間裡放一張床，一個裝水的高木桶。房間裡沒有廁所，要小便得用痰盂。客人進來了，小姐拿個小盆從高木桶裡舀一盆洗下身，以示衛生。

有一位軍人跟「軍中樂園」裡的小姐產生愛戀之情，之後，兩人結婚生子。他們結婚時不宴客。因在「軍中樂園」服務的小姐，會接觸到許多軍人。有些軍人在閒聊時說：「某某的老婆小鳥依人的樣子很可愛……」這位軍人無意中聽到這些閒言碎語很難過。他搬了好幾次家想遠離同袍們。有時在路上跟同袍不期而遇時，他唯恐避之不及老遠就躲開。有位士官長對當時不允許官兵結婚的政策極為不滿。他拿著槍衝進美國駐台灣大使館劫持一位官員說：「我們沒有自由，部隊不允許我們娶老婆。」他拿槍抵著大使館官員，要官員引渡他去香港。不然，他要跟官員同歸於盡。大使館官員打電話給蔣中正先生，要他保證士官長的生命安全，並給予調動工作，方才化解這次劫持事件。從這件事發生之後，部隊在民國四十八年開放軍人結婚。同時，蔣中正先生向軍人承諾返攻大陸時，發給軍人土地權狀；如果打回大陸後就發給軍人土地。

十九、是誰害她過瘋顛人生

在大陸三年災害（公元二十世紀一九五九年——一九六一年）大陸人民處在饑腸轆轆的愁雲慘霧之中。那時，她正值十歲左右的幼年時期。一個星期天的早晨，風和日暖，她來到住家附近的早餐店，想看看有什麼便宜的食品好回家找媽媽要錢來買。其實這只是她的奢望。她媽媽靠借債過日子，根本沒錢給她買早餐。她在早餐店門前，看到顧客們圍坐在餐桌上埋頭吃麵條、吃蔥油餅。此時，她肚子餓得咕咕叫，她邊看人家吃邊吞口水。她看到一位中年男子拿著蔥油餅邊走邊吃。霎時，一個衣衫襤褸的男人朝吃蔥油餅的男子對面直衝過去，然後，他將一口痰吐在那男子手裡的蔥油餅上，再以迅雷不及掩耳之勢搶走那蔥油餅就往前狂奔，他邊奔邊將蔥油餅往嘴裡塞。那位被搶的中年男子回過神來氣憤的追上去抓住搶餅人的後背一陣猛打。那搶餅人邊挨打邊拚命將蔥油餅全塞進嘴裡掙脫中年男子後逃走。她看到驚悚的搶奪情景嚇得不知所措。同樣處在饑寒交迫困境中的她，在幼小的心靈裡對搶餅人不知該憐憫還是該指責。

她轉身朝回家的路上走。突然，她發現前方大街的路中央被路人圍成一個大圈，好像在觀看街頭耍猴戲的藝人表演。她加快腳步擠進人圈裡觀看。「啊——」她嚇得幾乎要叫出聲來。她看到人圈中央有一位身材苗條，面容秀麗，約三十餘歲的婦人全身赤裸，一絲不掛的站在人圈中央，她正側身朝一位嘴裡銜著香菸的男性觀者伸出一隻手。那銜菸的男人似乎懂得她的意思，他馬上從口袋掏出一包香菸，並抽出一支靠在他所銜的香菸上吸燃，然後放在裸女伸出的那隻手上。裸女拿著點燃的香菸，張開雙腿，將菸放進她外陰部的大陰唇裡夾著。她嘴裡喃喃自語：「燒毒！燒毒！裡面有毒……」

她看到這一臉紅心跳，她懵懵懂懂，不知裸女到底發生了什麼事？地聽到站在一旁知情的老婦人對站在身邊圍觀的人說：「唉！她很可憐，整天瘋瘋顛顛，老是往外跑，家裡人也攔不住她。」

站在一旁圍觀的人好奇的問老婦人：「她為什麼會成這樣？」

老婦人說：「在抗日戰爭時間，他們家住在農村，那年她十八歲時，跟青梅竹馬的同村小伙子結婚。婚後不久，她丈夫跟村裡的熱血青年為保家衛國而結伴加入國民黨的抗日軍團，留下新娘獨守空閨。有一天，一伙日本強盜來到新娘居住的村莊，他們挨家挨戶搶劫。他們見男人就殺；見女人就強姦。可憐的新娘因日夜思念丈夫來不及躲進地窖裡，更來不及拿鍋底灰抹在臉上。這個村莊的老幼婦女，凡聽到日寇要來掃蕩，她們全在臉上抹上鍋底灰，再鑽進自家挖的地窖裡躲藏。這天，日寇進村看到新娘家的門上貼有雙喜字，就直接衝進新娘家。可憐的新娘慘遭日寇姦污後昏厥倒地不省人事。待日寇走後，村裡人找來醫生救治新娘。新娘睜開眼睛淒慘的哭喊她丈夫的名字：『石頭哥——我……我對不起你！石頭哥！我……我沒臉見你呀！……』新娘淒慘的哀鳴使在場的每位鄉親都傷心落淚。」

站在另一邊的圍觀者問老婦人一些問題，老婦人也解釋說，這位新娘在思念丈夫和被日寇姦污的雙重打擊下，罹患了重度憂鬱症。公元一九四五年八月十五日日寇投降後，當新娘聽到村民們講她丈夫的部隊已經去了台灣，臨行時來不及回家跟她告辭時，她的精神徹底崩潰了。她對被日寇姦污的情形耿耿於懷，亦始終不能釋懷。她時常說丈夫是因為她被日寇姦污而拋棄她。從此，她瘋了。她的家人想方設法搬到大城市，也治不好她的瘋病。

二十、他因吝嗇而休妻

公元二十一世紀初，一位閩籍老榮民高齡八旬。他於公元一九四九年隨國民黨部隊來台灣。他在台灣一直未婚。近來，他的身體機能逐漸老化，他想找老伴伺候他的飲食起居。他去大陸家鄉，許多親朋好友替他介紹四十餘歲風韻猶存的女子。他跟幾位女子見面後，女方提出要十萬人民幣的聘金。他當即一一婉拒。最後他想收心回台灣時，有一位朋友替他介紹一位近六旬的F女。介紹人表明F女不要聘金。閩籍老榮民立即同意跟F女辦理結婚手續。

來到台灣後，F女在家所做的一切事情都必須按老先生所規定的方法做。吃飯時，老先生只盛半碗飯，F女也只能盛半碗飯。可憐的F女在大陸是清潔工退休的工人，她吃半碗飯就等於沒吃一樣。吃菜時，老先生拿筷子夾一點豆芽菜還要抖一抖，最後筷子上只夾三、四根豆芽菜方才放進飯碗裡。F女見老先生那麼節省，她也只好壓著自己的筷子夾菜。如果她偶而多夾了一點菜，老先生就在一旁直哼哼。

每天，老先生又買一條巴掌長的小吳享魚（鯽魚）還交待F女要分兩餐吃。F女每餐吃不飽，餓得胃痛，又瘦得皮包骨。F女是近六旬的人，瘦了以後當然談不上有風韻。這時候，老先生不但不同情她，反而還嫌她長得太醜，根本不能帶她去同袍家串門子。F女飯吃不飽，想多喝點開水充饑，老先生竟連開水也不允許她多喝。他說燒開水會浪費很多瓦斯（爆氣）。有一天，半夜三更，F女一覺醒來肚子很餓。她見老先生正在酣睡，她急忙去樓下廚房，偷偷拿一只小舀子燒一杯水。突然，她聽到老先生下樓的腳步聲，忙把剛燒開的水倒進嘴裡。瞬間，她的嘴唇被燙起水泡。吃東西時燙傷的水泡破了，嘴唇皮裂開直往外流血。她的心裡苦悶的想：「來這裡好受罪呀！」

F女來台探親的期限到了，按台灣政策規定她該回大陸去。鄰居們都知道閩籍老榮民很吝嗇，他們便送一些禮物給F女，讓她帶回家鄉在親人面前有面子。閩籍老榮民卻不讓F女拿大的旅行包上飛機。其實是他故意扯理由，把禮物攔下來留給他自己。眼看明天就要坐飛機回大陸了，F女急得不知所措。她忙跑到一位同樣從大陸嫁來台灣的H女家裡，求她去她家說服老先生讓她帶旅行包上飛機。這位H女知道F女在閩籍老榮民家受虐待的事，她自己也有受虐待的經歷。H女同意馬上去F女家。

F女含淚說：「謝謝！謝謝！」

H女說：「別謝！快別謝！我們都是大陸同胞應該同病相憐。」她拿著家裡的人體秤走進閩籍老榮民家。

H女進門看到牆壁上掛著一幀閩籍榮民穿軍服的照片忙說：「先生，您穿軍服的照片好英武、好有氣魄呀！」

老先生聽到H女恭維他的話笑得合不攏嘴說：「這是年輕時的照片，現在老了。」

H女說：「老了沒關係，你們保衛國家的功績全永遠留存。」

緊接著H女話鋒一轉說：「先生，我拿稱來幫大姐秤行李的重量。一般來說，航空公司可以幫乘客托運二十公斤重的行李。」

坐過多次飛機的閩籍老榮民應該知道航空公司的規定。他卻明知故問說：「有這種規定呀？」

H女忙說：「我坐了好多次飛機，每次都托運二十公斤重的行李。」

老先生不再說什麼了。翌日，F女也如願以償的將行李托運上了飛機。

之後，F女寫信告訴H女說，她原本打算再來台灣打工賺錢的，哪知道老先生卻不再申請她來台灣探親。並問H女有什麼辦法使她能來台灣。

H女想：「閩籍老榮民跟F女有婚姻關係，他不再申請F女來台探親，是他個人的意願，任何人也無權干預。也許他嫌棄F女長相醜，或是他捨不得再花錢讓F女在台灣生活。這問題攸關政府政策，她作為一介小民實在無能為力幫助F女。」

二一、往年姑娘十八百家求如今榮民八十數女爭

中國人往年的習俗是一家養女百家求。如今自從興起兩岸「婚姻潮」便使台灣老榮民的身價提高百倍。他們無論多大年紀去大陸都可抱得「美人」歸。在台灣單身老榮民亦是大陸女子追逐對象。她們有的想替老榮民介紹對象；有的則對老榮民投懷送抱。

在某處小公園，每天清晨，民眾聚集在一起做健康操。其中有一位老榮民的手機響個不停。他接手機說：「在哪裡等？喔，那個地方呀？等會我就去。」他每天如此。有人竊竊私語說：「她的女朋友很多。」

在一處較大的公園涼亭裡，有一位老榮民每天坐在涼佔裡的石凳上。一會兒，一大陸女走來坐在他的左邊緊緊倚靠著他。那女人的手不停的隔著褲子摸他下身。過一會兒，又一大陸女走進涼亭不遑多讓的緊挨坐在老榮的右邊。她的手也在老榮民身上上上下下的摸。之後，有幾個來公園運動的人走進涼亭。他們看到這兩個女人摸老榮民感到很詫異。這兩個女人知道有人在看她們，她們卻臉不變色，心不跳的依然摸著老榮民。老榮民每天坐在這間涼亭裡，也總有不同的女人來偎依在他身邊，摸他的身體。認識老榮民的人問他：「這些女人為什麼總來勾引您呀？」

老榮民笑笑說：「她們是來找我借錢的。她們借了錢又不還，還一個勁的來找我借。」

有知道的人說：「這些女人有的找老榮民借錢，有的卻找他陪睡。」之後，這位老榮民跟一位因老公中風死亡的大陸女結婚，方才擺脫其他大陸女的纏。

有位八旬中校退休的老榮民喜歡到公園來透透氣。有一位嫁到台灣的大陸粵女，五十餘歲其夫罹患心臟病，病勢危殆。她所熟識的人講，公園有一位八旬老榮民是中校官階退休，目前是單身。她未雨綢繆每天到公園巴結八旬老先生，並將身體緊緊挨著他。還主動向他表明，待她老公去世後，希望跟他結婚。

與此同時，又有一位嫁到台灣的大陸蜀女，四十餘歲。其夫亦八旬，患有嚴重的心臟病。她老公有房子、有存款。她每天到公園找八旬中校老榮民聊天。她還告訴他，她老公去世後，老公的房產及存款全由她繼存。她要求跟他結婚。她也知道八旬中校老榮民有一個女兒。她向這位八旬老先生開出她的最低條件。也就是跟他結婚後，每月只要他兩萬元生活費，其餘的錢全給老先生的女兒。

以上兩位大陸女宛如爭美少年似的爭奪八旬老榮民。她們低三下四的巴結他，盼望能嫁給他。然而，老先生並沒打算接納她們。他對女方的條件要求很高。他要找一位讀過大學文化水平高的知識分子。她嫌棄粵女和蜀女，說她們只會談些家務事。他欣羨另一位讀過大學、有丈夫、曾經跟他偷情的大陸女子。他說跟她在一起才真正有共同語言。什麼問題都能跟她談。跟她談話的內容很廣泛、很豐富，談起話來心情格外舒暢。

二二、他待二婚妻寬厚她卻偷情背叛他

在民國三十八年（公元一九四九年）C先生隨國民黨八十萬大軍來到台灣。C先生在部隊任中校行政官官職。他慣常自奉克己、助人為樂。他的薪俸大部分用於幫助有困難的同袍。在民國五十年也就是公元二十世紀六十年代，國民黨部隊開放適齡官兵結婚。那時候，台灣社會女方出嫁，男方得給二萬台幣的聘金。C先生的同袍們先後結婚後，他們知道熱心助人的C先生不會有這麼多的閒錢給聘金。他們特別替他介紹一位丈夫亡故有兩個女兒的Y女跟他結婚。因當時娶二婚免給聘金。

婚後，C先生對Y女帶來的兩個女兒視若己出。對她們關懷備至。之後Y女跟C先生亦生下一個女兒。自從跟C先生結婚後Y女便不出去工作。她自以為成貴婦。她還四下裡吹噓，說她第二次嫁的丈夫在部隊當大官很有錢。她所說的大話在鄉間、鄰裡一傳十、十傳百。有遊手好閒的年輕男人聽說Y女有錢，便找她借錢。蓄意以喜歡她為幌子跟她偷情。Y女為了滿年輕男人的慾望到處借錢給情夫。C先生的鄰里及朋友全知道Y女偷情。有朋友還將此事透露給C先生。C先生知道後非常氣憤。不過，他看在三個女兒的份上，原本想原諒Y女。殊不知，Y女明知自己偷情的事已暴露，她不收歛，仍然一個勁的到處借錢攏絡她的情夫。當許多債主上門找C先生討債時，C先生才警覺這樣下去不行。他永遠還不清Y女為情夫所欠的債。他還要撫養和培育三個女兒。因此，C先生決定跟Y女離婚。與此同時，Y女的情夫另結新歡。當Y女知道自己被情夫拋棄時，她喝硫酸自殺。經搶救才保住一

命。Y女和胃和喉頭均被硫酸灼傷。她每天只能吞嚥流食過日子。善良的C先生反而責怪自己跟Y女離婚導致她自殺。Y女的親生女兒跳出來跟養育她長大的繼父C先生說，是她媽媽的情夫另結新歡，她媽媽因為情夫移情別戀才自殺的。C先生方才釋然。

如今，公元二零一七年，C先生近九旬，他長方形的臉龐上兩眼炯炯有神。當朋友問他女兒的近況，他說我三個女兒都過得好。她們對我也很孝順。言談中他一直對前妻的兩個女兒視若己出。

二三、她以拉郎配來台灣後精神失常

在公元一九四九年國民黨官兵及眷屬從大陸撤退來台灣時，坐船航海經歷了一場驚濤駭浪。那時，大家都爭先恐後地上船。那船從船體的最高端繫一布條垂下來， 大家拉扯著布條往船上攀爬。在攀爬時有些人手腳無力而掉落到海裡。也有孕婦、體弱病殘者往船上爬時體力不支也掉落到海裡。因當時無人救援，海面上浮起一具具屍體也無人打撈。擠上船的人急於大小便，也只能拉在褲襠裡。有的艦艇坐滿官兵，為能多擠進一些人，官兵們將雙腿放在船舷外，留出空間，讓一些人擠上船。有一艘商船載有八千人，船艙很深、很悶，空氣不好，大家都到甲板上透氣。那時在吳淞口港西邊的山頭架有大炮，炮彈時而落在輪船的四周，船上的人們危急存亡。船上所有人在船航行三天三夜裡沒有吃喝。他們一直忍饑受渴的堅持到船停泊在台灣港才陸續上岸。他們上岸後茫然不知所措的站在民房的屋簷下。那屋裡有人向外潑水；有人則拿香蕉送給他們充饑。

儘管上船去台灣要經歷許許多夕的艱難險阻，在當時卻有些十七、八歲的姑娘們看到國民黨官兵的眷屬們要去台灣跟丈夫團聚，她們也心動了。因為姑娘們從未坐過車船也從未出遠遠門。她們對乘車、坐船很感興趣。她們就主動跟著這些官兵的眷屬們一起坐船去台灣。當時人多船少船舶所載的人員有限。部隊長官看到來了這麼多人就規定說只要男的上船，娘們不能上船。姑娘們是跟眷屬們一起來的。在這種情況下眷屬們提議以「拉郎配」的辦法，請求單身官兵一人帶一位姑娘冒充他們的妻子以蒙騙長官。於是，這些姑娘們讓官兵們一個帶一個都名正言順地上了船。

到達台灣後，他們弄假成真。姑娘們當「假丈夫」的情人並在一起同居。其中有一位湖北籍的姑娘後悔了。因為她的這位「拉郎配」的郎君待她不好，兩人性格合不來。她非常思念她的大陸戀人。可是她萬萬沒料到自從一九四九年來到台灣後，海峽兩岸軍事對峙，她再也不能回大陸了。後來她勉強自己跟「拉郎配」的郎君結婚生子。可是她的心仍然傾注在大陸戀人那裡。她時常獨自仰望著台灣西邊的大陸方向無止息的流泗滂沱……。久而久之，她的精神失常，最後住進了精神病院。

二四、他去大陸旅遊醉翁之意不在酒

一位曾在台灣某中學任教的X先生，退休後賦閒在家。他的家庭和睦，兒孫滿堂。有一天，他去朋友家見朋友年紀比他大，卻娶了一位年輕有知識的大陸女子。他羨慕不已。他背著朋友對這位女子說要跟她做朋友。這位女子德行高尚。他對她恭維、殷殷期望，甚至送禮物，她一概無動於衷。有嫁台灣的大陸女子人格低下。為了錢財主動對男人投懷送抱。俗話說：「一粒老鼠屎，搞壞一鍋粥。」就因一些投懷送抱的老鼠屎把嫁到台灣的大陸女子的名聲敗壞了。所以台灣的許多男人普遍認為大陸女子沒有人格尊嚴，就隨便想她們的心思，占她們的便宜。當X先生無論用什麼手腕、想什麼心思都憾動不了這位品行高尚的大陸女子時，他只好默的打退堂鼓，另尋捷徑。X先生跟家人講他要去大陸旅遊。因為他每月五萬多的台幣的退休俸全數交給妻子掌管。他的兒女們對他很孝順，聽他說要去大陸旅遊都拿錢給他，使他在旅遊中無後顧之憂。

X先生雖然去了大陸山水甲天下的桂林風景區，他卻對山水不感興趣。他偏偏去桂林的窮鄉僻壤尋找他喜歡的情慾。他在鄉間小路上碰到一位二十歲剛出頭的少女。他向她問路，然後拉交情，再進一步跟她談條件。桂林女身個矮瘦，相貌平平。雖然她不是美女，卻是情竇未開的處女。對於可當她爺爺的X先生找到這樣的情人，他該去偷笑了。X先生給桂林女五仟人民幣，買她的「三陪」。一慣在農村做農活過苦日子的桂林女拿到這麼多錢宛如喜從天降。他要她幹什麼她一定會幹什麼。當天，X先生就帶桂林女去小鎮上的旅館做她從未做過的事。X先生對桂林女講，準備帶她到處去旅遊。桂林女說要回家跟家人說明她的去向，順便拿幾件換洗衣服。待桂林女走後的這當兒，X先生又跟鎮上的婦女們搭訕，繼而上旅館。鄉下人眼光短淺，給一點小錢，她們就一個牽一個的來找X先生投懷送抱。X先生感覺自己好幸運，花點小錢就能享受宛如「三宮六院、七十二妃」帝王般的情慾，他慶幸自己沒有白來。這裡不但有好山好水，還有取之不盡的女人供他享樂。

翌日，桂林女回到旅館，她看到X先生正跟一位女子親蜜的坐在一起。她心裡極不是滋味。她後悔不該回家，她不願跟任何女人分享他。第一為錢；第二為性。雖然X先生可以當她的祖父，可是在性方面卻能使她滿足。X先生在這個地方跟多名女性發生性關係後，他感覺累了。當他看到桂林女噘著嘴，滿臉忌妒的樣子，他便立即攜桂林女到大陸中部著名的黃鶴樓遊玩。這樣也好回台灣向妻兒們交待他出門遊玩了多少景點。

有一天，X先生和桂林女一老一少赤裸裸躺在黃鶴樓附近旅館的床上不再出門。兩人相互撫摸對方的身體。一時性起時，就奮戰一場。性慾過後又抱在一起撫摸。渴了、餓了，就下床吃喝。吃喝完了又上床繼續。桂林女對這種荒唐生活很感興趣。她樂此不疲的一再要X先生循環往復的滿足她。她在痛快時毫無顧忌的大聲呻吟、大聲喊叫。彷彿處在無人之境。她感覺自己不是在賣淫而是在女嫖客。

X先生畢竟是六旬出頭的人，經過半個多月的床幃鏖戰他精力耗盡。他終於結束了所謂旅遊，回到台灣家人的懷抱。

二五、她被台灣庸中醫診成廢人

大陸湖南有一位五十歲的Ｂ女嫁給台灣月領一萬三仟五佰元台幣的老榮民。老榮民經濟拮据，他每月的收入根本不能顧及夫妻倆的生活費用。Ｂ女身材壯碩，她也很勤榮。經人介紹她去安養院照顧病人。她在安養院就她一個人就得照顧十幾位病人。她常常揹一百多公斤重的胖墩病人去浴室替他洗澡。之後，由於安養院工作人員有限，就安排Ｂ女上夜班。從晚上八時至第二天早晨八時。一天工作十二小時。她連續上了兩個月這樣的夜班。由於她睡眠不足又勞累過度，導致她腦部麻痺、手腳麻木。她老公見她如此辛苦就去家附近的一家小診所幫她找一位所謂的中醫生替Ｂ女看病。那天，Ｂ女在老公的帶領下去找那位中醫生治病。這位中醫生先用手掌猛砍Ｂ女的頸項，然後安排Ｂ女躺在診療床上。這位中醫生特別叫兩位診所人員跟他一起用按摩棒死死壓住Ｂ女身上的四個穴位。Ｂ女原本身體胖墩，再加上他們長時間按壓住她的重要穴住，使她的血液不能正常循環而導致她頭部和心臟缺血而受損。說明這位中醫生醫術匱乏，診療方法錯誤。從此，Ｂ女不能入寐、不能進食、也不能服藥，晝夜神志不清。她老公說她變成神經病。她好端端的人卻被小診所的庸醫診成廢人。Ｂ女去找這個小診所理論，小診所卻要她轉院。可是台灣的大醫院以及大陸的大醫院她都去過，都治不好她的病。Ｂ女每天加量服安眠藥才能睡二、三個小時，她更不能打工賺錢。她每天坐在家裡哭泣。她大陸的兒子、媳婦要她回大陸。可是她兒子經濟條件不好也沒錢替她求醫治病。她也不願拖累兒子。三年來她就過著這種可怕的廢人般的生活。

後來，經人指點，她去找這家診所賠償她身體機能所受的傷害。這家診所僅賠償她十萬台幣。之後，她老公去世。她沒有任何生活來源。台灣政府每月按低收入戶補助她四仟三佰元台幣。在她的精神稍微清醒一些，她便去外面撿資源回收物度日。

二六、兩岸「老少配」夫妻缺乏感情基礎

大陸女子盲目地嫁給台灣老榮民的「老少配」婚姻，宛如《紅樓夢》裡滿嘴胡話的焦大跟林妹妹的結合。等於把兩種不同的人硬性捏合在一起。人具有兩面性也就是性善和性惡。當然，性善面居多的老榮民占絕大多數。有的老榮民遭遇品性低俗的少妻欺壓，甚至害他人財兩生。和睦相處的「老少配」夫妻也大有人在。他們在一起互敬互愛、相依為命的情形使被老榮民欺侮的大陸女子羨慕極了。還說她們真幸運遇到好的老榮民。

有的老榮民娶到年輕貌美的大陸女子不但不惜福，還虐待她們。使她們處在「上賊船易，下賊船難。」的悲哀和痛苦之中。單獨在一起相處的兩個人，其中一方占絕對優勢時，就會壓迫和虐待弱勢的一方。在兩岸「老少配」夫妻中，台灣老榮民在當時兩岸的「婚姻潮」中，他們占有三個絕對優勢。

第一，當時台灣的經濟優於大陸。許多大陸女子都無條件的、源源不絕嫁到台灣。

第二，台灣的夫權至上。

第三，大陸女子嫁到台灣領台灣身份證開始得十年，之後改成八年。在此漫長的時間內如果受壓迫的大陸女子一旦離婚，必須在一個月之內離開台灣回大陸。

在這三個優越條件下，有的老榮民就會趾高氣揚、逞威風、行霸道。在他們的心目中大陸女子多的是，而不把大陸老婆當回事。他們會肆無忌憚的虐待、凌辱大陸老婆，視大陸老婆為他們

的「性奴」。因此，有些「老少配」夫妻之間根本沒有感情基楚。再加上老榮民在台灣白手起家，他們視錢如命。在吃穿方面對處在弱勢而不敢反抗的大陸老婆極其刻薄，使大陸老婆宛如陷入「冰窖」般的痛苦。原本「老少配」夫妻之間的年紀差距很大，再加上老榮民們視錢如命。使大陸女子更加怨恨他們。

一位老榮民傲慢的對他的大陸老婆說：「我叫你來，你就得來。叫你回大陸，你就得走。你敢怎樣？」

一位老榮民指責另一位老榮民，說他對他台灣本土的年輕太太沒良心，連房子也不替她買。

這老榮民的大陸老婆說：「我比他的老婆更年輕，你也沒替我買房子。」

老榮民說：「你跟她不同，她是台灣的，你是大陸的。」

聽他這麼說，大陸老婆傻眼了。她在心裡想：「難怪他對我那麼刻薄，原來他歧視大陸老婆。」

一位老榮民帶他的大陸老婆去醫院看病。後來拿藥時得繳三佰元台幣。大陸老婆要他繳藥費時，他當眾將三佰元台幣丟在地上，然後調頭就走。大陸女子在眾目睽睽之下，忍辱含羞地彎腰撿起那錢。她繳完藥費後感慨系之。自己暗暗下決心，後後哪怕身體不好，如其受辱也要拚死賺錢。

老夫身上普通都有一股刺鼻的老人氣味。吸菸的老人氣味更重。有些「老少配」夫妻感情不好，當老夫強行跟少妻做人事之後，少妻就會衝進浴室，不斷沖洗她們被污染的身體。她們感覺那股老人氣味如惡魔般的附身，洗也洗不淨。她們在夫權的淫威下苟且偷生，度日如年、度分秒如年。要不然就得面對回大陸的命運。

她們回大陸不是不能生活，只是走出那一步，再回頭就得面對親戚、朋友及親人們的疑慮。那時，在大陸人的心目中台灣是天堂。隨意放棄天堂，在他們認為不是精神不正常，就是荷包已滿。其實她們在台灣身無分文。在這種狀況下，往往在她們的心目中既然已經作出犧牲，就犧牲吧！她們只能聽天由命。

二七、老榮民不能滿足大陸妻貪財欲望陷入慘境

在二十世紀末的「兩岸婚姻潮」中，許多大陸女嫁給台灣的老榮民。因為這種「老少配」婚姻，既無感情基楚，又無選擇的餘地。俗話說：「財與命相連。」有些月領一萬三仟五佰元的老榮民娶大陸妻，其微薄收入不夠維持夫妻兩的日常生活，更莫談給錢大陸妻寄回家鄉。所以他們便遭受大陸妻的漠視和欺壓。不過，有志氣的大陸女子卻自立自強。她們去外面做清潔工或做幫傭賺錢寄回大陸幫助親人提高生活水準。有的大陸女子則不顧羞恥以淫亂撈錢。

有一大陸浙女，身個矮小，貌不驚人。她嫁給月領一萬三仟五佰元的老榮民。她到台灣後，每天到有許多人運動的學校操場專找老榮民調情。有一天，浙女看到一位老榮民在學校操場跑道邊的大樹下做甩手運動。她連忙走到老榮民面前，反覆做前凸下身、後仰上身的猥褻動作。老榮民看懂了她的肢體語言，馬上帶她去他家做愛。浙女今天找張三；明天找李四；後天找王五。根本不把自己的老公放在眼裡。浙女老公知道自己收入微薄，不能滿足浙女對錢財的慾望。他只好無奈的勸浙女說：「老婆，你在外面找情人，最好只找一個。找多了會引起吃醋糾紛，也會被男人們看不起。」

浙女為了錢無視老公一再忠告，繼續忙著四下裡找男人。由於她身材及外貌條件欠佳，跟男人做一次愛只得到兩佰元台幣。儘管她在男人眼裡身價低賤，她卻永無止息地在外面找男人。

還有一大陸浙女，身個高挑、長相平平。她嫁給每月領一萬

三仟五佰元的老榮民。她嫌棄老公經濟拮据，她去外面勾引一位有病的老榮民住到家裡，過一妻二夫的生活。她知道這位老榮民比較有錢，她當著她老公的面，公開陪有錢的老榮民睡覺。讓自己老公「戴綠帽」。為了息事寧人，可憐的浙女老公只能睜隻眼、閉隻眼的過日子。浙女還去外面找更有錢的中校官階退休的老榮民。她想心思百般籠絡中校老榮民。她從中校老榮民那裡撈走數佰萬台幣。浙女還到醫院住院病房，跟生病的情人睡在一張病床上做愛撈錢。凡認識浙女的大陸女子一致公認浙女是玩弄老男的高手。有一次，一位大陸女子快人快語的對浙女說：「你的情夫真多！」

浙女炫耀的反喻說：「男人都喜歡我嘛！誰叫你沒男人喜歡！」

一位九旬老榮民娶一位年輕的大陸女。老先生盡心竭力地對待她，並將全部財產都給她。然而這大陸女不惜福，還去外面找年輕男人。九旬老先生知道後，受不了老婆背叛他。整日間老先生心情郁悒，他獨自離家出走，悲慘的死在一條大水溝裡。

大陸一豫女嫁給台灣月領一萬三仟五佰元的老榮民。她去外面找一位有房子、他去世後配偶可領他的半俸的老榮民。豫女帶他住在家裡，過著一妻二夫的生活。爾後，豫女要自己的老公跟她離婚，然後跟這位有房子、將來有半俸可領的老榮民結婚。婚後，豫女向這位後夫提出，將他的房子賣掉，賣房子的錢交給她掌管。幾年後，豫女後夫去世。豫女既得到賣房子的錢，每月還領到後夫的半俸。

大陸一湘女嫁給一位老榮民。她來台灣後，老公對她傾相倒櫃地將畢生積蓄全給她寄到大陸。在台灣的家庭經濟由她掌握。她卻不珍惜老公對她的一片誠心。她去外面找一個情夫。她時常跟情夫打電話談情說愛。有一次，湘女在住家三樓打電話給情夫。她跟情夫談得很大聲也很盡興。她老公在樓下聽到，忙到三樓阻止她，不讓她跟情夫通話。她不理睬卻繼續在電話裡跟情夫談笑風生。她老公感覺受侮辱，他對她真心卻換來她的絕情。老先生當著她的面憤然跳樓身亡。湘女還到處放話說，她老公患憂鬱症才跳樓的。

大陸另一湘女嫁到台灣才三十餘歲。她長相亮麗、媚悅流俗。忠厚、善良的老榮民非常喜歡她。並將他一輩子積蓄數萬美元全給她。由於她面容美麗，來到台灣社會宛如如魚得水。她對老公說去外面打工，實際是去賣淫。她每天總在半夜十二點鐘才回到家裡。老公見她回來很高興並要求她陪睡。她對待老公如同對待外面的嫖客似的說：「我跟你睡一次，你得給我三仟元。如果沒錢就別碰我。」

聽她這樣說，年邁的老公傻眼了。他的錢已經全部給她了。他沒錢也就不能碰她。

二八、大陸抗美緩朝軍人被俘來台爲反共義士

在西元二十世紀五十年代，在朝鮮半島上，中國、美國、北朝鮮、南朝鮮以及台灣國民黨軍隊打了一場戰爭。大陸稱為：「抗美援朝戰爭」；台灣稱為：「韓戰」。在戰爭中，大陸自願軍軍人被俘後，台灣國民黨軍隊強迫他們在身上或手臂上刺青。其內容為：「反共抗俄」、「殺朱拔毛」，還刺有中華民國國旗和國民黨徽。以此對國民黨的「反共救國」效忠，並稱他們為「反共義士」。然後讓他們加入國民黨部隊，表現好的還提拔為軍官。

在民國七十六年十一月二日（公元一九八七年十一月二日）台灣開放去大陸探親。那些於公元一九四九年來到台灣的國民黨軍人聽到開放去大陸探親，他們激動的熱血沸騰恨不得即刻飛到闊別近四十載的親人懷抱，他們迫不及待、爭先恐後地買飛機票去大陸探親。然而手臂上有刺青的「反共義士」們卻很低調，他們有刺青的包袱只能靜觀其事態的發展。當有人問她們去不去大陸探親？他們有的說不去，有的則說等等看。有一次。在台灣某小公園裡一位老先生坐在樹下擦著手臂上的汗水，一位嫁到台灣的大陸女子站在老先生旁邊看著他手臂上有「殺朱拔毛」、「反共抗俄」以及國民黨黨徽感到很奇怪。大陸女子問那位老先生：「您少背上刺這些字，你補能去大陸嗎？」

那位老先生說：「我照去不誤。我去大陸時，它們都不理會這些。」

之後，在兩岸「婚姻潮」中，又是這些公元一九四九年來台灣的國民黨軍人們踴躍去大陸相親。這些「反共義士」們卻穿著

整齊的服裝遮蓋住身上的刺青去大陸相親。他們知道他們身上的刺青已成為歷史。只能讓歷史弭除他身心的傷痕。

二九、他一貧如洗卻娶到大陸忠厚少妻

臺灣有一位國民黨老兵，已至垂暮之年，他罹患嚴重肺炎，生活不能自理。雖然臺灣有全民健康保險，看病不需要花什麼錢，可是他債務纏身，他月領一萬三仟五佰元臺幣的生活津貼費，他的生活一直入不敷出，連棲身之所也沒有，只能租住在簡陋的鐵皮屋裡 。

隨著歲月流逝，老先生病情加重，他越來越難以支撐眼前的生活。同袍們都勸他請居家看護照顧他的生活起居，一貧如洗的他哪有這個經濟實力。有朋友勸他去大陸娶老婆來照顧他，他暗想：「我又老又窮又病魔纏身，誰願意嫁給我啊！」

有人主動當他的介紹人，幫他在大陸找相親對象。他本著試試看的想法同意去大陸找老婆，臨行時他沒錢買飛機票，只好硬著頭皮找同袍借錢買飛機票。

介紹人帶他去介紹人的貴州故鄉，托親靠戚替他介紹對象。老先生運氣好，很快跟一位 40 歲的寡婦見面這。位貴女聽介紹人講老先生生很窮又有病，貴女想，她還年輕，到臺灣她一方面照顧老先生，一方面自己找工作賺錢。於是這對老少配夫妻很快在貴州辦理了結婚手續。

貴女來到臺灣後，萬萬沒料到，當時臺灣的政策不允許沒領到身分證的外籍人士打工，不然會遭到遣送大陸的懲罰。她聽老鄉講，一位四川籍嫁到臺灣的女子，不清楚臺灣的政策，她打工時被人舉報，警察找到她時像對待犯人似的，替她上手銬帶到派出所，並責令她老公盡快替她買好飛機票送到派出所來，還規定她不能回家，要從派出所直接去飛機場。不但如此，還罰她一年不能來臺灣跟老公團聚。

在嚴苛臺灣政策管制下，貴女不敢越雷池一步，她只好一天二十四小時精心侍候、陪伴病奄奄的老先生，還陪窮老公過著餐餐煮麵條吃的艱難困苦的生活。一天夜裡，老先生病情加劇，她爬起來坐在床上，好一陣劇烈咳嗽，夢中的貴女被咳嗽聲驚醒，她一骨碌起床替老公拍背，餵他喝溫水，餵他服藥。

老先生表情痛苦顫巍巍地說：「辛苦了你，我……對不起你……害你跟我受罪！……臺灣是水果王國你來臺灣我連臺灣水果蔬菜也沒錢……買……買……給你吃買……」他又一陣劇烈咳嗽……。

忠厚、本分、富有憐憫心的貴女邊輕輕拍老公的背部，邊流淚說：「我既然嫁給了你，就應該全心全意照顧你，你說這些讓我心裡更難過，我知道，你是沒錢才過這樣的生活，不是你有意要刻薄我……。」

那夜很長，也很短暫，老夫少妻一直相對而泣。窗外一絲曙色透進來，老先生走了。他走得很安詳，老先生一輩子沒結過婚，他在臨終之前的短暫時間裡，卻有一位少妻宛若嚴寒中的「一盆火」在跟他結婚一年多以來，一直溫暖著他的心，直到他走完生命的最後旅程還替他送終。老先生活著時，常常對朋友說：「我這輩子深感缺憾的是欠這位年輕、清秀心靈美好的妻子永遠無法償還的一份人情。」

貴女和老先生的同袍們安葬好老先生之後，她將啟程回大陸家鄉，可是她身上卻連一塊銅板也沒有。她既傷心又著急，凡是不知道她處境的人，做夢也不會相信一個嫁到臺灣的女子竟處於如此落魄的窘境。她的同鄉帶他去公園散心，公園的一間涼亭裡有一些老先生、小姐以及大陸嫁來臺灣的女子，她們正在小提琴的伴奏下引吭高歌，他們在休息的當兒，貴女的同鄉將他在臺灣不幸的遭遇講給他們聽，他們均對貴女充滿深摯的關切和哀憐。大家紛紛掏錢捐助貴女，使她終於有錢買飛機票返回大陸家鄉，貴女頻頻拭淚向大家道謝。貴女在臺灣短暫經歷中卻體驗到臺灣人以及大陸同胞樂善好施的美德。

三十、老榮民新婚之夜服壯陽藥不幸猝逝

一位川籍老榮民，於公元一九四九年隨國民黨八十萬大軍來到臺灣，之後，數十年跟大陸親人失聯，一直過著苦苦思念大陸親人的日子。他是當兵出身，沒錢娶老婆，根本也無人替他介紹結婚對象。他從部隊退役後，特別尋塊空曠地蓋一間簡易能遮風避雨的矮平房將就度日。

公元一九八七年十一月二日，臺灣蔣經國先生宣布開放去大陸探親。川籍老榮民聽人家講回大陸需要很多錢打發親朋好友，又聽從大陸探親回臺灣的老鄉講，他的父母親已不在人世，所以他打消去大陸探親的念頭。他在自家門前燒紙錢跪地痛哭父母的亡靈，他在思念父母之時，想到自己也步入風燭殘年，應該多賺些錢防老。他發現修理腳踏車自行車行當可以賺錢。恰巧，他在路邊撿到一輛被人丟棄的腳踏車，他在家反覆拆卸、裝修這輛破損的腳踏車，有弄不懂的地方，特別去腳踏車行轉悠，偷學人家的技術。沒多久，他便能熟練操作做修理腳踏車。於是，他請同袍幫他寫一張「修理腳踏車」的紙牌掛在路邊顯眼處就正式開張營業。

臺灣主要的交通工具是摩托車路，路上騎腳踏車的人非常稀少，只有嫁到臺灣的大陸女子絕大多數以腳踏車代步，因此，這位川籍老榮民在修理腳踏車時接觸到眾多大陸女子。有一位嫁到臺灣的川女，找川籍老先生修理她的腳踏車時，她聽他的口音便知道是老鄉，有「他遇故知」的親切感。他們在交談中，得知他是單身時，川女忙替他介紹一為家鄉女子聽到替他介紹家鄉女子，

他欣然接受。他立即隨川女去家鄉相親，當他知道相親的對象不但擁有大學畢業的高學歷，還是一所學校的教師，更讓他驚嘆的是她長相清秀，身材適中，年齡才四十餘歲，他已近七十古來稀的年紀。見對方條件那麼好，他由衷感到自愧弗如，不過，既然女方沒有嫌棄他，他也就隨遇而安。

回臺灣後，川籍老先生既高興又憂鬱，他思想到，他將第一次入洞房，享受人生中的一大幸事，他每天盼望新娘來臺灣跟她團聚。他在喜悅之餘，又憂心忡忡，他記憶中在民國四十年公元一九五一年，他還在軍中時，他曾經去「軍中樂園」做過人事，之後，就很少做人事。如果在這很難得的新婚之夜，萬一在美嬌娘面前做不了人事而丟臉，就太對不起這位年輕又千里迢迢嫁來臺灣的老婆。

這天，他終於盼到老婆來臺灣跟他團聚，他特別帶老婆去一家餐館吃一頓團聚飯，是夜，一輪明月高懸在空中。川籍老先生仰望明月心，裡卻七上八下怦怦直跳，他想到有人告訴他，年紀大的人吃威爾剛可以使生殖器勃起而經久不息。他們吃完飯走到一家西藥局門前，川籍老先生掏出鑰匙給妻子說：「你先回家，我有點事馬上就回來。」他見她朝家的方向走去，忙走進藥局買了十粒威爾剛，急忙趕回家。他讓妻子先洗澡，之後，他自己洗完澡，接著吃下兩粒威而鋼，他想久不息。

妻子洗完澡躺在床上看電視，他走過來說：「寶貝，睡覺吧，明天再看電視。」他邊說邊關上電視。然後，迫不及待跳上床抱著妻子說：「寶貝，娶到你這位美嬌娘，我好幸福呀！我等不及了……。」他扯掉她的內褲緊緊壓在她身上……

不久，憾事發生了，他癱倒在他身體上一動也不動，他服用過量威爾剛不幸逝世！

三一、他爲娶大陸女背叛妻兒淪落街頭

一位約六旬的臺灣人，他家有房產，老婆也有穩定工作！他的一雙兒女也有出息，均在教育部門工作，他的家庭可稱之為幸福美滿的家庭。他退休後，為消磨時間，在一處停車場擔任看車、收費的工作。他在工作中接觸到前來停車的許多長髮飄逸、長相甜美的大陸女子。再加上跟他一同看車的幾位同事娶的都是年輕的大陸老婆。連一位風燭殘年的老同事所娶的大陸老婆也比老先生年輕二十餘歲。他從心底羡慕他們他，連做夢也想去大陸嘗試風花雪月的滋味。

看車先生向老婆提出離婚的要求，並說他老婆年紀老了，不能滿足她的性需求。他老婆知道他見異思遷，心去難留，也就成全他，跟他辦理了離婚手續。他偷偷將家裡的房屋權狀拿到銀行貸款五十萬臺幣，拿到大陸去，如他所願娶到一位年輕、漂亮的老婆。

由於他常帶到大陸的資金在大陸娶親、購物、付聘金、辦喜宴花得所剩無幾。他帶著大陸年輕老婆回臺灣，還得租房子居住。他經濟拮據過著節衣縮食、捉襟見肘的生活。那年輕、貌美的大陸老婆看出他是一個既無房產又無經濟來源的窮光蛋，她在她身邊僅曇花一現就跟外面有錢人勾搭上而私奔了，到頭來他落的人財兩空，還揹了一身債，他「一失足成千古恨，再回頭已是百年身。」最後，他自食其果的淪落街頭……

三二、他在大陸被捕抓卻因獲得福喜結良緣

W 先生於公元一九四九年隨國民黨部隊來臺灣，他一九二五年出生，原籍為江西，文化程度大學畢業。他在國民黨部隊任政戰士，官階為中尉，他於一九五四年由國民黨部隊派往大陸舟山群島蒐集軍事情報，沒多久，他的身份暴露後在大陸被捕，他被判入監兩年，勞動改造十二年。他在十二年的來勞動改造中，學會許多農業知識，積累了許多種植農產品的寶貴經驗。他勞改釋放後回到原籍故鄉繼續務農，在二十世紀九十年代 W 先生去江西某鄉鎮傳授、推廣種植香菇技術時，跟他未來的妻子因緣巧遇，未來妻子那時候正是 W 先生教學種植香菇的學生。他們在種植香菇的過程中結下良緣而成為夫妻，W 先生長妻子四十一歲，他們是一對「老少配」夫妻。

在公元一九八七年臺灣開放去大陸探親時，W 先生的同袍亦是他的同鄉回家鄉探親，方知道 W 先生在大陸所遭遇的坎坷經歷。同袍回臺灣後向部隊有關部門反映 W 先生在大陸的經歷，之後，由同袍協助他辦理回臺灣的手續，W 先生一九九四年回歸臺灣。翌年，W 太太亦來到臺灣。他們「老少配」的婚姻很甜蜜，他們在臺灣生下一個乖巧、聽話的女兒。W 先生雖然在臺灣領有終身俸，然而他過慣了命途多舛的艱困生活，他年已八旬仍然四處找工作做。他們「老少配」夫妻一直夫唱婦隨，共同打拼賺錢撫育女兒，軍人出身的 W 先生性情暴躁，W 太太卻以柔克剛，在 W 先生遇事暴躁時，W 太太以軟語勸解，使他轉為平靜。他們「老少配」夫妻在一起生活近三十載，從未發生大的矛盾衝突，兩人在一起

總是互敬互愛的過日子。

在他們的女兒二十餘歲已上大學時，W 先生在一次運動中不幸摔倒，頭部撞到水泥柱上，W 先生在醫院住院時，總認為自己沒病，時常自己拔掉輸液的針頭。他住進醫院十九天後，走完生命的歷程，享年九十二歲。

三三、在臺灣本土的逸聞軼事

臺灣有兄弟姐妹的往生者的晚輩，平時得罪了父母輩的兄弟姐妹，在替往生者送葬的這天，往生者的兄弟姐妹會共同來懲罰這個晚輩。他們故意站在離往生者家較遠的馬路邊上等，這往生者的兒子按照他們的習俗，從家裡開始在地上爬行，一直爬到長輩們所站的馬路邊來迎接他們，如果長輩不攙扶晚輩起來，晚輩就得在地上長跪不起，而且按習俗規定，一次只能迎接一位長輩到他們家，如果往生者有九、十位兄弟姐妹，這個晚輩的得從家裡爬行九、十次來迎接他們。

有位大陸女子問嫁給老榮民的臺灣本土太太：「聽說在你們那個年代，老榮民都很窮，他們『上無片瓦，下無插針之地』，你們為什麼要嫁給他們！」

那位本土太太說：「我嫁給我老公純粹是為了愛情不是為錢，我們家沒向我老公要聘金，當然，那時候有些女方的家長將女兒嫁給老榮民的確是為得到他們兩萬臺幣的聘金，沒有錢給聘金的老榮民只能娶殘障、智障或二婚的女子做夫妻。」

一位臺灣本土的女子嫁給一位老榮民，她生下一個斷手的兒子，之後，她每天在家裡做好飯菜後就，去外面跟情人約會。然後，她又生下一個兒子，她情人的老婆找到她家對她榮民老公說，他們家剛生下的小男孩是她老公的種，這位老榮民的老婆無視情人老婆所說的話，繼續扶養她的小男孩。老榮民心境抑鬱、但是為了斷手兒子，他不能離婚，只好對她淫亂的老婆「睜一隻眼，閉一隻眼。」

民國四十一年公元一九五二年，國民黨軍隊來到臺灣後百廢俱舉，他們在山頭紮營守衛臺灣。他們就地取材用竹片編紮哨所，有單哨、副哨，颱風來了，哨兵連同哨所一起被颱風颳得無影無蹤。

在公元二十世紀九十年代末，臺灣一位外省第二代（也就是老榮民的兒子）一位年約二十餘歲的男青年跟一位臺灣十餘歲的小姐，在打工時認識，兩人性情相投繼而談情說愛，難分難捨。小姐的父母親是臺灣閩南人，在那個年代臺灣閩南人對老榮民極其反感。當小姐的父母知道他們的女兒跟老榮民的兒子談戀愛時，非常憤怒，他們找到老榮民所居住的眷村家裡要打老榮民的兒子，所幸尚未碰到老榮民及其家人。當老榮民的兒子知道女朋友的父母要打他時，他的女朋友便跟他一起私奔，逃到外縣市躲避。沒多久老榮民兒子的女朋友懷孕了，老榮民知道他的準媳婦懷孕的事候，忙請人去準媳婦娘家求親，在「生米做成熟飯」的狀況下，這對閩南人夫婦迫不得已，順水推舟地同意老榮民的兒子跟他們的女兒結婚。

一天，烈日當空，轟隆隆的汽車聲、摩托車聲在馬路上呼嘯而過，一位中等身材，約莫三十歲的男青年背個塑膠袋在烈日下撿垃圾，不在意的人十有八、九會認為他是一名拾荒者，其實不然，他卻在埋頭修行、做義工，有位老榮民走到她身邊問他：「你是清潔工啊？」

「不是，我只是利用休息日做做義工。」

「那你的家人不會擔心你在大太陽會中暑呀？」

「不會，我老婆是大陸新疆人跟我年紀相仿，她在上班。」

「你父母見你休息，會不會要你陪陪他們呀？」

「我……我父母已去世，我媽媽……哇……」提起媽媽她痛哭流涕，淚如泉湧。

老榮民拍拍他的脊背說：「看來你真是個孝子！」

在一座山邊的國民小學校，圍繞著操場跑道的綠樹成陰，有榕樹、黃蓮木、大葉桃花心木、火焰木、龍眼樹等，每年七、八月份龍眼樹上果實累累，去學校運動的嘴饞人伸手就摘下一把龍眼果，邊走邊一粒粒往嘴裡塞。R 女自從嫁到臺灣，每天待學生放學後必須到該校快走運動，她說這裡全是樹，可以呼吸到樹木吐出的新鮮氧氣。有一天，R 女在學校運動遇到一位八旬老榮民，老榮民自我介紹說，他是中校官階退休，一年的終身俸有四、五萬臺幣，他太太去世後，他一個人生活，兒女們都沒跟他住在一起。

R 女說：「您應該找個老伴可以相互照應。」

老榮民說：「我很難找到我喜歡的人我寧缺勿濫不想隨便湊合。」

有一次，R 女在學校運動時遇到一位六旬的大陸女子，她對 R 女說她老公已去世，拜託 R 女替她找份工作，R 女急忙快走到那位八旬老榮民身邊，她指著六旬大陸女子對八旬老榮民說：「您可以跟那位女子交朋友，她老公已去世，你們 2 個人在一起就不會感到寂寞。」

八旬老榮民遙看六旬大陸女子一眼滿，臉鄙夷地說：「哦，她呀！有人替我介紹過她，我連看也不想看她一眼。」

「啊—」R 女在心裡驚愕地想：「一位年逾八旬的老頭兒竟

瞧不起只有六旬的大陸女子，難道大陸女子的身材、容貌配不上他？說不定人家還沒他子女的年歲大哩。」

後來聽了解這位八旬老榮民的人講：「他喜歡跟年輕、漂亮，打扮妖媚的女子談戀愛，而且還時常變化談情說愛的對象。」

有一天，下著小雨，R 女在學校聽到八旬老榮民正拿著手機跟別人約會。一會兒，一位身著連衣長裙、長髮披肩的妖豔女子打著一把雨傘趕到學校來，那位八旬老榮民忙迎上去，鑽進女子的雨傘裡，兩人親密地走出學校。R 女想：「他真是一位多情的老頭兒！」說來奇怪，臺灣像這樣日薄西山、老態龍鍾的多情老頭兒大有人在，看來，談情說愛并不是年輕人的專利。不過年逾八旬的老頭談情說愛的成功機率比較低，按常情年輕女子憑什麼要跟老頭兒談情說愛，她們必定想找老頭兒要錢、要物，再加上有的老榮民很吝嗇，他們想以談情說愛的方式迎娶一位容貌出眾的年輕女子當老婆，簡直比登天還難！為什麼呢？因為在兩岸「婚姻潮」中，一些老榮民都娶到大陸年輕漂亮的老婆，那時候是臺灣人佔優勢，大陸女子沒有選擇的餘地，跟古時候的包辦婚姻沒有兩樣。

在臺灣蔣經國創舉的十大建設時期，臺灣有位老榮民原本喜歡看古典小說，例如：《三國演義》、《孫子兵法》、《孫臏兵法》、《孫武兵法》等書。他在創業中將《孫臏兵法》中的戰略戰術如：「克敵制勝」、「知彼知己，百戰不殆」、「寡可以敵眾，弱可以勝強」等作為他做生意的主導思想。例如，他想做已經發給別家的工程，他便靈活運用《孫子兵法》中的戰略戰術，就可以得心應手把工程從別人那裡奪過來，他請對方科長來談生意，他除了熱情招待科長住進五星級賓館，還給科長一個大紅包，最後囑咐五星級賓館裡的小姐幫忙，聯絡應召女到科長房間陪睡。一切安排妥當後，他方才離開。之後，便水到渠成他想做的工程很快就做成。他長期靈活運用《孫子兵法》中的戰略戰術，使他成為老榮民中鮮有的億萬富翁。

早年臺灣外省第二代也就是老榮民的子女，去招聘單位應徵時，招聘單位給一張招聘表讓他們填寫，表格裡有籍貫欄，當他們在籍貫欄裡填寫上大陸某省的名稱，招聘單位當場看到他們所填寫的外省籍貫後，使外省第二代的年親人莫名其妙的被打退堂鼓。幾年後，各單位招聘表格裡取消籍貫欄，外省第二代的年輕人就能跟籍貫為臺灣的年輕人平權應徵。

一位事業有成的臺灣本土女子，他對朋友說，她的閩南籍父母思想老舊，重男輕女，她是她家唯一的女孩子，在求學時，她父親不讓她讀書，還用孔夫子的話告誡她說：「女子無才便是德，女孩子讀書沒有用。」這位女子卻偏偏喜歡讀書。她父母不給錢她繳學費，她自己以半工半讀的方式解決自己的學費。之後，她拿到文憑，找到比較好的工作單位。她的兄弟們在父母的寵愛和大力支持下反倒不想讀書。等到要工作的年齡他們只能做些粗重的工作。在二、三十年前臺灣遭受重男輕女困厄的女子到如今還有這種哀怨。

臺灣有一位老榮民 Z 先生，早年在遠洋輪上工作，退休後在家賦閒，因為他老伴是臺灣本土人，性情暴烈，做事果斷。他的性情溫吞，被人們稱為「慢郎中」。他們夫妻之間的性情落差很大，在家經常爭吵。Z 先生為了在老伴面前爭口氣，他決心做路邊攤賣小籠湯包。他沒做過飲食生意，只聽人家講小籠湯包裡該放些什麼食材，開始他連麵食發酵也不會，他就到處問人家，當他懂得一點麵食發酵的方法后後，馬上買一輛二頓的舊貨車，並送到汽車維修廠將貨車改裝成餐車，然後還雇用一位小姐協助他做小籠湯包。他每天深夜兩點鐘起床發麵、做奶茶。待一切準備工作就緒，他開著餐車到較遠的住宅集聚地做路邊攤。開始他很慌亂，有一次，小籠湯包肉餡竟未放鹽。有顧客來找他，他忙退錢。有的顧客要趕著上班，直接把小籠湯包丟在他腳下，掉頭就走。第二天，Z 先生的生意慘淡，沒人買他的小籠湯包。他仍然堅持不懈地在原地擺路邊攤，他特別寫一副特大的廣告牌掛在餐車上，廣告牌上寫：祖傳秘方調製的小籠湯包味美湯多，許多中學生看到他的廣告宣傳都來買小籠湯包，這下他得意了，他拉著前來買小籠湯包的學生說，他替他們看相，然後，唾沫橫飛地談政治，學生害怕遲到說：「我們學生不談政治。」Z 先生依然拉著學生侃侃而談，時不時還夾雜幾句英文。此刻，學生吃得汗流滿面，從此，學生見到他都望而生畏，擇路而行，哪怕他的小籠湯包再好吃，也無人問津。他為了生意好跟學生拉交情卻適得其反。

有一次，十五級颱風夾雜著地震，馬路上一個人影也沒有，Z 先生卻站在餐車檯面邊一個勁兒地揉麵做小籠湯包。地震時路面搖晃，Z 先生的餐車幾乎要翻了，風一陣陣呼嘯，Z 先生卻老神在在，鎮定自如地在餐車臺面上揉麵團。他的拼搏精神博得過往路人的同情。風勢稍稍減弱時，有人便來找他買小籠湯包，由於 Z 先生半夜起床做準備工作，加上他動作緩慢更勞神費力，待他賣完小籠湯包在開車回家的路上，因勞累過度而打瞌睡導致翻車。沒過多久他又翻一次車，然而他卻幸運地逃過兩次翻車劫難。之後，他罹患肝癌奪走了他不服輸的寶貴生命。

一位嫁到臺灣的大陸H女，有一天，她跟朋友一起坐計程車，計程車駕駛是一位六旬老先生。他很喜歡聊天，H女她們一坐上他的車，他的話夾子就打開了，開始，他談些計程車的車程、車資問題，然後，他對H女說：「現在大陸不讓臺灣搞獨立，為什麼讓蒙古獨立？」

H女說：「那時候蒙古獨立是原來的蘇聯也就是現在的俄羅斯支持的，因為蒙古以畜牧業為主很貧窮，在那時候，蒙古是「經互會」的成員國，蘇聯佔他們外貿總額的八十％以上，所以蘇聯是蒙古的經濟後盾。」

H女反問駕駛說：「日本佔領臺灣五十年，而且殺了許多臺灣人，那時候，臺灣人為什麼不搞獨立？再說，臺灣搞獨立既沒有文字，又沒有語言，更沒有軍隊和貨幣。因為臺灣現在所用的繁體字是大陸的文字，連拼音也是大陸之前的老拼音，臺灣的軍隊是國民黨從大陸撤退來的軍隊，臺灣所用的貨幣也是國民黨從大陸帶來的，臺灣所用的臺語也就是閩南語，也是大陸福建省的語言。所以，臺灣搞獨立宛如『無源之水，無本之木』不具備任何條件。」這時候，駕駛無言以對，H女他們的目的地到了，也就下車了。

三四、「老少配」性生活不協調少妻痛不欲生

嫁到臺灣的大陸女子絕大多數是「老少配」的婚姻，她們嫁到臺灣都是通過別人介紹，她們對未來的另一半根本沒有選擇的餘地，她們家的老夫普遍長二十歲。特別的年長三十歲、四十歲、五十歲，有的甚至長一甲子。「老少配」之間既無戀愛過程，更不會兩情相悅，再加上臺灣老夫在家庭中處在父權至上的主導地位，大陸女子卻是在男女平等的制度下成長的，她們男女雙方連結婚的目的亦不同，臺灣老夫為找個伴照顧他的暮年生活，大陸少妻嫁到臺灣為賺錢提高大陸子女與親人的生活水平。他們雙方不得已湊合在一起，他們在共同生活中會產生許多不適和矛盾，甚至有的老夫性情蠻橫、吝嗇，因而虐待尚未取得臺灣身分證的大陸女子。

「老少配」婚姻在性生活方面更不可能和諧，多半是老夫主動，少妻則被動應付，少妻的性生活更沒有激情可言，一些較熟識的大陸女子聚在一起時，就相互訴苦，抱怨自己不幸的遭遇。有的說，老夫性慾特強，經常使她的陰道磨破皮，甚至流血，哪怕受傷老夫也不放過她。有的說，在她的月經期老夫照樣要滿足他的性慾，有一位女子無奈地說：「我每天彷彿在例行公事，我四仰八叉的躺在床上，任憑老夫擺弄，她們一致認為老夫待她們為性奴隸。」

有的人經常藉助荷爾蒙藥來維持她們的生理機能，她們也不管長期服用荷爾蒙會產生副作用，甚至有罹癌的風險，明知道會有風險又能怎樣呢？她們踏上這條流落他鄉的路就得咬牙撐下去。

有一位四十餘歲的大陸女子，發現他七旬的老夫性慾很強，她每天應付他，他還不滿足。白天趁少妻上班時間，老夫去外面跟數位女人做愛，少妻非常害怕自己被淫亂老夫傳染上性病，少妻想阻止老夫或請徵信社抓姦，不過她想自己尚未取得臺灣身分證，如果直接跟老夫吵鬧，不但不能解決問題，最後鬧到離婚，她還得回大陸，那麼她在臺灣就冤枉受這麼多年的苦。有一次，她聽說塑化劑可以降低性慾，於是她靈機一動，想出一個好辦法，她每天下班回家就將白色塑膠瓶剪碎放進肉湯裡煮化後給老夫喝，用此方法降低老公的性慾。

一位三十餘歲的大陸女子跟七旬老榮民結婚，這老夫原本有性功能障礙，他每次跟少妻做愛時都會指責少妻不能滿足他的性慾，還說少妻嫌棄他老對他不感興趣，他為了提高少妻的性慾，有一次，他竟拿長形玻璃瓶強行插進少妻的陰道裡，這位無辜的大陸女子不堪受老夫的性虐待，她結婚來臺灣才幾個月就提出跟老夫離婚而回歸大陸。

三五、她做生意心腸慈善屢屢受騙導致失敗

大陸 U 女於公元二十世紀末的兩岸「婚姻潮」宗嫁給臺灣一位老榮民，正如有人形容的那樣：「有的老榮民把一塊銅板看的比地球還大。」U 女的老公的確如此，他平常連蔬菜水果也捨不得買，更不可能給錢幫助 U 女解決她大陸兒子的工作問題。U 女只有自立自強，她找老鄉借十萬臺幣創業，她在人潮熙熙攘攘車流車輛川流不息的熱鬧地區租了一間小店面做肉包、小籠包、飲料等飲食生意。她起早摸黑，日夜辛勞，獨自採購原料、獨自顧店、獨自操作、獨自銷售。

這天，女開張營業，一位四十餘歲模樣像做粗活的男人，走到 U 女推攤位前說：「我昨天找你買肉包，你少找我 100 塊錢。」U 女驚訝的想：「昨天我根本沒開張。」U 女見他有意扯皮的樣子，害怕影響生意，忙給他一佰元臺幣。

幾天後，一個流浪漢約三十餘歲，渾身髒兮兮的，走到 U 女攤位前旁說：「我肚子餓，給我吃點東西。」U 女見他可憐，當即給他一個肉包和一杯紅茶。流浪漢把食物拿到旁邊坐在地上吃完後，又走到 U 女面前說：「我還要吃。」

U 女生氣的說：「我剛才已經給你吃了，你快走，我要做生意。」流浪漢耍賴地坐在 U 女攤位的地上，故意影響 U 女做生意，U 女氣憤地拿手機打 110 報警，一會兒，警察開著警車停在 U 女攤位前。

U 女指著流浪漢對警察說：「我已經給他肉包和紅茶，他吃完了還賴在這裡不走。」警察從警車上下來，抓住流浪漢將他推

上警車開走。翌日，流浪漢見U女好欺負，他又來了，他坐在離U女稍遠一點的地上，U女卻接收教訓不再理睬他。

有一次，一位五十歲左右的男人，走到U女攤位旁說：「我家就住在馬路對面，我兒子馬上要上學，需要錢買學習用品，我手頭沒零錢，請你先借我六佰元給我，待會我還要找你買幾個幾籠小籠包，再一起把錢拿給你。」U女忙拿六佰元臺幣給那男人，好讓他兒子趕快上學。可是那男人從此再也沒現身，他騙走U女六佰元臺幣。

有一天，U女正在小店面房間裡做小籠包，因店面小，有時候U女要換衣服就在店裡的一處牆角掛一幅布簾。U女怕遭小偷就把需要找零的三仟多元零錢放在布簾裡的背包裡。忽然，店門前來了一對約三十餘歲的年輕男女，那女的走進來對U女說：「我月經來了，褲子弄髒很不舒服，我想借一下你的地方墊衛生棉。」同樣為女人的U女非常同情女人的苦，她忙說：「那你快去簾子裡弄吧，這時間沒人會來。」

那個居心叵測的女人在簾子裡邊搗鬼邊說：「我快好了，稍等一下，我馬上好了。」她出去後，二話不說就往外急走。

U女一時沒意識到發生什麼事，待她想到錢時，馬上進布簾裡拿背包看錢，方才發現她所有的三仟多元零錢全被那女騙子、女小偷偷走，U女很沮喪，她後悔不該到這種人生地疏，環境惡劣的地方做生意，她不但賺不到錢，還屢次受騙上當。翌日，U女黯然搬走。

三六、嫁到臺灣的大陸女子人權何在

在公園二十一世紀九十年代期間，臺灣在陳水扁政府執政時期，陳水扁獲國際人權獎。正在那個時期，陳水扁政府以查假結婚真賣淫的犯罪集團，卻把矛頭對準嫁到臺灣的大陸女子，他們在臺灣各國際機場的海關，對嫁到臺灣的大陸女子進行普遍訪談。

大陸女子在臺灣國際機場通關時，臺灣政府派專人攔截他們詢問：「你跟臺灣老公結婚的當天是否行房？行房時，妳老公穿什麼樣子或什麼顏色的內褲，你老公的身殖器有什麼特徵？行房時，老公喜歡用什麼姿勢？老公是在上面？還是在下面……」

當時，大陸女子為能到臺灣跟老公一起生活，她們只好忍辱含羞地回答陳水扁政府侮辱人格的各種無恥、無聊的訪談，有受不了訪談侮辱的女子事後掩面哭泣，陳水扁政府對大陸女子所謂訪談是大陸女子既羞憤又難以起齒。她們在訪談中宛如在受性騷擾般的無地自容，陳水扁政府如果是為打擊假結婚真賣淫的犯罪集團，就應該掌握證據對參加入犯罪的嫌犯進行審訊，再說真正搞假結婚真賣淫的大陸女子，如果沒有犯罪集團的指使，她們在人生地不熟的臺灣如何進行假結婚真賣淫的活動，陳水扁政府號稱臺灣是實行民主自由的地方，卻對無辜的大陸女子搞所謂的訪談是無視大陸女子的人格和人權，也是對大陸女子的公然侮辱，所謂的訪談也是對陳水扁獲國際人權獎的極大諷刺！

三七、數次被勾引不以爲然要爲大陸人爭點

L 女有學識，作風正派，面貌清秀。無論她多優秀，嫁入臺灣依然遭遇老公的刻薄和虐待。可是在異鄉孤苦零丁的她絕不向老公低頭要錢幫助大陸兒子創業，她鼓起勇氣自立自強，自己做路邊攤賺錢幫大陸兒子創業，她起早摸黑地幹，企圖改變自己受欺壓的命運。她在外面做路邊攤時，像螞蟻黏蜜糖般的被中年或老年男人們想入非非。

有一天，L 女去商店買東西後走回家，站在路口的老先生雙眼一眨也不眨地盯著 L 女的胸部，L 女從老先生身旁走過，老先生便跟著她走，L 女感覺很奇怪的想：「我不認識這位老先生……，他幹嘛跟著我？」

這時，老先生加快腳步，跟 L 女並排走說：「小姐你的兩個奶好美呀！」

L 女聽他這麼說，霎時臉緋紅，她頭也不回地加快腳步走回家。

有一次，L 女去公園運動，在一處涼亭裡有位老榮民嫻熟的拉小提琴伴奏，十幾位老先生以及中年婦女圍坐在涼亭石凳上引吭高歌，他們合唱二十世紀二、三十年代的老歌。L 女愛好音樂，她走進涼亭跟他們一起合唱老歌，L 女的音量特別高，宛如鶴立雞群。唱完歌後，大家親切地互相道別，L 女往前走時，一位老榮民緊跟在她身後，走一段路後，老榮民加快腳步跟他並排走，老榮民殷切地說：「小姐妳的歌聲真好聽，我們做朋友吧？」

L 女看他一眼說：「在一起唱歌的先生和小姐們不都是朋友嗎？」

這位老榮民聽到 L 女所說的意思是不願跟他單獨做朋友，他便知難而退。

又有一次，L 女在公園運動，一位老榮民主動對 L 女介紹他是單身，一年有四、五十萬臺幣收入，然後問 L 女家鄉有什麼名勝古蹟，身在異鄉的 L 女提起她的家鄉便忘我地侃侃而談。那位老榮民感慨地說：「我接觸到好多位大陸女子，從來沒有遇到像你這樣知識廣泛，有水準的女子，我很喜歡跟你聊天，我請你去我家聊天好嗎？」L 女笑笑說：「我還有事，有機會再聊吧！」

第二天，這位老榮民特別將他家的地址、電話號碼以及他的姓名寫在字條上給 L 女。幾天後，老榮民碰見 L 女說：「妳怎麼沒打電話給我？」L 女說：「對不起我的事情很多他在心裡說：「你看錯人了，我不是那種誰叫就到的人。」

一天晚上，L 女正準備睡覺，電話鈴響了，L 女拿起電話筒接聽，對方用低沉、淫蕩的聲音說：「我好想你呀！聽到你的聲音，我渾身顫抖……」

L 女倏地掛上電話，她聽出是她老鄉的老公打來的電話，之後，電話鈴又響了，L 女不再接聽這種無聊的電話。

有一次，一位退休教師開著小轎車來到 L 女家，這位教師認識 L 女的老公，也知道 L 女老公上夜班不在家，這教師拿一佰美元送給 L 女，L 女忙婉拒說：「我無功不受祿。」

L 女有位鄰居老榮民，見到 L 女就拿兩仟元臺幣硬塞進她的口袋裡，L 女每次都把錢退還給他，之後見到他就趕緊躲避。

L 女來到臺灣，前前後後有十多位老榮民和臺灣本土的男子勾引她，一位臺灣本土男子跟 L 女年齡相仿，他時常買奶罩和女人用品送給 L 女，L 女每次都拒絕他，使他沒有機會再進行下一步的慾望。

L 女對要好的朋友們講，她拒絕這些勾引她的男人，並不是為怕老公「戴綠帽」，而是為自己要堂堂正正的做人，要替大陸人爭面子，L 女認為他並不是國色天香，為什麼會有這麼多男人想要她的心思？問題出在有些大陸嫁到臺灣的女子不知自愛，喜歡找男人撈一把，俗話說：「一粒老鼠屎，搞壞一鍋粥。」這些女子敗壞了大陸女子在臺灣的形象，許多臺灣老榮民和臺灣本土的男子認為大陸女子都是一樣的德行，所以他們將淫亂之心用在嫁入臺灣的大陸女子身上，使正派的、有道德的大陸女子遭受魚池之殃。

三八、她跟大陸丈夫假離婚騙老榮民錢財

在公園二十一世紀初期，鄂籍老榮民的老伴因病去世，他每天孤獨的在住家附近的路上散步，一方面為運動，一方面為他孤獨生活消磨時光。這天，他吃過晚餐後照樣出門散步，他矮瘦的身軀在路上走著、走著，迎面碰見一位經常出來散步的婦人，婦人身邊有一位從大陸來臺灣探親的浙女，該女四十餘歲，身材高挑，長相甜美，長髮飄逸。婦人忙拉著浙女走到老榮民面前介紹他們之間認識，浙女彷彿早就熟識老榮民似的，她熱情、舉止大方的跟老榮民邊走邊聊天。她對老榮民說，她第一次來臺灣，對臺灣的一切都很好奇，她特別想看老先生在臺灣住的房子以及生活環境跟大陸有什麼區別。這位婦人見他們聊得很熱絡，忙對老榮民說：「我今天我家裡有事，要早點回家，那就麻煩老先生帶我這位同鄉去您家坐坐。」

愈七旬的老榮民當然樂意帶這位年輕宛似他孫子輩的小姐去他家，浙女在老榮民家談天說地一直聊到半夜十一點多鐘，老榮民跟她一起走出門送她回家走了一小段路時，是先打「埋伏」的女陡然站著說：「喔！我忘了，我有一件衣服放在你家沒拿。」

老榮民又帶浙女反回，到家後，浙女坐下來大大咧咧地繼續聊天，沒有要走的意思。他們一直聊到深夜一點鐘，老榮民看著牆上的鐘說：「喲……太晚了，怎麼辦？」

浙女說：「我今天不走了，就在你家睡覺。」

老榮民說：「那你說在我家床上我睡沙發。」

浙女說：「沒關係，都在床上睡。」她說著就倒在床上說：「你也來床上睡吧，我們睡在一起好說話。」

浙女和老榮民在床上，她跟老榮民做了她事先就想做的事，至始至終都是浙女主動，心地憨厚的老榮民只得配合她。之後，他們一起去大陸浙女的家鄉辦理結婚手續，在辦理結婚手續之前，浙女就跟她丈夫辦理了離婚手續，浙女跟老榮民結婚後，知道老榮民一年領三十多萬臺幣的終身俸，也知道他領終身俸的時間，老榮民娶到這麼年輕的老婆打心裡高興，他還替浙女在他家鄉買兩臺重型挖土機。浙女將挖土機租給包工程的人賺了不少錢。

浙女跟老榮民結婚後，她就可以名正言順地來臺灣，可是她並不像其他大陸女子結婚後就在臺灣陪伴老夫過日子，她卻選擇在每年的元月份和七月份，臺灣發老榮民的終身俸的時間來臺灣。她半年來臺灣一次，每次來臺灣找老榮民拿十萬臺幣，她跟老榮民在一起住不到半個月就回大陸。有一次，浙女在老榮民家找到一碗黃金，浙女者在老榮民要黃金，老榮民要她自己拿，浙女就用心機將黃金一塊一塊地擺成一個大的心形。她邊擺邊說：「喲，這黃金還不夠擺一顆心。」

老榮民傻眼了，但他不好意思說什麼，浙女就將那碗黃金全拿走，浙女「司馬昭之心，路人皆知。」鄂籍老榮民的朋友們以及對他熟認識的人都對他娶這樣老婆憤憤不平，他們紛紛議論說：「這女人擺明擺著是來拿錢的，這位老先生也太老實、太好騙了！就算她是天仙美女每年來不到一個月，只是曇花一現又有什麼意思呢？」

「一位七旬多的老人跟四十餘歲稍有幾分姿色的女人結婚，

他是被她迷住了，就放任她為所欲為。」

「這算什麼婚姻啊！她每年住在大陸的時間久，說明她跟大陸假離婚的丈夫有感情，她除了要臺灣老夫的錢之外，那會把老夫放在眼裡。」

「啊，是這樣啊！那這女人的手腕太高明了，她是一女侍二夫，一夫給錢，一夫給情。」

浙女找臺灣老榮民拿錢有近十年的光景，在公元二十一世紀九十年代中期，老榮民已高齡八十餘歲，他各方面的機能退化，他不想再過這樣孤獨的生活，正在這時候，有一位從大陸嫁到臺灣的 A 女，她老公去世後，她尚未領到臺灣的身分證，不過這時候，臺灣政府對嫁來臺灣大陸女子所實行的政策放寬了，即使老公去世，她們仍然可以留在臺灣。等她們在臺灣滿六年後，她們就可以領到臺灣身分證。經人介紹，A 女結識了鄂籍老榮民，她跟老榮民每晚一起散步，老榮民深深感到他年紀大了，有位女友跟他作伴真好，他終於鼓起勇氣向浙女提出離婚，根據臺灣的法律，男女雙方只要有一方造成夫妻分居，那被動的一方就可以向法院申請自訴離婚。

浙女像蜻蜓點水似的一年來臺灣居住不到一個月，她跟鄂籍老榮民長期處在分居狀態，老榮民提出離婚，她也沒有理由繼續跟老榮民像這樣待下去，照道理浙女搜刮老榮民錢財已佔盡便宜，該是收心回巢的時候了。

三九、亂倫女鑽長輩被子要錢做房子

公元二十世紀八十年代台灣開放大陸探親，公元一九四九年到台灣的國民黨軍人與大陸親人失聯近四十載，如今終於盼到跟晝思夜想的大陸親人相聚的機會，他們心馳神往如久旱逢甘霖般的爭先恐後，坐飛機去闊別多年的故鄉，有的甚至不惜傾家盪產也要拿錢財去大陸給親人送見面禮，他們見到親人相擁而泣，並晝夜對親人吐露闊別後的心聲。

在長江中游海邊某一小鎮，有一位五旬女子她特別去母親家將從台灣回大陸探親的逾六旬的叔叔接到自己家來，她家住一棟簡易破舊的小平房，她跟老公、女兒還有婆婆住在一起。她一心想把平房翻蓋成兩層樓的樓房，她聽叔叔講喜歡吃家鄉的鱉和醉蝦。哪怕經濟拮倨她也要做紅燒鱉、做醉蝦給叔叔吃。每天清晨，叔叔尚未起床，這女子就替叔叔把牙膏擠在牙刷上，把洗臉水打好，把叔叔要穿的衣服、鞋襪整整齊齊擺在叔叔垂手可得的地方。晚上她又替叔叔做可口的宵夜，並打好洗臉水，洗腳水。

一天夜裡，萬籟俱寂，這女子從老公床上起來，走進隔壁叔叔房間，她見叔叔正鼾睡，她忙脫光衣服，赤裸裸地鑽進叔叔的被子裡，她摟抱著叔叔，還伸手替他脫內褲，他叔叔迷迷糊糊地問：「誰呀！」

亂倫女說：「是我，大玲，我來替你暖被子。」

長久沒老婆的叔叔半推半就地跟姪女幹起亂倫的事，之後，這對亂倫親屬如同夫妻般的每天幹人事，同住在一棟屋子裡的侄女婿對老婆跟叔叔亂倫的事也就聽而不聞，視若無睹。亂倫女很快開口了找這位亂倫長輩要錢做房子，亂倫長輩也承諾明年來探親一定給她五萬人民幣翻蓋房子。亂倫女盡其所能使出渾身解數對好這位亂倫長輩。有一次，他們去「上有天堂下有蘇杭」的風景遊玩，亂倫女的母親一位老實巴交的老婦人，聽說他們叔侄倆要去遊玩，她也要跟他們一起去，因為在平時她隱約感覺到女兒跟小叔之間的關係不正常。他們到蘇州的一處旅館租一間房，這房裡擺有二張床。晚上睡覺時，亂倫女跟母親說一張，叔叔單獨睡一張床。到半夜，亂倫女見母親已就寢，她忙跳下床一骨碌鑽進叔叔的被子裡，摟著叔叔幹亂倫事。她母親哪能入寐，老人家平常見他們叔侄倆行為怪矞。此刻，老人家假寐時清楚聽到她女兒跟叔叔亂倫的嘿咻聲，她是一位謹守三從四德的貞潔婦人，當她聽到這種丟盡祖宗顏面的亂倫行為，她緊閉雙眼，萬箭穿心，悲憤填膺。一個是同胞兄弟，一個是親生女兒，她即便指責也羞於啟齒，她只能痛心疾首的暗自哀嘆，繼續假寐，她一宿處在包羞忍辱的煎熬中。

第二年，亂倫女的叔叔又來大陸，他給亂倫女五萬人民幣翻蓋房子，亂倫女拿到錢對叔叔更加投其所好，她不但自己陪叔叔睡，還特別替叔叔挑選一位身材窈窕，容貌秀美的女同事，一位名為秋月的女子到她家裡來陪叔叔睡覺。當亂倫女的叔叔見到這位酷似美女的女子，不但視為天仙，還恨不能將她吞進肚子裡，這時候，亂倫女站在叔叔房間的門外，隔著牆壁偷竊聽，還從鑰匙縫裡偷看他們秘室秘事。她看到叔叔正抱著秋月替他口交，突然秋月大叫：「快！我受不了呢，快進去。」

秋月的丈夫是公司經理，公司系統的女人們能為爭取到好工作，好待遇，而跟公司經理投懷送抱，秋月知道她丈夫有許多女人而冷落她，她心境抑鬱，自從她跟亂倫女的叔叔當情人，她一方面為報復他丈夫捻花惹草，一方面也為她自己的性需求而時常寫字條給亂倫女的叔叔約時間跟她做愛，當亂倫女知道秋月很喜歡找她叔叔時，她竊竊自喜地想：「這下可好了，我找秋月讓他盡興，他應該再給錢我將我家兩層樓房蓋成三層樓房。」

幾年後，亂倫女的叔叔帶一位別省的大陸女子回到故鄉，找家鄉的戶證部門開有關證明，亂倫女的叔叔和未婚妻住在亂倫女新蓋的樓房裡，這時，亂倫女變臉了，他認為叔叔一旦結婚，她從叔叔那裡予取予求的財路就斷了，於是亂倫女跟叔叔反目成仇，他不但不照顧叔叔吃飯，甚至連開水也不給叔叔喝。她還指使看家的婆婆不要理睬她叔叔，當亂倫女的叔叔找亂倫女的婆婆要開水喝時，那婆婆支支吾吾，不一會兒那婆婆就躲到外面去了，這位從台灣來的一刻也離不了開水的六旬老人，只好去鎮上開水房買水喝，開水房的老闆驚愕地看著這位來買開水的外來客，亂倫女一方面刻毒的對待叔叔，一方面還到處打電話調查叔叔的未婚妻，她還恬不知恥地打電話給叔叔在台灣的兒女們，對叔叔的未婚妻造謠中傷，她打電話說：「你們的爸爸找的未婚妻是騙子，她會把你們爸爸的錢騙光然後離開你們的爸爸……」亂倫女誰賊喊抓賊，她卻不顧忌她亂倫行徑一旦曝光後，她怎麼有臉面對世人。那時，亂倫女的叔叔看透了亂倫女騙人的伎倆，他不理睬亂倫女並跟她斷然絕交，而走自己正本清源的路跟未婚妻結為夫妻。

四十、她在遊覽車唱思鄉歌曲被老榮民遏阻

R 女來自大陸長江中游，洞庭湖以北的大城市，她非常愛好唱歌，在公元二〇〇四年這年，R 女來嫁到台灣已十年之久，在異鄉不順遂的境遇中他苦苦思念著故鄉的一切。這天，R 女來居住當地的里民們組織去台灣嘉義縣的奮起湖風景區旅遊。在遊覽車上，大家傳遞著車上 KTV 的點唱歌本，快樂的點唱個人喜歡唱的歌曲，R 女唱了幾首公元二十世紀二、三十年的老歌，獲得全車聽眾的鼓掌歡迎。

R 女在點唱歌本上繼續尋找下一首準備唱的歌曲時，她赫然看見年輕時在大陸唱的歌〈北京的金山上〉，霎時間，一股懷舊思鄉之情油然而生，已過半百的 R 女真想像不到在異鄉台灣竟有她年輕時常唱的歌，她拿起麥克風就唱那首歌「北京的金山上光芒照四方，毛主席就是……」此刻，離 R 女坐位不遠處，陡然，有一位八旬老榮民從座位上算起來兇狠地大叫：「不準唱！不準唱！……」

正沉浸在懷舊思鄉情中的 R 女，聽到這位老榮民歇斯底里的大叫聲，她忙停住不再往下唱，她當時不解的想：「這首歌是車上的，又不是我帶來的，再說台灣是民主社會，每個公民都有言論和行動自由，這位老先生憑什麼干預我的自由？」

R 女很想問他：「你有什麼權利干涉我的自由？」可是 R 女是一位品格高尚的女子，她為了不干擾出遊人的興致，直得強忍下這口氣，R 女沉默地坐在自己座位上想：「我無意宣傳大陸的政治觀念，我只是思鄉懷舊，我不理解這位老榮民為什麼對政治這麼熱衷。」

四一、她們這山望著那山高到頭來落得一場空

一位從大陸嫁到台灣的 X 女，她老公是一位從部隊退休的老榮民，這位老榮民一旦去世，他的配偶每月可領他終身俸的一半作為撫恤金（台灣稱為半俸）。一直領到終老。不過，這位老先生年紀大，身體不好，需要老婆照顧，X 女想我在家裡照顧他，就不能像別的大陸女子那樣去外面打工賺錢，她心不甘情不願地熬了八年，她領到台灣身分證後，就要擺脫身體不好的老公，她向老先生提出離婚，俗話說「強扭的瓜不甜」，老先生馬上同意跟 X 女離婚。

緊接著，有人替這位老先生介紹一位年紀稍大的大陸 W 女，W 女也就稱為老先生的第二任老婆，她卻盡心盡力的照顧老先生，使老先生從內心感到欣慰。X 女離婚後，並沒有找到比前夫經濟條件好的男人，她明知道她的前夫已經結婚，她仍然想求他跟她復婚。有一天，X 女趁前夫第二任老婆出門買菜的當兒，她走進前夫家對前夫坦承說：「我一時糊塗跟你離婚是我錯了，請你原諒我，我跟你復婚吧！」她還說：「我比你現在的老婆年輕、有性感，我會痛改前非，好好照顧你，你跟這個老婆離婚，再跟我辦理復婚……」老先生沒等 X 女說完便不耐煩地對他怒吼道：「賤女人，快滾出去！」但 X 女不肯走，繼續低三下氣地央求前夫跟她復婚，這時候，老先生的第二任老婆 W 女買好菜回來，看到賴在家裡不肯走的 X 女，W 女對 X 女說：「你是誰呀？我老公有老婆，你要賣去找單身男人！」X 女才方才跑出去，仰天長哭。

一位中士官階退休的老榮民，在家閒不住，便推輛小推車沿

街叫賣油炸臭豆腐，他賺到不少錢後娶一位大陸B女。八年後，B女領到台灣身分證，她便嫌棄每月只領二萬多臺幣終身俸的老公，她一心想找一位高官階退休的老榮民，爾後可以領到優厚的半俸。於是，B女跟他賣臭豆腐的老公離婚，這位老榮民跟B女離婚後，馬上跟一位大陸C女結婚，B女很努力的四下裡找高階退休的老榮民，她找來找去不能如願，她便去前夫家找前夫。B女的前夫見到她卻諷刺、挖苦地對她說：「聽說你找到一位將軍，你還來找我這個當兵的幹什麼？」

不久，這位老榮民因病去世，老榮民的第二任老婆C女卻名正言順的每月領他的半俸，B女聽說C女領到她前夫的半俸，她捶胸頓足痛哭失聲。

一位月領一萬三仟五佰元臺幣的老榮民去大陸某省的鄉下相親，一位四十餘歲的F女，身材標準，長相清秀。老榮民一見傾心，老榮民對F女說：「我每天得去診所，我的生活也很簡單。」F女聽後竊喜，她毫不置疑老榮民的談話內容。她即刻跟老榮民一起去辦理結婚手續。F女來到台灣後，迫不及待地問老榮民你的診所在哪裡？我想去你開的診所看看。」

老榮民驚愕地說:「我哪有開診所啊，我是每天去診所看病。」

F女聽老榮民所說的話，大失所望猶如洩了氣的皮球，傻傻的呆在一旁不知所措。之後，她請同鄉替她介紹收入高的老榮民，卻始終無著落，她像得了一場大病似的，無所適從。

在台灣某市有一位專做「販婚」生意的美魔女，她亦是從大陸嫁到台灣的，他掌握了一些嫁到台灣的大陸女子不滿足自己嫁給低收入或收入不夠高的老榮民的心理狀態，她們都有「跳槽」

的想法，她們想找一為高官階退休的老榮民，待其去世後，可領到他的優厚半俸。於是，美魔女以她的優勢外表，去較高級的公共場所尋覓高官階退休的老榮民，跟他們熟識後就跟他們陪睡，然後替他們介紹女人。

有一次，美魔女找到一為高官階退休的老榮民，她問清楚老榮民的住所和家庭狀況後，她先給一位 A 女介紹，她開的介紹費為二十萬臺幣。A 女同意並且正在籌款中，美魔女又遇到一位 B 女，B 女已經結過三次婚，美魔女對 B 女開價為五十萬臺幣，B 女看待她所介紹的老榮民所領的優渥終身俸份上，即刻給美魔女五十萬臺幣成交。美魔女只管做介紹，其於離婚、結婚問題全由當事人自行解決。

一位湘女嫁到台灣才一個星期，她見老榮民的家太窮，一張破舊的席夢思床墊放在骯髒的地面上睡覺，家裡連五十元臺幣的一雙拖鞋也買不起。她便跟她老公離婚，然後她去外面找，又找不到合適的男人，她反到受別人奚落說：「相貌沒相貌，人樣沒人樣，有誰要哇！」她只有灰溜溜地逃回大陸。

另一位湘女在家鄉為唱戲的藝人，她對台灣很好奇，經人介紹她嫁給一為低收入的老榮民。她剛來台灣半個月就一個人跑到人生地疏的臺北跟一個男人姘居，並開賭場。她一直姘居五個多月才回大陸，她的老榮民老公不再辦理她來台灣的手續，這樣她等同離婚，以後也來不了台灣。

四二、他性癖好誇張以致於於妻子患憂鬱症

W 先生於一九四九年隨國民黨部隊來到台灣，他從小在家鄉就喜歡偷窺長輩的床幃秘事。他在國民黨部當兵時，睡在通舖上，半夜跟同性同袍交媾。他在海邊站崗時也找隱蔽處跟同性同袍交媾。他在公元六十年代娶一位年輕老婆，生下幾個子女，他卻不改淫亂本性，繼續在外面捻花惹草。在二十世紀末的兩岸「婚姻潮」中，W 先生的第一任妻子去世，他去大陸跟四十餘歲的 R 女結婚。婚後，W 先生依然在外面尋花問柳，他是那種「寧在花下死，變鬼也風流」的德性。W 先生並不富有，也缺乏風流男子的帥氣，他缺乏吸引女人的魅力卻朝性幻想的低級、誇張的層面上想心思以滿足他淫亂的本性。他竟然去女性廁所將熟識女人用過沾滿血污的衛生棉拿偷拿來，藏在自己的口袋或提包裡，待沒人時，他拿出那血跡斑斑的衛生棉放在嘴裡舔，或放在生殖器上磨蹭，他邊磨蹭邊幻想跟他所喜歡的女人，也就未曾得到手的女人（衛生棉的主人）在做愛，以滿足他的性慾。他平常在家鄉里間，看到俊俏的女子而垂涎三尺，他一直盯著女子看，似乎要看破女子的臉，甚至欲把女子一口吞進肚子裡的樣子。有女人對 R 女說：「你家老色老頭，老盯著我看，看得我很不舒服，有受侮辱的感覺。」

R 女忙對那位女人說：「對不起！他不是個正經人，咳……我跟這種人在一起也感到很羞恥！」

有一次，R 女洗衣時，突然發現洗衣機裡有一片衛生棉，因 R 女已停經根本不用這個東西，她警覺這衛生棉一定是淫老頭留作做性幻想的信物，R 女是有潔癖的人，她見到這骯髒的物既想吐又

渾身毛毛的，她用塑膠袋抓出汙穢後，再用消毒劑將衣服重洗一遍重洗一次。二天後，R 女在 W 先生的口袋裡又發現沾有血汙的衛生棉，R 女義正辭嚴的對 W 先生說：「你幹嘛把這種污穢的東西放在你口袋裡，害我洗衣服時會污染到我的衣服。」

W 先生竟理直氣壯地跟 R 女大聲爭吵說：「這是我的自由！我沒偷、沒搶、沒強姦別人，這是我撿來的，你能把我怎麼樣？」他色欲薰心竟無視世上還有這還有羞恥二字。

R 女不理睬 W 先生，他竟搬走他的衣物，不住在家裡。R 女暗自高興，認為他不住在家裡她反而解脫了。過幾天，W 先生又回到家裡，R 女趁他不注意又翻看他的東西找衛生棉，這次，R 女在他的提包裡又見血跡斑斑的衛生棉，她毛骨悚然、憤恨難忍，她不想跟他吵，害怕鄰居知道這等醜事。她便寫了一張紙條說：「你所喜歡的這東西既骯髒，又沾染許多頑固病菌，比死屍還臭。」R 女把寫好的紙條放在那骯髒的衛生棉上，過了三個月，R 女驀然發現那骯髒物居然被 W 先生放在家裡茶几上與飯菜並存，那衛生棉上有女人殘留的液體及幾跟陰毛，這下 R 女崩潰了，她是一個極愛面子又注重尊嚴的女子，她想跟 W 先生離婚，卻又害怕跟警察和法官講述這些難以啟齒的齷齪事，她害怕萬一被記者採訪登在報上，會讓民眾在她背後指指點點的議論，她感覺發生這種事對她是一種精神的凌虐，她悔恨自己不該跟他羞與為伍。使當初的屈就換來終身的悔恨。她常常憂心忡忡害怕被染上病毒而吃不下飯，睡不著覺，她罹患了精神憂鬱症。R 女是一位堅強女子，她沒被這種爛污禍事擊潰，她決定回大陸療治憂鬱症。

R 女回大陸後，W 先生為了節省旅館開房間的費用，他乾脆將女人帶回家同居。有一次，W 先生發現他口腔裡長了一個瘤，他害怕得口腔癌，趕緊去醫院治療。他花大錢做身體各部位的體檢才知道他口腔裡的瘤是良性的，為了保命，W 先生從此不再敢拿沾染血污的衛生棉做性幻物。

四三、見一面被女方騙取一仟二佰美元

在二十世紀末年，大陸女子嫁台灣的「「婚姻潮」」依然風起雲湧，各省市的大陸女子紛紛托親靠友、四下裡尋找門路嫁到台灣。

H 女早幾年已嫁到台灣，在台灣她結識了好幾位德高望重的「老榮民」（台灣國軍退休退伍的榮譽軍人簡稱老榮民），其中有一位中校官階退休的 C 先生，年已七旬。由於他在台灣的婚姻不順遂，他見周遭同袍一個個娶到大陸妻，他亦躍躍欲試。H 女回大陸時特別 C 先生物色幾位大陸女子，其中一位 X 女約四十餘歲，她丈夫因公車禍身亡。她跟兒子相依為命，她家住在大陸大城市長江以南的地區。X 女在跟 C 先生通信時態度誠懇，她在信裡特別闡明年齡不是問題，同時還要求 C 先生替她在大陸買房子。透過通訊確定他們雙方都沒意見，C 先生才決定買飛機票去大陸跟 X 女見面。H 女將 C 先生到達大陸機場的時間打電話通知 X 女，X 女特別請她的男朋友開小轎車去機場接 C 先生。

翌日，C 先生坐在 H 女的兒子家等待 X 女，X 女姍姍來遲。她著一身樸素的家常便服，國字型的黃臉頰上尚未塗脂抹粉，她的皮膚粗糙，臉上佈滿皺紋，宛似半百老女人，不過從整體看來，卻給人一副老實巴交的印象。

C 先生見到 X 女忙笑容滿面地起身給她讓座，C 先生曾經跟要好的同袍說他喜歡樸實無華的女子，也許是他的前妻給他製造太多憂鬱而造成他再次擇偶的意向。H 女坐在 C 先生對面想：「看樣子 C 先生對 X 女很滿意。」這時候，C 先生從口袋裡掏出事先準備好的金飾和一千二佰美元作為見面禮遞給 X 女，X 女見錢眼開連忙接過金飾和一千二佰美元揣在自己口袋裡，她連謝也沒謝一聲，好像 C 先生欠她的似的。C 先生問 X 女在哪裡上班？一個月工資多少錢？

X 女說：「在工廠上班，一個月的工資有五佰塊。」

「啊—她明明跟我說她一個月的工資有七佰塊，現在卻說五佰塊，證明這個女人說話不誠實……。」H 女坐在旁邊憂心忡忡地想。

隨後，X 女起身說：「我還有點事要早點回去。」

C 先生也忙起身說：「我送你去搭車。」C 先生和 X 女邊走邊談的朝馬路上的汽車站走去。

H 女的兒子忙進來說：「媽媽，我看到一個中年男人開一輛小轎車停在我們我家對面，見伯伯和那女的從家裡走出來時，小轎車就發動了，而且從他們身邊開過去，估計是來接那個女的。你不是說那個女的沒老公嗎？那這個男人是誰？難道是她的情夫？」

「不會吧，他有情夫，為什麼要嫁到台灣？」H 女說

H 女兒子說：「我看有問題，媽，你不應該管這閒事，萬一她是騙子，你怎麼跟台灣伯伯交代？」

H 女說：「X 女的親戚是我原單位的同事，也就是她介紹的，再說我這同事的老公是省公安廳的幹部，照道理不會有問題吧？」H 女邊安撫兒子邊想：「這女人說不定是開小轎車男人的小三……」H 女越想越不寒而慄，她害怕讓這位德高望重的 C 先生受騙上當。

俗話說：「人不可貌相，海水不可斗量。」幾天後，H 女兒子對 X 女的疑慮一語成讖，C 先生和 H 女一起回台灣後，X 女很會寫信到台灣對 C 先生表明，她跟 C 先生無緣，不適合跟他結婚，並要他另外找合適的對象……可是在 X 女所寫的信裡絕口不題她拿去的一千二佰美元。在當時這一千二佰美元可以換到一萬多人民幣，當時大陸個體戶要成為「萬元戶」是多麼不容易，就 X 女這樣的工人也得兩年不吃不喝才能存到這個數目的錢。她卻不費不費吹灰之力就成為「萬元戶」。作為介紹人的 H 女在台灣得知 X 女背信棄義的惡劣行徑，她氣得恨不能即刻飛回大陸找 X 女理論。C 先生也氣憤地說：「跟他見一面連手也沒牽就把錢拿走了。」H 女以為這種事如果發生在台灣就是一間很明顯的詐欺行為，因為 C 先生給錢 X 女是以結婚為前提，C 先生跟 X 女素昧平生為什麼要給錢她呢？ X 女既然不同意跟 C 先生結婚，在正常情況下，就該理所當然的把錢退給 C 先生，假若是 C 先生提出不跟 X 女結婚就另當別論。

H 女急忙打個國際長途電話給女方的介紹人，那介紹人不願意接電話，卻叫她在省公安廳當幹部的老公接聽電話，這位省公安部省公安廳的幹部在電話裡耍官威說：「錢是他主動給的，不是她要的，你要告就去告吧！」他當即掛斷電話。

H 女想，難怪 S 女趕詐騙台灣人的錢，原來她有這位省公安廳的親戚替她撐腰，替她做後盾，這位省公安廳的幹部以職務威脅 H 女，而包庇他的親戚詐財，那麼他跟貪官又有什麼兩樣！ H 女認為他是一個平民，再怎麼有理也鬥不過這位有權有勢的省公安廳幹部，如果這位省公安廳幹部沒有權勢，他哪裡能娶到跟他年齡懸殊可做他女兒背的老婆呢？

X女丟盡大陸人的臉，她騙這種不義之財在她兒子面前該怎麼交代？俗話說：「上樑不正下樑歪。」如果X女的兒子有樣學樣到處騙財，她拿這種昧心錢值嗎？？？再說C先生受騙損失一千二佰美元之後，在H女要X女退錢的追逼下，X女竟打電話向C先生解釋說，他給她的那筆錢已花光了，C西先生斷然跟這個X女斷絕關係不再聽他狡辯。C先生總算逃過一劫，「塞翁失馬，焉知非福。」假若那個見錢忘義的X女，當初拿到一千二佰美元時，而將她貪婪的德性隱藏著同意嫁給C先生，那麼C先生一定會遭遇滅頂之災，貪心的X女在之前跟C先生通信時就要求C先生替她在大陸買房子，如果她嫁到台灣，就她那種德性，她一定會想方設法找C先生要更多的錢，待騙光C先生的積蓄，她會從此躲到大陸隱蔽的地方，不再跟C先生見面，說不定C先生會活活被她氣死。

阿彌陀佛，菩薩保佑C先生遠離無德行的騙女，真可謂不幸中的大幸！

四四、她的婚姻史自己遭困厄爲社會造麻煩

一為大陸皖籍 A 女嫁到台灣在公元二十一世紀二〇一六年，她年近五旬。她身個矮瘦，一張光溜溜的圓臉上有一對漂亮的眼睛，整體看她的長相不算清秀。這天，她替人家推著輪椅上的中風老先生走到社區的一處小公園，她將老先生推到陰涼處，然後，獨自走到人群聚集的聊天處，她逢人就說：「大姐，請你幫我介紹一位能幫我照顧家的先生吧。」她那哀苦求救的般的眼神令人哀憐。

有一位老太太說：「我認識一位想找老伴的老先生。」

A 女忙說：「那好啊哇，不過，你不要告訴他，說我有二個兒子。」

老太太忙說：「不行，我不做欺騙人的事，你找老伴也應該跟人家說清楚你有兒子要養。」

A 女說：「如果我跟人家結婚，我會安排我兒子住在另一個地方，我不會讓兒子跟我一起住的。」

有位不知內情的女子插嘴說：「那樣更不行，你二個兒子沒人照顧會被別人帶壞的。」

那位老太太聽到 A 女的說法，原本想幫她做好事的心，霎時間冷落下來。A 女見沒希望有人幫她介紹對象，她輕歎一聲，繼續去推那位中風的老先生往前走。待 A 女走後，知道她實情的人忙說：「她的事不好管，管她的事會惹上麻煩的。」

A 女的狀況可以說是社會陰暗面的產物，在兩岸「婚姻潮」

蓬勃開展時期，也就是公元二十世紀九十年代，有數十萬大陸女子嫁到台灣，那些大陸女子中的美女不計其數，見此狀況，台灣的人蛇集團蠢蠢欲動。他們糾集台灣社會的閒散人員，例如流浪漢、失業人員以及無所事事的流氓等。人蛇集團帶領這些閑散人員去大陸貧困地區相親。他們其實是利用假結婚的方法為台灣的應召站招募漂亮的大陸女子來台灣賣淫。

A 女當時近三十歲，雖然身材不理想，可是她的容貌會令人一見傾心。她被一個流氓看中卻弄假成真的娶她為妻。A 女到台灣後方才發現她的如意郎君是一個遊手好閒的流氓。他不但不出去賺錢養家反到依靠 A 女出去打工賺錢供他吃喝玩樂。A 女文化水平低，社會經驗不足，她離鄉背井，舉目無親，沒有一個親人替她出主意。她明明知道老公是流氓也只能認命跟他一起生活。之後，A 女孩生下二個兒子，他這流浪流氓老公不但抽菸、喝酒、嚼檳榔，甚至還吸毒。她一個孱弱女子日以繼夜的打工，在超市搬整箱的飲料、啤酒等重物，時常一天還做三份不同的工作，累得她腰酸背痛，卻也負擔不了家庭裡龐大的經濟開支，她實在支撐不住，沒有喘息之機的勞累，她才跟她的流氓老公離婚。

離婚後，A 女的流氓老公出去睡街頭當流浪漢，A 女仍然得拼命賺錢撫養她的二個兒子，她萬萬沒料到她養虎遺患，她兒子跟流氓父親一起生活時耳濡目染，爾後，也變成流氓。她那大兒子近二十歲從不學好，他從外面回來就脫光衣服在家裡走來走去，見他母親得空時還擁抱著母親不放，更令 A 女煩擾的是，每天晚上 A 女大兒子總鑽進她的被子裡抱著她親，還揉著她的乳房睡覺。每主見、膽小怕事，又懦弱無能的 A 女只好迎合他兒子，她稍不順兒子的意，輕則挨他的罵，重則挨他的打。

鄰居們議論紛紛說：「A 女的兒子一定會對 A 女做不倫的事。A 女的小兒子有樣學樣，沾染到流氓的習氣兄弟倆，時常無端罵鄰居，他們整天將「幹你娘」當口頭禪，鄰居們只好遠離他們，教自家子孫不跟他們打交道。

A 女為節省這住房租金，暗地裡當房東的隱蔽情人，她手頭拮据時，也暗地裡賣淫。人性有醜惡的一面，有人見 A 女可欺，他們要她陪睡，一次只給她區區二佰元臺幣。

因此，A 女在極端艱難困苦的之下，她渴望能找到一位能幫助她養家的先生，使身心俱疲的她得到一點溫暖，然而，凡是知道她生活現狀的人，誰又敢去打開 A 女家「潘朵拉的盒子」為自己帶來災禍呢？

四五、他的婚姻如枷鎖形影相弔至暮年

在公元二十一世紀二〇一六年，鄂籍先生每天形單影隻地來到公園涼亭裡，跟愛好唱歌的老先生以及女士們在一起唱歌，以消磨歲月。他個子高、腰背直挺；五官端正，只是身體隨著年紀衰老而逐漸衰弱。鄂籍先生已近九旬，看東西視力模糊，眼力差，這是老人的通病。他年輕時英俊、瀟灑，使一位台灣本土出身的十八歲的姑娘偷偷愛上他，卻偏要嫁給他。

公元一九四九年，他隨國民黨部隊來到台灣，那時候，台灣百廢具舉，很多百姓靸木屐、穿短褲、吃番薯飯為主。於公元二十世紀六十年代中期，鄂籍先生所在部隊接到上級命令，指定他擔任開闢公路的任務，由鄂籍先生任連長。當時沒有任何挖掘機械和大型工具，只靠他們徒手用鐵撬和十字鎬，採取手掘肩扛的辦法挖掘路面。此時，部隊官兵被分配住進當地的村民家，部隊連長住在村子附近的廟裡。久而久之，官兵和村民都熟識了，而打成一片。身為連長的鄂籍先生時常召集官兵們商討，研究工程進度，連長的一舉一動被村裡一位十八歲的少女看在眼裡，她情竇初開，暗戀著英俊、能幹的鄂籍先生。有一天，少女終於忍不住去鄂籍先生所住的廟裡找他聊天，鄂籍先生當時三十餘歲，他熱情接待這位少女。之後，兩人常常相約去空曠地方聊天，有村民看到他們很要好的樣子，就去告訴少女的父親，在當時，村民思想很封建，根本不允許未婚的女孩子跟男人單獨接觸。當少女的父親知道他女兒跟男人獨處的事，待女兒回家後大罵女兒，並揚言要打斷連長的腿。這下，少女知道她闖禍了，忙跟她奶奶講這位連長很憨厚、待人很誠懇，她很喜歡他。她特別請奶奶替她做主，她還待奶奶一起去廟裡看望這位連長。當少女的奶奶見到這位英俊憨厚的連長，也對連長印象很好。奶奶回家後說服少女的父親，要他允許少女嫁給連長。自古以來的中國家庭都是長者為大，在長者的支持下，這位少女如願以償的嫁給鄂籍先生。在當時台灣女子出嫁男方必須得付聘金給女方家長，這位少女出嫁時，在長輩的主導下連聘金也沒要男方付。

再說鄂籍先生離鄉背井來到他鄉，他在台灣既無田地、房產，又無經濟實力，他不花錢卻能在他鄉成家，羨煞了所有同袍。那時候，夫妻因鍾情而結婚的只是鳳毛麟角，國民黨部隊中有些官兵付不起聘金，只能取殘障、智障和二婚婦女，因為他們在部隊收入低，哪怕當官的收入也很少，當時聘金的價碼是二萬臺幣，這錢在當時可以買一棟透天樓房，照這樣看，鄂籍先生輕而易舉跟一位少女結婚就算很幸運了。

鄂籍先生跟少女結婚後，生了孩子，他們夫妻一個在部隊工作，一個在家撫養孩子，雖然稱不上濃情蜜意，生活還算過得很圓滿。有一次，夫婦兩位教育孩子發生爭執，老婆先對老公說重話，老公也回老婆一句重話，這下，他們夫婦倆的緣分就到此結束了。從此，夫妻之間再沒說過一句話。幾十年以來他們夫妻之間形同陌路，各人睡各人的房間，鄂籍先生從部隊退休後，因夫妻之間不說話，老婆便通過兒子傳話，她將老公的終身俸全部掌控在她手裡，為了幾個孩子的生活，鄂籍先生也只好就範。

之後，鄂籍先生去外面找一份工作賺錢，才讓自己手頭上有點經濟支配權。他所處的這種家庭宛如枷鎖般的禁錮他，他整日間過著苦行僧般的生活，他在公司工作時，臉上總透露出哀怨、憂鬱的神情。同在這家公司工作的一位女子看到鄂籍先生臉上表露出的惆悵心緒，便找時間跟他聊天，希望能緩解他的痛苦。雖然他們之間相差三十餘歲，久而久之他們之間就萌生出愛的火花。那女子跟她丈夫也有難言之隱，鄂籍先生從不過問她的隱私，只是對她傾訴自己的痛苦遭遇。他們約定在公司以外的地方一星期單獨見面一次，鄂籍先生待人溫和、厚道的性格深深打動那位女子的心，她愛他，他亦愛她，兩人產生純潔、真誠的愛情，儘管他們倆各自有家庭，然而，他們有節制，各自不影響對方家庭。人生難得一知己，他們視對方為知己，他們在一起盡情向對方吐苦水，訴衷情，鄂籍先生總算給自己孤雁般的人生找到寄託。可是，在他人生進入九旬的耄耋之年之年，他的紅顏知己的子女已長大成人，亦將成家立業。因此，她家務纏身，無暇再跟他相見。他們之間漸漸不再交往，雖然他的紅顏知己來時無影，去時無蹤，他依然很感激她，是她使他在冰窖般的婚姻裡意外獲得和嘗試到人生中的溫暖，他跟她一起秘密相處了近二十年，使他從精神到肉體真實享受到男女之間的情愛，算是沒在人世間白活一場。

鄂籍先生在垂暮之年，他老婆搬到兒子家跟兒子一起生活，卻讓他獨守空房，他老婆依然控制他的終身俸，他每月所需的生活費都得打電話通過兒子從他老婆手裡拿錢再傳遞給他。他的身體機能日漸衰退，他無力下廚，只得一日三餐去外面買便當度日。

日復一日，鄂籍先生孤獨的身影在陽光下一步一步朝前走，一直走到人生的終點。

四六、他們為得到老榮民遷拆無所不能

在海峽兩岸「婚姻潮」時期，大陸某省的 M 姐妹倆同時嫁給台灣老榮民。M 妹比較幸運，她嫁這位老榮民在生前就把房產和積蓄都給她，她老公去世後 M 妹將房產和存款拿出來跟老公的子女們交換條件，因為台灣政策規定老榮民去世後，其配偶享受老公的半俸必須要老公所有子女簽字同意，不然配偶不得享受半俸。M 妹把房產給老公的子女，存款跟老公子女們平均分配，老公子女們都同意替她簽字，讓她享受老公的半俸，最後她如願以償，既享受到老公的半俸，又分得五十萬臺幣的存款。使六旬 M 妹晚年生活無慮。

M 姐的命運跟 M 妹截然不同，M 姐的老公沒留給她任何錢財，她老公去世後，老公的兒子們不同意讓她享受老公的半俸，最後她只能跟老公的子女平均分配，她老公兩年半的終身俸。

M 妹的老公去世後，她經人介紹去一位老榮民家裡做幫傭，照顧老榮民的吃喝洗滌，一個月二萬臺幣。有時 M 妹陪睡，老榮民則另外付錢給她。之後，老榮民的女兒探視父親時發現，父親的存款越來越少，老榮民女兒就將父親的存摺拿走，由她替父親保管。M 妹見這位老榮民沒多少油水可撈，便改弦易轍，另覓新的雇主。

M 妹經人介紹，她又照顧一為四川籍無兒無女的老榮民。四川先生有一棟透天厝（獨門獨戶的房子）和一佰萬臺幣的存款。四川先生每月付給 M 妹傭金。他承諾到時候給他一佰萬臺幣。M 妹向他提出要求時待他去世後，要由她繼承他的房產。川先生亦同意M妹的要求。M妹的同鄉們知道四川先生對M妹如此慷慨，既給她錢又讓她繼承房產，都說M妹運氣好。有人卻不同意這種看法，因為在M妹之前，四川先生結過婚亦請過數位家庭幫傭，凡跟四川先生打過交道的人都說他吝嗇不好相處，連跟四川先生結婚的大陸女子也以離婚收場，唯獨M妹能贏得四川先生的好感，是因為M妹懂得老榮民心理狀態，因為老榮民們在年輕時受過軍事訓練，練出他們的好體質，他們接觸女人時，哪怕年愈九旬，有性慾都喜歡跟女人上床，就是有性功能障礙的也許歡觸摸女人的身體以及隱密處。因為M妹會跟四川先生上床，使四川先生對她心悅誠服，她提出什麼要求，四川先生一一照辦。例如M妹要求四川先生去公證處公證她為她的乾女兒，在他去世後好讓她繼承他的房，四川先生就替他辦理公證。M妹向四川先生提出要他到戶政事務所跟她的姐姐辦理結婚手續，四川先生也照辦，M姐妹倆跟四川先生接觸一年多之後，四川先生因病去世M妹和M姐在四川先生那裡各得其所，M妹以乾女兒的名義繼承了四川先生的房產和一佰萬臺幣的存款，M姐以老婆的名義，每月能領到四川先生終身俸的半俸，一直領領到她終老。

四七、他爲自己製造醜惡人生

民國七十六年十一月二日（公元一九八七年十月二日）台灣開放去大陸探親。公元一九四九年從大陸來台灣的國民黨部隊官兵爭先恐後地買飛機票去大陸故鄉探親，有位Q先生西裝革履裝扮成紳士模樣，風風光光的去大陸家鄉，親戚們問Q先生在台灣幹什麼工作，他大言不慚的說是台灣國防醫學院畢業，在台灣大醫院工作，鄉親們都信以為真。以此訊息傳到當地市級醫院，醫院聘請他任該院副院長，還安排他二個兒子讀醫學專科學校。因為他在台灣部隊只是在部隊護理培訓班受短期培訓的護理人員，連當醫生的資格也沒有，後來Q先生害怕他的身份敗露而推辭擔任副院長的任務。

Q先生在家鄉的嫡親妹妹以為他哥哥在台灣當大官很富有，她非常崇拜他，她請哥哥去她上班的工廠參觀，工廠的領導建Q先生是從台灣來的，他們立即將Q先生的妹妹由工人提拔當工廠的中層幹部，也就是車間主任。這下Q先生的妹妹更奉他為神靈，她百般討好他，她還特別安排她的雙胞胎女兒跟他單獨住在一起照顧他，花容月貌的姐妹兩聽從她們媽的安排，跟這位從台灣來的舅父在一起玩樂、一起談笑風生，最後甚至在一起睡覺。沒多久，一個女兒發現自己懷孕了，她告訴媽媽，她媽媽忙帶著女兒秘密地去醫院墮胎。Q先生的妹妹對亂倫行為不但不警戒，反而還放任自己的女兒跟舅父繼續亂倫，直到Q先生離開大陸回台灣。

Q先生從小在大陸家境富裕，家裡雇請保姆。其父是當地有權勢的人物，因Q先生在家為獨子，從小嬌生慣養，他要幹什麼，要吃什麼父母一概滿足他。他十六、七歲時讀警員學校，原本三個月就可以畢業出來當警察領薪俸，只剩最後一個月的學期，學校隨國民黨軍隊撤退到台灣。

Q 先生從小就很頑皮，他姨媽是當年慰勞汪精衛和平軍的慰勞婦，有一次，他見平軍的男人跟姨媽關在房間裡，他便在房間的板壁上鑿一個窟窿，他從窟窿裡偷窺姨媽跟和平軍的男人交媾。之後，他跟姨媽單獨在一起時，也有樣學樣脫光衣服鑽進姨懷裡，他從小就在心靈深處總下邪惡的種子。

Q 先生在台灣軍中一慣懶散，部隊出操，他睡懶覺，點名時他遲到十分鐘，排長氣得摑他兩耳光。之後，他報復排長，拿棍子將排長打得頭破血流。他還在軍中夥同汽車連裡的不良份子偷汽油賣給民眾，最後汽油少了，他往汽油裡加三分之二的水賣給民眾。他偷盜的行徑被部隊發現後，經軍事法庭審處判他三年徒刑。在服刑中他搬石頭做堤防時，他向老長官叫苦不迭，他還扯謊說他這裡痛、那裡痛，然後長官對他沒輒，只好安排他去護理培訓班培訓，之後在軍中當衛生員。

他退伍後在大醫院工作一段期間，然後自己在鄉村開診所，無照經營。有一次，一位鄉村女孩去他診所說肚子好痛，他幫女孩按摩後說：「你的病情很嚴重，需要擦藥治療。」女孩問：「怎樣擦藥？」他說：「我幫你擦藥。」他起身將診療室門關上，然後他脫下褲子在他的生殖器上抹上藥，再將生殖器放進女孩陰戶裡姦污女孩。女孩幼稚不懂還以為這樣是他治療的方法。他開診所賺很多錢，他替自己做了一棟大房子，有些女子覬覦他的錢財而投懷送抱。之後，他賭博將錢和房子全輸光，他一輩子行為卑劣盡幹一些荒唐無稽的事，為自己製造醜惡人生。

四八、她欲取姑與二十多年後得到房產和存款

大陸 e 女於二十世紀末兩岸「婚姻潮」的前兩年，嫁給台灣老榮民—Z 先生。在父權至上的台灣社會她卻大顯妻威，有時甚至對老公摑耳光，或當眾辱罵老公，連她跟老公做愛時的姿勢也由她主導。她的行徑使嫁來台灣遭受父權至上的老公虐待和欺壓的大陸女子拍手叫好，說她是女中豪傑，能駕馭父權至上的老公。

她到底有什麼絕招充當你丈夫把真正的丈夫踩在腳下過日子呢？經過人們長期觀察和相傳，才發現她對老公欲取姑與。因為 Z 先生慣常喜歡捻花惹草，E 女為能控制他而得到一些利益便投其所好，她不斷替他介紹女人供他玩樂，例如他替嚮往台灣的大陸女子介紹台灣對象時，他事先跟對方講好條件說，她嫁到台灣後要替 E 女老公當情人，但不能告訴她未來的老公，可憐的大陸女子為能嫁到台灣只好同意 E 女強人所難的條件。E 女老公收入才兩萬多台幣。

在台灣 E 女遇到大陸女子有困難或跟老公吵架後離家出走時，她以熱心助人的面目請她們住在她家，並安排她們跟老公睡覺。之後，再幫她們解決困難。有一次，E 女替 Z 先生找到一位長相清秀的大陸女子陪睡，Z 先生非常喜歡這位女子，他一夜跟她做愛三次，由於 Z 先生太激動，使他的性器官破皮，害 E 女不能用，待這位大陸女子離開後，E 女氣惱地對 Z 先生大發脾氣，不斷痛罵他。Z 先生給 E 女一萬美金，她方才息怒。有一次，一位大陸女子嫁給台灣經濟條件差的老榮民，大陸女子拖 E 女幫她找工作，E 女向她提出住在她家裡，她便於隨時帶她去找工作。晚上，E 女安

排大陸女子陪她老公睡覺時，這位有自尊的大陸女子斷然拒絕她的無禮安排，她馬上離開 E 女家自己去外面找工作。

E 女跟 Z 先生回大陸探親時，E 女特別花一仟元人民幣找一位鄉村裡的處女跟 Z 先生陪睡。E 女說跟處女做愛可以補養男人的身體，所以 Z 先生對 E 女服服貼貼，哪怕挨她的打罵也不敢反抗。E 女不但替自己老公老公找陪睡對象，她還替嫁來台灣的大陸淫亂女子拉縴從中收取介紹費。E 女時常一方面替老公找女人，一方面又醋性大發大罵老公不要臉。

E 女跟老公結婚二十多年後，E 女老公年近九旬，他的身體各機能衰退，為能多活幾年，他收心歸正，不再另找女人。Z 先生將房產和存款全部交給 E 女，使 E 女對老公的欲取姑與見效，從此他們「老少配」夫妻終於走上正規而相依為命。

四九、他跟老榮民結婚只爲伴俸不盡同居之責

一位老榮民跟一個身個矮墩，墩貌不驚人的湘女結婚，湘女品行不端愛偷拿人家的東西，有一次，一戶街道居民拆房子整修，湘女去偷拿可賣錢的東西，被物主發現後出手打她，將她打得頭破血流。她老公是位耿直的人，看不慣她的作為，再加上她時常找老公要錢，老公一氣之下將她趕出門，然後跟他辦理離婚手續。在當地有一位月領一萬三仟五佰元臺幣的老榮民憐憫湘女而收留她，還跟她辦理結婚手續。老榮民有位要好的同袍經常來家裡跟他聊天，當湘女知道這位同胞每月領終身俸，他一旦去世其配偶還可以領他的半俸，於是，湘女對這位同袍動心了。她跟老公商量，並勸老公跟她假離婚，然後跟他的同胞結婚，讓她以後可以拿同袍的半俸養老。她老公原本心地善良，為了她老有所依，就同意湘女對同袍所用的心計。這位老榮民坦然對同袍講要他幫助湘女，讓她跟他結婚，往後他可以領到他的半俸，同袍也同意他們的安排跟湘女結婚。他就搬到他們家住，過兩夫一妻的生活。照道理同袍跟湘女是正式夫妻，可是每天晚上湘女還是跟前夫一起睡而冷落同袍，同袍很生氣，感覺自己被湘女利用了，他又礙著跟湘女前夫多年的朋友情誼不好顯露內心的不滿，他長日長時內心的哀怨積鬱著，使他病倒，不久導致他與世長辭。

於是，跟前夫同胞有婚姻關係的湘女就成為同袍法定繼承人，她繼承他的房產，每月還領到他的半俸，湘女也就一如既往地照顧前夫，沒過多久這位老榮民亦命赴黃泉，湘女又繼承他的房產和存款，就在她財利雙收得意之際，她卻罹患癌症，如佛教所指事物的因果報應：善有善報，惡有惡報，這是自然界對湘女應驗的懲罰。

五十、老榮民娶弱智妻禍延後代子孫

一位遼籍老榮民於公元一九四九年隨國民黨部隊來到台灣，之後，他以中校官階從部隊退休下來。他身材魁武、生性節儉，在台灣一直未婚，直到民國五十九年公元二十世紀（七十年代末），有人替他介紹一位台灣本地身個瘦小的弱智女子。介紹人說女方家長已經講明不收聘金，遼籍老榮民稍稍考慮後同意了這椿婚事。在當時娶老婆不用聘金等於為遼籍老榮民省了一筆龐大的開支。婚後老榮民雖然跟他弱智老婆談不上有什麼感情，他好歹總算有一個家。之後，弱智老婆生下一個女兒，這女兒的長相跟她媽一樣，她的智能亦遺傳到她媽的基因，看上去就是一個傻傻的不像正常人。弱智女到二十餘歲，身個瘦小，二條腿跟她媽一樣纖細，還沒正常人胳膊粗，有人說弱智女的長相比她媽醜，她的臉型窄窄的像小羊似的。她的眼睛透露著癡呆的神情，就她這樣子，她卻非常喜歡交男朋友。之前，她交過好幾個男朋友。之後，她跟一位在街頭巷尾叫賣臭豆腐的男人混在一起，她對人家說，賣幫賣臭豆腐的男人做生意，他每天會給她工錢，其實不然，沒多久弱智女懷孕了，在她臨盆時，賣臭豆腐的男人卻另找房子搬走了，從此避而避不見面。他見弱智女生孩子害怕承擔責任而逃之夭夭。

弱智女生下一個女孩，她也不知道這女兒的父親是誰，小女孩長到三歲時，長的很漂亮，眼睛大大的很逗人愛，小女孩每天上幼稚園見到熟識的人，弱智女就叫她女兒唱歌，這小女兒便唱〈小蘋果〉的歌曲，她唱得有板有眼不像智能障礙的樣子，通常有智能障礙的人，生下的孩子就會遺傳到智能障礙，只是時間早晚的問題，到了一定年齡弱智現象就會顯現出來。

養育外孫女的責任自然落在遼籍老榮民的肩上，弱智女生下孩子後，依然如故，不知約束自己，她照樣到處找男朋友。總有男人騎摩托車在隱蔽的、離弱智女家近的大樹下等著她。弱智女在約定的時間內坐上男人摩托車的後座隨隨順男人道處遊蕩。這問題連他父親也管不了，這位遼籍老榮民又有什麼辦法呢？他年已逾九旬，是活一天算一天的年紀，他的弱智女兒在當今絕對不會有正常男人娶她，只有那些喜歡佔她便宜的無恥男人跟她交往，他們只是視她為洩慾工具而已。

五一、他勸繼子別娶媽寶禍延後代

R 女嫁到台灣二十餘年，她跟繼子的關係很融洽，繼子視她為親生母親。繼子在尋覓結婚對象時，他時常將所遇所感講給父親和繼母聽，R 女將她哥哥的悲慘遭遇講給繼子聽，勸他千萬別娶「媽寶」、「爸寶」，不然會禍延後代。

R 女講她哥哥長相英俊、人品正派、技能高深。是她心目中永遠崇拜的偶像。在公元二十世紀六十年代，R 女哥哥經人介紹一位身材窈窕、長相清秀的女子跟他結婚。

他倆郎才女貌羨煞周遭所有人，R 女哥哥萬萬沒料到，他跟這女子在一起生活時，方才發現她是俗話說的「四體不勤，五穀不分」奇懶無比的人。她每天臨上班前望 R 女哥哥大叫：「我要穿出門的衣服，快點拿給我！」R 女哥哥每天也要上班，原本他要她自己拿自己穿的衣服，可是他害怕她的叫聲讓鄰居們聽到沒面子，於是，他就把衣服拿給她，她得寸進尺，臨出門時又望著 R 女哥哥大叫：「我的鞋子，我的襪子呢？」

R 女哥哥很有修養，他輕輕歎口氣，把她的鞋子、襪子拿來放在她手邊之後，她習慣成自然，每天如此。R 女嫂子每天下班後，回到家裡一進門就拿起一本故事書坐在靠背椅上，翹起二郎腿看書。其實她的工作很輕鬆，每天坐在辦公室裡檢驗產品，R 女哥哥每天下班後就進廚房忙得不亦樂乎，待 R 女哥哥做好飯菜擺放在餐桌時，R 女嫂子方才放下書坐到餐桌上吃飯，吃完飯，她放下碗筷，又走進臥室繼續拿書看，她好像是這個家的客人，R 女哥哥則是她請的高級保母。其實，她每月的工資全由她自己花用，更奇特的是，她作為女人生下孩子，從不餵奶，也不照料孩子，孩子從醫院抱回家就有 R 女哥哥父兼母職，買煉乳為孩子，晚上孩子睡在 R 女哥哥身邊，由 R 女哥哥替孩子換洗屎尿片。在那個年代沒有紙尿褲，孩子用的屎尿片全是破舊的棉紗衣服剪裁而成。R 女哥哥每天都得將孩子用過的屎尿片洗乾淨，曬乾再給孩子用。R 女嫂子生了兩男一女三個孩子，她不但不給孩子餵奶，連抱也沒抱過孩子。她的生活是上班出門，下班回家看書，家裡一切，包括去托兒所接送孩子全由 R 女哥哥料理。

由於 R 女嫂子日子過得太清閒，她竟然在外面跟一位長相醜陋的麻臉男人談情說愛，R 女嫂子一慣好吃，麻臉男人捨得花錢請她去吃餐館去吃珍羞美味。那個年代沒有洗衣機，R 女哥哥每天用手洗全家人的衣服，有一次，R 女哥哥洗衣服時，在 R 女嫂子的衣服口袋裡發現一封情書，那是 R 女嫂子的馬臉情夫寫給她的。這時候 R 女哥哥再好的修養也抑制不住了「戴綠帽」的憤怒。他一把抓住 R 女嫂子，要拉她去派出所找警察申請辦理離婚手續，R 女嫂子賴在家裡雙手死命地拉住房門，堅決不肯去派出所，鄰居都好心的勸 R 女哥哥，要看在孩子們的份上，讓孩子們有一個完整的家，千萬不要離婚，R 女嫂子當場羞愧地垂下頭，不發一語。

長年累月，R 女嫂子所作所為使天怒人怨，她在四十歲這年，她罹患乳癌，沒多久就一命嗚呼。有人說 R 女嫂子太享受了，老天提前將她收走了。

R 女嫂子去世後，R 女哥哥調到較遠的單位上班，他把二個兒子託給兒子們的外婆照顧。有一次，R 女去侄兒外婆家看望侄兒們。她走進侄兒外婆家，只見家裡亂成一團，地上到處是垃圾，桌椅板凳上佈滿灰塵，桌上堆放著未洗的碗筷。R 女坐在髒亂的環境理想：「難怪嫂子不勤勞，原來是有其母必有其女，這位外婆喜歡在外面管人家的閒事，而不做自己家的家務事，她大不了每天煮兩頓飯給外孫們吃，別的她一概不過問。R 女姪兒在外婆家沒住幾年，一個個都走上吸毒、偷竊的犯罪路。R 女的小侄兒和另一個戒毒的孩子在戒毒所裡聽從管理員的指揮，去打一個剛進戒毒所的吸毒犯，這二個戒毒孩子一馬當先，夥同戒毒所的成員，一鼓作氣地將那個吸毒犯打死了。吸毒犯的家屬到法院對 R 女侄兒和另一個戒毒的孩子以及參加打人的人提出告訴，法院判決這二個打死人戒毒孩子死刑，其他參加打人的戒毒孩子判有期徒刑。R 女的侄兒被槍決時，剛滿十八歲。R 女哥哥感嘆不已地說：「這就是我一生衰敗的命運。」

R 女哥哥的大兒子整天在外面遊蕩在死亡的邊緣，因為他沒錢吸毒就去偷，然後被抓進牢房，刑滿出獄後又吸毒又偷。他過這種頹廢的生活，也無顏去見他的父親，R 女哥哥也不不想見到他不成器的兒子，他只當自己的人生是一場噩夢，如今他在養老院度他的殘年。

繼子聽完繼母講述她家族所發生的真實故事，他既驚訝又感慨，繼母相信繼子一定會吸取故事裡的前車之鑑，不會去娶「媽寶」或「爸寶」做老婆。

五二、罕見的「老少配」恩愛夫妻

台灣一位皖籍老榮，他從部隊退休後一直未成家。之後，他閒不住便去夜市做生意。他朋友的幫助下，他做起買賣服裝的生意。早期台灣的夜市管理不善，做生意的人每天都為爭攤位而鬧糾紛。皖籍先生常常為爭議攤位跟人家大打出手，在朋友的支持下，他常常站上風，他本著「人不犯我我不犯人。人若犯我我必犯人」的原則，在夜市闖出一片天。夜市做生意的人背地裡稱它為「流氓」、「黑道」。其實不然，他是一個非常講義氣的人，他從不欺負弱者，他有固定攤位後，生意越做越興旺，因此他也賺到一些錢。之後，隨著歲月流逝，他身上的宿疾漸發作，他只好收攤回家休息。

皖籍先生的朋友勸他成家，找個伴相依為命。一位朋友替他介紹一位台灣本地的中年婦女，兩人見面後就論及婚嫁。皖籍先生對自己第一次在台灣成家非常慎重，花大錢買好一套品質優良的家俱。在要選定婚宴日期之時，他萬萬沒料到女方竟然提出悔婚。之後，有幾位從大陸嫁到台灣來的女人，打聽到皖籍先生做生意賺了不少錢，沒又沒娶老婆，她們竟恬不知恥地找藉口一個一個上門跟他聊天。在聊天時還伸手摸他的胳膊，甚至倚靠在他身上。皖籍先生對他們明顯勾引男人的肢體語言不為所動，甚至扯些理由將他們一個一個打發走。有一天，夜幕降臨，一位川籍大陸女子背著自己的老公硬闖進皖籍先生家，她一進門就迅速地脫光自己的衣服，赤裸裸四仰八叉地躺在他的床上，皖籍先生見此情形非常氣憤，他義正辭嚴地說：「你這是幹什麼！快把衣服穿好出去，不然我馬上打電話報警！」無恥之尤的女人自討沒趣，趕緊穿上衣服灰溜溜地走出去。

皖籍先生將他所遇到的女人對他各種騷擾一五一十講給朋友們聽，朋友們勸他趕快結婚，才能徹底擺脫這些不知羞恥女人的糾纏。有位朋友拿著好幾張大陸女子的照片去皖籍先生家，朋友將照片一一攤在他桌上，由他挑選。他一眼挑中一位蘇籍大陸女子，並決定即刻去大陸江蘇相親。那年是公元二十一世紀二〇一一年，皖籍先生到江蘇見到年輕、身材高挑、臉蛋白皙、五官秀美的蘇州女，他一見傾心。介紹人亦毫不隱瞞對蘇州女說，皖籍先生身體不好，需要有人長期照顧他，蘇州女知道皖籍先生長她三十三歲，她在心裡想：「如果有緣，我去台灣照顧他沒關係」，在蘇州女家鄉凡是嫁到台灣的女子都是嫁給年紀大的老先生，蘇州女當時四十一歲，已經是二個孩子的媽媽，嫁給老先生不用生孩子不是更好，他對鄉親們說。

他們這對「老少配」夫妻，很快辦妥結婚手續。不久，蘇州女來到台灣跟皖籍先生一起生活。蘇州女那天來台灣，在萬籟俱寂時，皖籍先生帶蘇州女到住家的房間裡，他指著一張床說：「你睡這張床，我睡靠窗的那張床，兩人分床睡覺比較安穩，你沒意見吧。」

蘇州女笑著說：「我就是喜歡一個人睡覺，如果你夜裡需要吃喝就叫我一聲，我會隨時起來替你做。」說起來也真好笑，年輕人新婚入洞房，這對老少配夫妻新婚卻各睡各的床。

在日常生活中，這對「老少配」夫妻相敬如賓，老婆對老公關懷備至，老公對老婆卻疼愛有加，一天夜裡氣溫驟降，夫妻兩人不約而同起床，他倆走到兩床之間的地方，又同聲問對方：「你起來幹嘛？」

皖籍先生說：「天冷了我起來替你蓋被子。」

蘇女噗呵呵一笑說：「我也是起來替你蓋被子。」

夫妻倆情不自禁地站在哪兒擁抱著，嘿嘿嘿……地笑個不停。皖籍愧疚地說：「老婆你跟我結婚等於在守活寡，我腎衰沒辦法做丈夫該做的事，我真對不起你。」

蘇州女忙伸手握住她的嘴說：「快別說這些冤枉話，夫妻在一起生活過得愉快才是最難得的，有沒有做那事有什麼關係，很多夫妻在一起整天吵吵鬧鬧那又有什麼意思。」

在台灣，有些老人越老越不正經，他們沒能力辦那事，卻老不知羞恥地對女性性騷擾，他們竟有臉說「摸一下也好哇！」然而，這位皖籍先生的確很正派，他跟蘇女結婚十餘年，始終對她很尊重，從未賴皮摸過她身上身體的任何部位。

有一天，皖籍先生對蘇州女突如其來地說：「老婆我們馬上買飛機票去你家鄉替你買房子，要不然往後我行動不方便就不能幫你挑選房子了，因為我總覺得我虧負你，我要盡心竭力報答你。」

於是，皖籍先生帶著老婆到他家鄉的熱鬧地段挑選一處新蓋的居民住宅，買好一套四房兩廳兩衛的住房，足夠蘇州女和兒子一家居住。與此同時，皖籍先生又替蘇州女出了嫁的女兒買一套三房一廳的新居，皖籍先生對老婆說：「這樣才算公平，兒子女兒都是你生的，如果兒子住新房，不給女兒買女兒會生氣的。

最使蘇女感動的是，皖籍先生在她家鄉無意之中聽到蘇女前夫沒錢繳退休保險費，將來到退休年齡就領不到退休費，皖籍先生即當拿出五萬人民幣給蘇州女的兒子說：「拿去給你爸爸交退休保險費吧，如果他老了領不到退休費，你們做子女的要拿錢來供養他，就會增加你們的負擔。」

蘇女感動的想：「她遇到這麼好的老公真有福氣，他不但替兒女們買新房子，還考慮替他們減輕供養他們父親的負擔，如果是普通先生都會嫉妒老婆的前夫，甚至會提防老婆跟前夫暗地裡交往，他不但不嫉妒前夫，還出錢給前夫解決經濟困難，這麼豁達大度的老公，在世上實為罕見。」

俗話說：「好人沒長壽，禍害遺千年。」在公元二〇一一年，皖籍先生宿疾復發，他住進醫院，經檢查罹患多種器官衰竭而逝世，享年八十八歲。皖籍先生活到八十八歲也算高壽，出事的當天蘇女悲痛欲絕，她坐在病床邊陪伴老公的遺體，無聲的哭泣一宿，因為她害怕吵到其他病房的病人，她用極大的克制力壓抑自己的悲痛，她處理完老公的後事，走進昔口跟老公同住的房間，孤獨而深情的望著老公的遺像，淚如泉湧。朋友們見她整天以淚洗面，勸她別老陷入悲傷之中，要顧及自己的身體，不能積悲成疾，她說：「我也不想哭啊，可是一想起他，我的眼淚就止不住的流。」

有朋友見她「徐娘半老風韻猶存」，便勸她再找一個老伴相依為命。有的甚至替她介紹家境富裕的先生，她卻不去跟人家見面，她說：「我不要再結婚，事實上在沒有比我老公更好的男人。」

有一天，蘇女的老鄉托她替一位從部隊退休的高官階先生找一位幫他做飯菜料理家務的幫傭，也就是保母，因為高官階先生的老婆已去世，加上他自己也有病，他所開的條件是包吃、包住，月薪三萬臺幣。蘇州你一慣擅長做家務事，因此，她想：「做這工作薪資很高，介紹別人還不如我去叫我試試看，趁年輕賺點錢防老也好。」

於是蘇州女跟那位高官階先生約好商談他去他家做幫傭的事，那位先生跟蘇女見面後，很健談也很直率，他說：「自從我太太去世後，我一個人住在家裡很寂寞，總想有個人陪伴我，使我的生活過得愉快些，有趣些，我見到你感到好高興，妳老公也去世，正好我們二個同病相憐，不過你要有思想準備，得跟我同睡在一張床上，我們在一起好交談，偶爾興趣來了不妨做做那事。」

「啊！……。」蘇女聽到那位老先生越說越白，驚愕得說不出話來，半晌，她回過神來，當即拒絕說：「你請我做飯、做家事可以，我不會跟你睡覺，我一輩子做明人，絕不做暗事。」儘管蘇女拒絕了那位先生，那位先生卻對她念念不忘，他時常打電話乞求她去幫他聊以慰藉，蘇女人不為所動的屢次拒絕他。

蘇女的老公是是滿三週年時，她向台灣國防部有關部門申請要求將老公的骨灰帶回他的家鄉去，讓老公入土為安。俗話說：「人在人情在，人亡兩無交。」可是蘇女卻抱著老公的骨灰常哭著說：「老公我們回家了。」蘇女在家鄉花了幾萬人民幣替老公買下一塊墓地，立好一塊石碑，每年清明節和過年過節帶著她的兒女和孫子、外孫們到她老公墳上去祭祀、追悼。知道的人都對蘇女豎起大拇指稱讚她待老公有情有義。

五三、中風妻約情夫住家中被兒子察覺官司輸

二十多年前，X 先生在舞廳跳舞結識了跟自己同樣婚姻不順而離婚的台灣本地 L 女，X 先生長 L 女三十歲。從部隊退休後的 X 先生去外面公司上班賺錢，L 女以為自己年輕找老先生是為了得到他的錢，因為老先生有終身俸，將來他去世，她可以享受他的半俸。她倆結婚後，X 先生對 L 女百依百順，還替她買一輛嶄新的轎車，卻得不到她的真心相待。因 L 女喜歡風花雪月，她時常背著老公去外面找年輕男人當情夫，過著驕奢淫逸的生活。L 女每天趁 S 先生下班後約朋友在家打牌的當兒，她騙 X 先生說去外面跟朋友聊天，其實她開著轎車約情夫去舞廳跳貼面舞。而後去旅館做愛，到萬籟俱寂的半夜三更才回到家裡。

婚後不久，X 先生因高血壓中風，這下 L 女更有機會去外面找不同的情夫，L 女將 X 先生每月三萬多元的終身俸掌控在她手裡，每天替 X 先生訂中、晚餐二個便當，且要便當店每餐送便當到她家裡。L 女還申請每天兩小時家庭看護，家庭看護每天替 X 先生洗澡，還照顧他用餐。這樣 X 先生既有人送飯又有人洗澡，L 女就落得十分清閒自在。她乾脆約情夫住在家裡，他們家是一棟透天樓房，她跟情夫同住一室，當有朋友來探望 X 先生時，L 女對朋友謊稱情夫是租他們家房子住的房客，L 女根本不把行動不便、視力模糊中風的老公當回事，她跟情夫過著打情罵俏、逍遙自在的生活，這種行徑很明顯就是喧賓奪主、鳩佔鵲巢，欺負病魔纏身的弱者八旬老公。

有一次，X 先生的兒子從外縣市回家探望父親，他發現有男

人住在家裡便知道是L女的情夫，因為X先生的兒子在父親尚未中風之前就察覺L女跟外面男人有聯絡，這次當他察覺L女大大方方把情夫弄到家裡同居的誇張行為，他立即採取維護父親權力的行動，他將父親安置到養老院，然後，請L女把父親的終身俸交給他，由他安排父親的生活。自從X先生的兒子接走父親後，L女仍然住在X先生的透天房裡，因L女未能掌控X先生的終身俸，她很氣憤。於是，L女籠絡先生的朋友替他寫陳情書，發到X先生兒子單位以及總統府行政院榮民服務處等處。之後，X先生的子女們亦向法院提出告訴，要L女從他們家搬出去，L女提出要給她三十萬元臺幣她才搬走，這次L女有請X先生的朋友到法院替他當證人，證明X先生在尚未中風之前，就承諾待他去世後L女可以住在這棟樓房裡，直到她終老。經過法院多方調查和調解，最法院判決，要X先生的子女們給五萬元臺幣L女作為搬家費，L女不服，她要X先生子女們承諾，待X先生去世後，他的子女們必須簽字同意她享受X先生的半俸，她這無理要求法院管不了，因為政策規定要子女們簽字同意老榮民的妻子才能享受半俸，再說子女們有自主權法院不可能干預。

最後結果是X先生的子女們打贏了這場官司，事實證明，是L女誇張的淫亂行徑決定了她的命運。

五四、她父親被日寇槍托擊腦痛苦數年殞命

A 女家鄉在長江中游的一處鄉下，她家祖祖輩輩在農村當篾將，用篾條編製畚箕維生，她老實巴交的父母起早摸黑地勞作，養活一家老小。這年公元一九四五年日寇時常在 A 女家鄉橫型霸道、燒殺姦淫，無惡不作。在戰亂中，A 女父親為了養家活口，依然勤奮勞作。這天，A 女父親挑著一擔畚箕去縣城集市銷售，他要將銷售畚箕的錢買糧食、蔬菜回家過生活。這時候，一支日本鬼子的隊伍無預警的出現在縣城最熱鬧的地方，他們沿路對手無寸鐵的老百姓搶劫、毆打，一些挑著雞、鴨、魚、肉擔子的小販要去市集販售的東西全被日寇搶光。一些要去集市購物的民眾見到日寇的暴行嚇得四處逃散。A 女父親挑著擔子不便逃跑，他躲在路邊房屋的屋簷下，誰知道幾個日寇看到，他們衝到 A 女父親面前舉起步槍槍托照 A 女父親的腦部一震猛砸，A 女父親不支倒地，日寇方才轉身去尋覓其他攻擊目標。可憐的 A 女父親當即昏厥，待日寇走後，鄉親們將 A 女父親用門板抬到 A 女家裡，A 女父親被日寇打成嚴重的腦震盪，害他長期頭痛、頭暈。即便四處求醫、吃藥也治不好這病。他頭痛起來只有抱頭在床上翻滾。起床時有頭暈的連路也走不穩，他在痛苦煎熬中過了三十載，在他七十歲這年，他的頭痛頭痛劇烈疼痛與世長辭。

A 女於公元二十世紀九十年代中嫁到台灣，她想到父親所受的痛苦就傷心流淚，心情不能平靜。她一直對父親所受的痛苦耿耿於懷，她真想去找拿那個拿槍托砸父親腦部的日本強盜，她要拿鐵鎚砸他的腦袋，讓他也體驗長時期頭痛、頭暈的痛苦，A 女

每次回家鄉跪在父親墳頭悲痛萬分，痛哭流涕。她恨自己為什麼不能為父親報仇雪恨，不能慰藉父親在天之靈。

五五、妻公正老公為亡夫為借名購優惠房

在公元二〇一七年，鄂籍N先生以九旬。他拖著半身不遂的中風軀體，拄著四爪拐杖，一步一拖的在路上堅強行走，贏得路人的憐憫和敬佩，大家佩服他這位中風老人卻不屈不撓的跟病魔抗衡，他自始至終在人們心中是一位高風亮節的好先生。

在兩岸「婚姻潮」時期，N先生七旬他去大陸娶一位四旬多的W女，W女來到台灣時N先生待她宛如貴妻降臨，他將自己每年五、六十萬的終身俸及全部積蓄拱手交給她，由W女全權掌握家庭經濟。N先生從不過問家庭經濟開銷，這下，可方便了，W女將N先生的錢全部拿到大陸家鄉替兒子買好幾套房產，她同時拿錢幫助弟弟做生意。在那個年代，大陸正在改革開放之際，作生意本小利大，W女大陸家人借助W女掌握N先生的錢財的優勢，全都沾光發財了。

W女為能拿更多錢給大陸親人，她在台灣跟N先生一起生活時極盡可能地節衣縮食，她每餐用丟棄的冬瓜皮、西瓜皮、柚子皮煮大骨湯給年邁需要營養的N先生拌飯。

俗話說：「好心認做驢肝肺。」N先生把終身俸以及全部積蓄交給W女，到頭來N先生年邁因營養不良而導致中風。N先生中風後W女待他更刻薄，街坊鄰居都知道W女從來沒有用輪椅推N先生去外面透透氣，在N先生尚未中風之前，N先生喜歡到家附近的山上走路運動，W女卻從不陪N先生去山上走路、運動。當老態龍鍾的N先生孤伶伶在山上走時，凡認識他的人都替他擔心，萬一他昏倒在山上也沒人知道。不但如此，W女還經常對N

先生發脾氣，有一次，N 先生在桌上吃飯，中風後他半身癱瘓，吃飯時他顫抖的手搆不到桌上的菜，他將菜湯濺到桌上，W 女不但不幫 N 先生夾菜，反而像對待孩子似的對 N 先生橫眉瞪眼地斥喝：「你小心點把桌子都弄髒了。」

有一年，W 女的兒子在大陸申請購買優惠的平民房，其實他有好幾套房子，原本不夠條件再買優惠平民房。他便以母親 W 女的名義開後門，再購買兩套優惠平民房。賣房部門發現 W 女的兒子在台灣還有繼父就對 W 女的兒子說：「你在台灣有繼父，不能購買優惠平民房。」

W 女的兒子忙打電話跟 W 女商量這事怎麼辦？W 女對兒子說：「你就說台灣繼父已經死了。」

W 女兒子再去購房時說：「我繼父已經死了。」

賣房的當權者說:「上面會檢查,如果有死亡證明就好辦了。」

W 女的兒子將賣房當權者說的話告訴 W 女，W 女對兒子說要死亡證明很簡單，我去弄。W 女在台灣借別人死亡證明並將死亡證明上的名字改成 N 先生的名字，W 女的兒子拿著繼父死亡證，他購優惠平民房的事就大功告成了。在台灣可憐的 N 先生活的好好的，他絲毫也不知道他已經成為大陸公證的死亡人，如果他知道這種喪盡天良咒他死的圈套，又情何以堪？

五六、他頭次相親虛偽待人再次娶到亂倫女

在公元二十世紀八十年代的兩岸「婚姻潮」時期，目不識丁的六旬L先生去大陸家鄉相親，鄉親們替他介紹一位四旬且有文化的女子。當初，L先生想在此地買房子。他跟相親女子住了一段時間後，他覺得房子很貴又退掉。他臨走時，要求那位女子將她的陰毛寄到台灣或許他會娶她。這位女子非常嚮往台灣，她雖然不喜歡老又老又矮小的L先生，但是為了能嫁到台灣，她迫不及迫不得已投其所好，將自己的陰毛剪下來寄給台灣的L先生。L先生拿到陰毛很得意，他拿著陰毛請識字的同事唸給他聽，他還是四下炫耀說這位大陸女子對他很癡情。

之後，L先生經人介紹有去大陸另一個城市娶一位同樣四旬的V女，V女生身個矮小，長髮披肩，一張小小方臉看起來很普通。她來到台灣眷村毫不避嫌地四處打聽那位老榮民有錢，她把情況打聽清楚後，就上門勾引人家，即便人家家裡有老婆她也不在意，她同樣上門跟這家男主人拉近乎，甚至遞眉眼傳情。V女在大庭廣眾下也不顧羞恥，還振振有詞地說：「我們這麼年輕嫁給台灣的老（台灣話也就是老竽頭）又沒有什麼保障，我就是靠待我好的男朋友給我錢以防老。」

V女去一位有病的老榮民家，說是照顧，她實際上是跟他陪睡。沒多久，這位老榮民去世，V女繼而又找到一為身體健康的老榮民，她住到老榮民家裡，說是替他當保姆，實際也是陪睡。她還到處吹噓說：「我在他家不是我照顧他，而是他照顧我，他每天做飯菜給我吃，還幫我洗衣服，他待我太好了。」

V 女在自己家裡對 L 先生百依百順，還變換各種姿勢滿足 L 先生的性需求。因此，L 先生心甘情願「戴綠帽」不計較 V 女去外面跟誰混在一起。有一次，L 先生出車禍，當陌生人看到他老婆時說：「你老婆很年輕，很漂亮。」L 先生省吃儉用，花大錢娶到這位老婆而獲得這句話，他認為很值得。這句話就是他的精神支柱。

V 女找到有老婆的老榮民，她就將老榮民勾引到旅館去跟他陪睡，如果找到老榮民沒有老婆的，他就乾脆住進老榮民家裡。由於她開的條件很高，凡事願意跟她交往的人，她要人家每月拿他終生俸一半的錢給她，另外還得供她吃穿，她喜歡穿名牌服裝，一套服裝就要上萬元。之後，凡是跟 V 女交往過或聽大家談起 V 女德性的男人都對 V 女敬而遠之。她的財源也就漸漸斷路了，V 女認為是一些人在她背後說她的壞話，嫉妒她才使他斷了財路。有一次，她當著眾人面激動的拍打桌椅說：「我跟老頑結婚有什麼好處，我就是靠找其他男人才得到一些好處。」她擺出一副受委屈而憤怒的樣子，好像她找其他男人是她的正當職業

有一天，V 女看到一位台灣本地的中年單身女子找到一位條件好的男朋友，她非常羨慕而不知羞恥地對那位女子說：「妳們台灣女人很容易找到男朋友，你乾脆把男朋友讓給我，你再去找一個男朋友。」

那位女子對 V 女鄙夷地說：「哼！你以為找男朋友是在菜市場買菜呀，今天買一種菜，明天換口味再買一種菜，男女朋友之間是憑感情基礎而有緣分才在一起的，怎麼可以讓呢？」「你這種女人既淫亂又無知！」她在心裡罵道。

五七、「老少配」婚姻致四旬女變白髮女

在公元二十世紀八十年代末至九十年代初，台灣開放去大陸探親時，公元一九四九年從大陸到台灣來的國民黨部隊中最年輕流亡學生已經六旬，最年長的軍人也已經八旬，一些沒有娶老婆的軍人去大陸探親時順便相親，正好一舉兩得。

於是，大陸女子嫁給台灣老榮民便宣稱「老少配」的婚姻潮。他們之間的年齡差距普遍年長二十歲，特別的年長三十歲到四十歲，最特別的是年長六十餘歲。

本篇所述的這位湘女她老公長他四十歲，兩岸的「老少配」婚姻在當時普遍是沒有感情基礎的婚姻。當介紹人將兩人湊合在一起時，因雙方距離千里之遙，隔山隔海根本沒有考慮的時間和空間，特別在大陸這一方想嫁到台灣的女子不計其數。她們嫁到台灣一方面為提高大陸親人的生活水平，一方面對台灣充滿好奇心。如果他們對相親對象稍有疑慮，便是過了這個村遇不上那個店的後果。因此，年輕的大陸女子往往強迫自己嫁給父兄輩，甚至祖父輩的老先生，這種婚姻註定不會有感情。

湘女雖然已經到不惑之年，可是她身體羸弱，相貌天真，看上去約三十歲的模樣，在介紹人的撮合下他跟老先生辦理了結婚手續。她來到台灣老先生一步也離不開她，連出門散步，他也要摟著她的腰身走路，她在路上看到人們用異樣的眼光看著她時，她忙掙脫老公的手，老先生卻將她摟得更緊，他不在乎旁人的交頭接耳。每天到夜幕降臨時湘女的處境更不好過，老先生原本性無能他卻特別喜歡摟著老婆睡覺，更可怕的是他一夜不安份，喜

歡摸老婆的身體，而且從上到下的摸，對於他特別喜歡的部位會反反覆覆地摸，有時候還用舌頭舔，用牙齒咬她。完全用手、舌頭、牙齒對年輕老婆發洩愛，同時也滿足自己的性衝動，他使她不能睡覺，使她的心境煩不勝煩。

有時湘女不耐煩地說：「讓我睡覺好不好？」

老先生反嗆說：「我花錢娶你，難道讓我摸摸也不行嗎？」湘女想如果為這種事爭吵，讓鄰居們聽到好丟臉啊！她沒辦法，只有忍耐，一直忍耐，她除了忍耐又能怎樣呢？她在結婚時，她父母收了老先生的聘金，整日間她一直過著沒有感情，又得不到安寧的生活。他對她癡癡迷迷卻也弄得她呆呆傻傻的痛苦不堪，沒幾個月她滿頭烏黑的頭髮也就全白了。

之後，湘女按台灣政策規定的時間回到大陸，大陸鄰居和親戚朋友看看到她滿頭白髮都很驚訝，當大家知道他台灣老公有性功能障礙而導致她頭髮變白的事傳開後，許多年輕男子都尾隨她、追求她，說要替他幫忙當藥引子，也就是幫她懷上孩子，追求她的年輕男子以為她台灣老公很有錢，其實她老公每月只有二萬臺幣的終身俸，湘女回台灣後她的肚子逐漸大起來，並生下孩子，街坊鄰居們紛紛議論說她生的孩子絕對不是老先生的。這位老先生知道自己沒有生育能力，他想有個孩子，正好替他撐門面，所以他不計較孩子是誰的，他只要求每晚能摸她就好。

五八、他是大陸老婆如草芥還不斷更換

俗話說：「癩蝦蟆想吃天鵝肉。」從民國七十六年十一月二日（公元一九八七年十一月二日）蔣經國先生開放去大陸探親開始，台灣人就時來運轉，他們許多老人或殘疾、智障都去大陸娶老婆。他們不但能吃到天鵝肉，還抱著「美天鵝」回到台灣。他們享受那時候台灣的經濟優勢，有的人卻不惜福，他們嫌棄甚至虐待這些弱勢的「美天鵝」大陸女子，例如年輕年逾七旬的P先生，他是民國三十八年公元一九四九年隨國民黨部隊來到台灣的老榮民，在當時他們不知道來到台灣會經歷三十八個年頭，不能跟大陸親人見面，甚至父母親病危時也不能見面，那是多麼悲慘的情境！然而，時過境遷P先生忘了來台灣跟大陸親人失聯的苦如今他站在台灣習俗父權至上的優勢七五同樣離鄉背井到異鄉打拼的若是大陸女子

老態龍鍾、皺紋滿面的P先生第一次去大陸娶到一位如花似玉，身材苗條，長相清秀的少婦。他們夫妻走到哪裡都被人們稱為「父女配」。照道理一位老氣橫秋的老頭能娶到這麼年輕的女子他應該滿足，可是，他不惜福，他待大陸老婆如同舊時代的童養媳，視錢如命的他不但不給零用錢，還要老婆每天滿足他不定時的性需求。

有一天，P先生坐在眷村自家門口，他當著左鄰右舍的面把腳翹起來，叫大陸老婆出來替他穿襪子，在眾人面前這位年輕的大陸老婆強忍不悅，彎腰替他穿上襪子，在場的人全背著他忿忿不平低聲議論：「他好手好腳的，竟要老婆伺候他穿襪子，太不像話了，以為他是皇帝呀！」

正因為P先生沒善待老婆，他老婆也就不願意配合他的性趣需求。然而，P先生並不以為他對老婆慳吝是因為引起老婆不悅的根源，他反而傲慢地對老婆說:「要嫁到台灣來的大陸女人多的是，我叫你來，你就得來，我叫你走，你就得走，你有什麼皮條？」

僅半年P先生嫌棄他的大陸老婆不隨時配合他的性趣需求而跟她離婚。當時台灣政策規定未取得台灣身分證的外籍配偶，如其夫亡故或與丈夫離婚必須在一個月內離開台灣，這位可憐的大陸女子在台灣舉目無親，離婚後她悻然返回大陸。

緊接著P先生有去大陸娶一位更年輕的老婆，P先生不但不檢討自己待人尖酸刻薄，還向別人炫耀說：「我先娶的一個老婆花了我十多萬元臺幣，娶這個老婆才花幾萬元臺幣。」

P先生的第二任老婆J女，身體羸弱，身個矮小，她到台灣P先生依舊不給J女零用錢，J女很有志氣，她到處找工作，經人介紹她每天去一位病人家做十幾個小時的看護。雖然她解決了自己經濟問題，可是她每天回到家裡還得伺候身壯如牛、性慾特強又不知飽足的老公。P先生跟J女一上床就是幾個小時，J女才來台灣才幾個月就變成骨瘦骨嶙峋的模樣，有鄰居背地裡問追J女:「P先生每月給你多少錢？」

J女悲哀地搖頭說：「他呀，對我一毛不拔，他還威脅我說，你不配合我，我就跟你離婚，他所說的配合，就是跟他上床。」

P先生感覺被J女太瘦弱，不能隨時滿足他的性需求。幾年後，他先去大陸物色好一位既年輕、身體又壯實的女子，然後回台灣跟這J女離婚。再去大陸娶第三任老婆，第三任老婆沒跟他過多久，他又嫌不好，他再娶第四任老婆，這第四任老婆又能跟他維持多久呢？只有他自己知道。俗話說：「人無廉恥王法難治。」他要娶、要離誰也管不著他，就這樣無止境的欺負弱者，他把大陸女子當草芥、當不花錢的性玩物，玩膩了就甩掉，總有一天他會得到報應的。

五九、她在台灣遭丈夫性虐待忍痛別子女回大陸

在公元二十世紀九十年代初期，大陸鄂籍二十餘歲的 H 女，經人介紹嫁給台灣本地三十餘歲的 B 男。H 女來到台灣卻過地獄般的生活，她既無自由，還時常遭受李男的打罵，最可怕的是 B 男把她當「性奴」。

公元一九九九年，H 以來台灣六年，她生下一兒一女，兒子四歲女兒二歲。B 男每月更給 H 女二仟臺幣，既要買奶粉又要買紙尿褲，這錢根本不夠用。B 男不管這些，他對 H 女稍不如意動輒就打罵，他常常把 H 女打得鼻青臉腫，遍體鱗傷，H 女被 B 男折騰得骨瘦如柴。H 女即便挨了打，B 男卻繼續對 H 女性虐待，他對她的身體搬弄成頭立地，腳朝天的倒立式，還把她的兩腿捆綁住，讓她倒立的身體貼靠在牆壁上，他站在 H 女倒立的身體前面對面的強姦她。每次做愛都如此變態的姿勢，使 H 女痛苦不堪。

根據當時的政策，嫁到台灣的大陸女子未領身分證之前，必須在規定的時間內回大陸，H 女回大陸時，B 男不給錢她買飛機票，他要她把定親時的首飾賣掉買飛機票，並承諾待她回台灣後再買給她。可是，當 H 女回台灣時，B 男壓根也不提替他買頭飾的事。H 女被他打怕了，於是只好隱忍。有一次，H 女按規定時間回大陸回台灣時，H 女的婆婆暗地裡告訴她說：「你去大陸時，妳老公時常拉著你兒子看 A 片，父子倆看 A 片時，你老公抓著你兒子的小手去抓他的陰莖，你老公也抓他兒子的『小雞雞』。父子倆邊看 A 片互相玩弄那東西，我這母親對他這種不肖子也沒輒。」

H 女聽到婆婆講的事，她神情呆滯，不知所措，連婆婆對兒

子也管不了，何況一直受 B 男不欺壓的她又能怎樣呢？有一天，H 女身體不舒服，她拒絕配合 B 男要他頭立地，腳朝上的變態做愛方式，B 男當即舉起拳頭朝 H 女的臉一陣猛打，她的眼睛幾乎被他打瞎，而 H 女痛苦哀嚎聲被鄰居們聽到而報警，警察衝進 B 男住家，將 H 女救出來，並將她送到婦就會設的「中途之家」，使她逃過一劫。復救為確保受害婦女的安全，特別用鐵絲網圍住門窗。每位受害婦女都有鑰匙開門，如果受害婦女請假時間未歸，「中途之家」則派工作人員和員警去外面尋找。「中途之家」裡面有飲食、衛生間、電視、冰箱，受害婦女一人一間房，如果她們肚子餓，有煤氣爐自己可以從冰箱裡拿出麵條或水餃煮著吃。「中途之家」為確保受害婦女的安全，即便有家屬和朋友來探視，也不能跟受害者見面，只能由工作人員接待傳遞其要求和要事。

H 女住在「中途之家」，她身上的傷勢逐漸好轉，她心裡積怨已久的傷痛卻使她憤恨不已，為了保命，H 女決定跟 B 男離婚，為了不耽誤孩子們的前途，她不帶走孩子，她把孩子托付給婆婆照顧，在「中途之家」的工作人員和警察協助下，H 女跟 B 男辦理了離婚手續。離婚後，她忍痛離別兒女痛，痛心入骨的啟程回歸大陸家鄉。

六十、他捻花惹草卻冷落糟糠之妻

一位老榮民取得一為台灣原住民為妻，他生性喜歡玩女人，不把糟糠之妻當回事。他妻子知道他捻花惹草，寧願一個人住在山上，也不願跟他同居。他每月給他妻子一萬元臺幣作為生活費，他們夫妻過了二十多年的分居生活。

這位老榮民的臉面曾經被火燒過，臉皮疙疙瘩搭的，一隻眼斜視，眼皮嘎拉著。他身個矮小，還喜歡跳交際舞。他經常在跳舞的地方尋覓他所欣賞的女人，他明的說找女人是為幫他做飯，實際是陪睡。別看這位老榮民相貌醜陋，他卻是中校官階退休，一個月領五萬多臺幣的終身俸。凡跟他姘居的女人，多半看在他月入五萬多的終身俸上。俗話說：「人不知自醜，馬不知臉長。」他自己的長相不被人恭維，他還嫌棄跟他姘居的女人，他時常對別人評論跟他姘居的女人，說這個女人相貌老又醜沒有女人味，那個女人乾巴巴地不性感。他挑選女人宛如在菜市場挑選蔬菜似的嫌好嫌壞。他脾氣很壞又耳背，經常對姘居人大聲斥喝。他住的地方髒亂不堪，有的女人跟他姘居時為了錢只好忍受他醜陋的相貌以及髒亂的住家環境。

有一次，他挑選了一位五十餘歲，大學學歷的大陸湘女，她的榮民老公已去世。為了錢她同意跟這位中校官階退休的老榮民交往，當老榮民帶她去他家時，她看到他家髒亂的環境便想離開，他老榮民不肯放手，他特意送她回到她家，湘女住的房子是她老公遺留下來的一間套房，中校老榮民很喜歡這位有知識水平的湘女，他跟她談條件說：「我就住在你家，每月給你二萬臺幣，陪吃、陪睡。」湘女勉強答應他的條件，過沒多久，湘女就跟他分手了。

爾後，中校老榮民就找六十歲以上的女人姘居，雖然他有九十高齡，他還是不斷的尋覓和變換對象。

六一、老榮民背妻金屋藏嬌

一位贛籍老榮民退休後跟朋友合夥做生意，他賺到一些錢就買一棟住家樓房和一棟路邊店面樓房。他娶一位台灣本土的妻子，他有兒、有女，家庭和睦，他妻子勤儉持家，是一位稱職的家庭主婦。贛籍老榮民卻不知道惜福，喜歡在外面捻花惹草，他常常被妻子抓到把柄，他既畏懼妻子又喜歡風流，他常常以謊言和狡詐對付妻子。如果有女人打電話給他卻被他妻子接到，或是他跟女人散步被妻子的朋友碰到，他都狡辯說是偶爾認識的女人跟他沒有什麼交情。

老榮民家的店面樓房長期空著，他便跟他妻子商量說：「房子空著不如做 KTV 唱歌生意賺錢。」他妻子同意後，他將店面頂樓的一個房間收拾好，裝好 KTV 唱歌設備，還在地面鋪上地毯，實際上這都是他做的幌子。他對妻子說多花些錢佈置好房間是為來這裡唱歌消費的人做好準備工作，其實他真正的目的就是利用這空著的房子金屋藏嬌。他妻子把店面房交給他全權處理，他妻子從來不看也不過問店面房子的事，所以，她就不知道這房子裡面的玄機和奧秘，這樣給贛籍老榮民金屋藏嬌開了方便之門。

有一位大陸農村的 F 女，年僅二十二歲，她嫁給台灣一位坐輪椅代步的殘障人士，沒幾年殘障人士去世後，她又嫁給長她半百的垂暮老榮民，他跟老榮民一起生活了三年，生下一個而女兒，不久老榮民撒手人寰，她繼承老榮民的遺產，還領有老榮民的半俸。她獨自扶養女兒，卻不能再嫁人，根據台灣的政策凡領去丈夫半俸，如果再婚就得取消半俸，她的鄰居和朋友們見她年紀輕輕就守寡，都很同情她，紛紛替她介紹對象。她一一婉拒表示要自立自強自己獨立把女兒撫養成人。因此，她在街坊鄰居獲得好名聲。

有一次，F 女早晨去運動的路上，她隱約察覺到有位跟她去世的老公年紀相仿的老先生跟在她後面，突然一條黑狗從小巷裡竄出來朝 F 女直撲過來，F 女驚駭地朝前奔跑，黑狗邊吼邊叫追逐 F 女，這時贛籍老榮民趕快上前吼退那條惡狗後，走到 F 女身旁安撫說：「小姐，遇到狗千萬別跑，你越它他越會追你，你最好蹲下來撿石頭，拿在手裡它就怕了。」

殊不知這位老男人擅長討好女人，他很快跟 F 女熟識了，他時常在 F 女常走的路上等待她，跟她聊天並約她一起去運動。他對她的獻殷勤，對她和她的女兒關懷備至，可是 F 女絕不讓贛籍老榮民到她住家的地方去，她害怕被鄰居看到而敗壞了她的好名聲。贛籍老榮民了解到 F 女的身世和底細後，很快將她帶到他的秘密巢穴，在哪沒人打擾的秘密處所，一對年紀相差半個世紀的老男人少婦之間根本不可能有什麼愛情，有的只是生理上的需求。F 女感覺贛籍老榮民雖然跟他原來老丈夫年紀相仿，可是他身體壯實，做人做事比他的老丈夫強得多，使她在台灣享受到從未有過的女人快感。她認為贛籍老榮民很適合做他的秘密老情夫，她躺在他軟綿綿的密室地毯上，隨他撫弄，她感到既舒暢又無任何精神壓力，一來她可以保持她在街坊鄰居的好名聲，二來可以滿足她作為少婦的性慾。她再三叮囑老情夫要絕對保守她們之間的秘密，可是這位老情夫在背地裡卻對他朋友們吹噓，他在年輕女人面前多麼有魅力，是一位可當他孫女輩的小姐深深迷戀著他。他還自愧弗如地說：「我年紀大簡直招架不住她。」

六二、兇悍女掌握掌控台灣老榮民命運

自從公元一九八七年台灣開放去大陸探親，兩岸「婚姻潮」亦不遑多讓地展開，G 先生曾經在大陸雲南、貴州一帶打擊日本侵略者。公元一九四九年他隨國民黨部隊來到台灣，他從未結婚生子，始終孑然一身。直到台灣開放去大陸探親，他想念大陸故鄉，帶上全部積蓄去大陸故鄉買下一棟房子，故鄉當地有權勢的人勸他成家，並且替他介紹一位寡婦，於是他跟這位小他三十歲的 H 女辦理了結婚手續。婚前女方要房子，他所買的房子就成了 H 女的財產。

H 女跟跟 G 先生來到台灣後，她的視野開闊了，其貪慾就更大了，她感覺雖然在大陸賺到 G 先生的一棟房子，但是卻不能像別的大陸女子那樣，當老公去世後能領到老公的半俸直到終老。她認為自己好倒楣，跟一個月領一萬三千五佰元的糟老頭結婚，往後沒希望享受政府的撫恤金半俸。所以，她對 G 先生耿耿於懷。於是，她不管 G 先生老態龍鐘的年紀需要人照顧，她卻毫無顧忌地丟下他，自己長年累月住在醫院做看護賺錢，讓 G 先生每天拄著拐杖外出購物，然後，回家做飯自己照顧自己，害 G 先生有老婆等於沒有老婆。

儘管 G 先生處境如此窘迫，H 女還是處心積慮地想找一位能讓她享受半俸的老榮民。在一次打麻將牌桌上，H 女終於認識了一位單身有終身俸的老榮民。之後，H 女每天去那位老榮民家獻殷勤或色誘他，向他表明要嫁給他，那位老榮民身體不好，對送上門的 H 女也就半推半就地答應了她的要求。之後，H 女迫不及待地填好離婚協議書拿到G先生面前要他簽字，H女為使她不知羞恥的婚姻能圓滿達成，她對G先生明說，她跟他離婚是為了拿那位老榮民的半俸，她要G先生諒解她、成全她。同時她以為G先生還有利用價值，她向G先生保證，雖然跟他離婚，她還是會照顧他到終老。

可憐的G先生只好答應。H女迫不得已在離婚協議書上簽下自己的名字。G先生只怨自己命不好，有人曾經替他算過命，說他命裡沒有老婆，但是他壽命很長。他一直牢記算命先生的預言，安心過自己孤獨的生活。

有一次，一位嫁到台灣的大陸A女，她到台灣沒多久，她老公去世了。台灣政策規定大陸女子嫁到台灣滿八年才能領到身分證，A女的年限未到也就沒領到身分證。凡是老公去世而沒領到台灣身分證的大陸女子必須在一個月後離開台灣，有好心人為幫助A女，特別帶A女跟G先生認識，並勸A女嫁給G先生，她就不用回大陸了。A女跟G先生見面後，他們二個沒有婚姻約束的人相談甚歡，他們準備繼續交往時被H女知道了，H女暗地的打聽A女的住址和電話號碼。這天H女怒氣衝衝地趕到G先生家，她抓起電話打給A女說：「你跟一個老男人交往吧，告訴你他是我的東西，你別想得到他，如果我發現你再跟他交往，你給我小心點，我會隨時到你家去殺死你。」碰的一聲，她把電話掛斷了。然後對G先生責罵說：「我已經跟你講好條件，你為什麼要背叛，哼！我知道你喜歡年輕女子對不對？你一個月才那麼一點錢，人家為什麼要跟你結婚，人家只是想利用你，等她領到身分證就會把你甩得遠遠的，還認你是誰呀？你別做夢了，你對我還不滿足啊！你要我陪你睡覺，我隨時來陪你睡覺，你真是身在福中不知福……」

G 先生一直無言以對，他知道自己又老又沒經濟實力，哪裡鬥得過兇悍的 H 女，他只好忍氣吞聲受她欺侮，受他掌控。

H 女跟 G 先生離婚兩三年後，跟她結婚的那位老先生就因病去世了，H 女既得到他的房產和遺產，還每月領到他一萬多臺幣的半俸，這下 H 女成了富婆。她將房子出租，又拿那先生留下的存款買了一套舒適的住房。如今她坐享其成，不再去醫院當看護賺錢了。她得到這麼多好處，卻依然不放過 G 先生，她跟 G 先生談好條件要他寫遺囑註明他去世後，他的住家以及所遺留的財物全部由她繼承，他去世時，每月得固定給她五仟元臺幣，她每月來他家跟他陪睡三次。這三次不是陪他整夜，只是陪他做愛，做完就走。G 先生常常跟朋友講，別看我九十有餘的年紀，我一個月需要做三次，平均十天做一次。

H 女每月要五仟元臺幣，對於每月只領一萬三仟五佰元生活津貼的 G 先生實在是一筆很大的開銷，怎麼辦呢？他只好節衣縮食來支付 H 女這筆錢。他為了節省水費，特別在他的住處挖了一個深孔，抽地下水使用，由於地下水含砷，G先生長期飲用地下水，在他九十六歲這年，他罹患膽結石積水，他去醫院抽膽囊裡的水時不幸猝死，結束了他孤獨、貧寒又受 H 女掌控的一生。

六三、她編故事企圖享受老長官的半俸

中校官階退休的L先生在公元二年已是九旬的耄耋老人。近年來，他耳沉，身體機能逐漸衰弱。他太太去世多年。他跟兒子、媳婦同住一棟3層樓樓房。前幾年，經朋友介紹，他娶了一位大陸豫籍女子照顧他的飲食起居。在日常生活中，L先生的兒子、媳婦跟L先生所娶的大陸老婆之間有摩擦，經常爭吵，鬧得家庭不得安寧。一慣息事寧人的L先生沒有辦法解決家庭爭端，他只好跟大陸老婆離婚。

L先生有一位同袍去大陸娶了一位湘籍女子。因同袍是L先生的下屬，他常常帶大陸老婆來L先生家看望長官。當湘女知道L先生是中校官階退休時，就在心裡覬覦L先生的半俸。臺灣政策規定，拿終身俸的老榮民一旦去世，他的眷屬每月可領老榮民終身俸的一半作為撫恤金。湘女的老公雖有房產、有存款可是他屬於老兵退伍每月領一萬三千伍佰元的生活津貼，他去世後，他老婆沒有半俸可領。有一天，湘女老公突然中風。湘女老公害怕他出意外，他便對香女承諾，他如果去世，他所有的財產全部由湘女繼承。

湘女對她老公的承諾並不滿足，她一心覬覦L先生的半俸。她哀求老公跟她假離婚，然後她跟L先生結婚。她亦對老公承諾，如果他跟L先生結了婚，她每天會抽時間回來照顧他。一個中風需要人照顧的老人沒有辦法也沒有能力拒絕湘女的要求。於是，湘女每天去L先生家，她還編好一個故事說服L先生跟他結婚。有一天，湘女去L生家，他煞有介事的對L先生說：「嗨！昨晚我做了一個夢。我在夢裡見到您的原配太太。她拜託我說：『現在我老公身體不好，不但耳背，連走路也走不穩。我看你比較適合照顧我老公。你一定要想辦法嫁給他。我在天上會保佑你健康長壽。』最後你太太還雙手合十的感謝我。」

L 先生將湘女對他所描述的夢境講給前來看望他的同袍們聽。同袍們一聽，就知道那個女人編故事讓 L 先生跟他結婚。但是他們件 L 先生很相信那個女人的樣子，也就將他們的看法悶在心裡不說出來。

之後，湘女每天待 L 先生的兒媳婦夫婦倆出門上班後，就按時來到 L 先生家糾纏他，甚至拉 L 先生上床。雖然 L 先生很正派，卻也抵不著湘女的獻媚和誘惑。L 先生在湘女百般的糾纏下跟她辦理了結婚手續。過沒多久，L 先生壽終正寢。臺灣政策規定老榮民去世後，其妻享有老榮民的半俸，必須由老榮民的子女簽字同意。L 先生的子女們認為湘女只是個「半路殺出來的程咬金。」他不夠資格享受父親的半俸，因此拒絕替她簽字。湘女蓄謀已久、費盡心機想得到 L 先生的半俸，到頭來只是「竹籃子打水一場空。」她只有乖乖回到他中風老公身邊。

六四、她嫁臺十餘載到頭來哀苦纏身

公元二〇〇〇年，大陸一位六旬湘女經同鄉介紹嫁給臺灣八旬老榮民。湘女鄉音很重，文化程度低，在語言複雜的臺灣地區，她很難融入社會，也很少跟人家交流。她只是一心一意照顧年邁多病的老公。十餘年之後，湘女已七旬，她老公因病去世。照道理她照顧老公十餘年沒有功勞也有苦勞。可是，她老公的子女們卻不論她有什麼勞苦，竟翻臉不認人，他們拒絕在撫恤金－由政府每月給老榮民遺眷的半俸同意書上簽字。子女們不簽字，湘女領不到老公的半俸，又被老公的子女們掃地出門。她連安身之處也沒有。可憐的七旬湘女為了生存，她只好四處打零工。她借住在同樣嫁來臺灣的同鄉女子家裡。她唯一能值錢的東西就是跟老公結婚時，老公送給他的幾樣金飾。

湘女在同鄉女子家沒住多久，她發現放在旅行包裡的金飾無影無蹤。她對同鄉女子說她的金飾突然不見了。同鄉女子說她不知道，從來沒見過她的什麼金飾。在湘女再三、再四的訴說下，同鄉女子依然不承認她拿她的金飾。之後，她勉強說湘女喜歡什麼樣的金飾她去買給她。湘女只有無奈地搬離這個趁火打劫，沒有道德、沒有憐憫心的無恥女人的住處。

後來，有人替湘女介紹一位臺灣當地的閩南籍老公跟她同居。閩南先生已八旬，身體很結實。他每天凌晨 3 點起床賣早點做生意。湘女既然跟他同居也就陪他早起床幫他做生意。晚上湘女還得應付閩南先生如狼似虎的性需求。閩南先生每月給湘女 1 萬元臺幣。湘女年老力衰，精神不繼，她很想離開閩南先生。閩南先生的兒女們苦勸湘女留下來，並承諾她如果有病，他們會送她就醫，還會照顧她的飲食起居。湘女考慮她命途多舛，無處安身，只好留下來咬牙苦撐。這位閩南先生還有同性戀的癖好，他時常找男人陪他做那事。可見w他的性慾簡直超越他的年齡層。

湘女為讓她的心情得到暫時的舒緩，她向閩南先生要求回大陸探親。湘女的命苦到連自己的大陸子女都沒出息，混到連工作也沒用。如果她的子女有出息，她完全可以回故鄉頤養天年。這次，她回到大陸故鄉後，將她在臺灣所受的委屈和苦難一五一十的傾吐給她女兒聽。可是離過婚又沒有體貼心的女兒，不但不體恤母親的苦楚，她反倒將母親所愛的所受的悲慘遭遇當新聞是的在故鄉傳揚。許多知道的親戚朋友都來找湘女證實她在臺灣是否有真有這回事。使湘女從此無顏再回故鄉。

六五、她嫁臺照顧兩任病夫累到病痛纏身

大陸湘女四十餘歲，她於公元二十世紀九十年代初期，經大陸鄰居介紹嫁給臺灣本地移位年逾半百的 T 先生。相親時，T 先生見湘女身材矮小，貌不驚人。但她樸實、憨厚的外表卻深深打動身材魁梧、容顏帥氣的 T 先生。他們很快辦理了結婚手續。湘女來到臺灣感覺 T 先生夫權至上的意識嚴重。家庭瑣事以及他個人行動必須聽從 T 先生的支配。T 先生絕對不許湘女去外面打工。湘女為了賺錢為大陸親人改善生活，就只能在住家門口擺個小攤，炸點小食品，賺點小錢。

有一天，湘女又做家事又做生意感覺很累。她當晚未配合 T 先生做愛。這下惹惱了 T 先生，他大發雷霆、大聲叫罵，還亂摔亂砸東西。湘女覺得很委屈，一次沒遷就他，他就如此欺負人。她忙收拾自己的衣物準備回大陸去。這時候，T 先生也感覺自己太過分。他忙跪在湘女面前承認自己錯了。湘女也就原諒了他。湘女跟 T 先生結婚不到十年，T 先生不幸罹患癌症住院治療。湘女全心全意的在醫院陪伴他，盡心盡力地照顧他。晚上治療時，湘女一直不眠不休地替他擦洗，伺候她吃營養品讓他能抵抗病魔。T 先生前妻所生的兒女們到醫院探望他們的父親時。看到湘女的身體勞累成羸弱的樣子都很感動。他們主動要求留下來替湘女換班照顧父親。T 先生為疼愛兒女們讓他們受累，他直說不要耽誤他們的工作，堅持要他們回到各自的工作崗位。可憐湘女在吃不好睡不好又沒人接替下硬撐了 2 個月，直到 T 先生疾終正寢。

湘女在臺灣的第一任丈夫去世後。她租房子居住，到處打工。

她在打工中認識了一位老榮民。這位老榮民見她打工辛苦便勸她找一位老榮民結婚生活比較有保障。這位老榮民還好心的教導她說：「你要嫁給老榮民，應該挑選具備四個優越條件的老榮民。第一，要有房子。第二，要有終身俸。第三，要單身無子女。第四，要有存款。」

湘女說：「我不知道哪裡找有這四個條件的老榮民。」

那位老榮民熱心的說：「好吧，我幫你找。」

於是，老榮民在他同袍中四下裡打聽具備這四個條件的老榮民。俗話說：「功夫不負苦心人。」經過一段時間的查訪，他終於幫湘女找到一位具備這四個優越條件的老榮民尺先生。七旬的R先生跟五旬的湘女見面後，湘女樸實、本分的性情使他非常滿意、他們僅見了幾次面就在臺灣辦理結婚手續。R先生之前曾結過兩次婚。他的前任妻子花了他不少錢。跟湘女結婚後他把錢抓得很緊。湘女也不向他要錢。過沒多久，R先生卻主動給錢湘女。他們結婚十多年來，感情融洽，相敬如賓。誰知好景不常，R先生八旬時因罹患肝病住進了醫院。他在醫院一住就是四個月之久。瘦弱的湘女沒日沒夜地守護在他身邊。R先生不願輸液，他時常把輸液針頭拔掉。醫護人員為了控制和治療他的病情不得已用繩子捆綁她的雙手。有一次，趁醫護人員不在病床時，R先乞求湘女說：「老婆，我很難受，你把我手上的繩子解開。

湘女說：「那，你千萬不要拔針頭。」

R先生說：「好，我不拔針頭。」

當湘女剛替R先生解開她手上的繩子，R先生就立即把針頭拔掉。湘女急忙去找護士。護士小姐又重新替R先生打針，還替他捆綁著雙手。護士小姐對湘女叮嚀說：「你老公病情嚴重，你千萬不要再替他解開手上的繩子。」

對待這種病患醫的病人，護士小姐很辛苦。作為老婆的湘女更辛苦。她晝夜連喘息的機會都沒有。她晚上不但不能睡覺還得時常給 R 先生餵藥、餵水、餵牛奶等。四個月後，湘女的第二任丈夫亦疾終正寢。從此湘女自己也跟醫院結下「不解之緣」她為照顧病夫，飲食不正常罹患了脾胃病，每天拉肚子，甚至一天拉四、五次；她為照顧病夫，晚上不能入眠而罹患精神衰弱，每天吃安眠藥也只能睡三小時；她為照顧病夫還罹患氣管炎。如今，她已進入老年階段，身體骨瘦如柴。整日間去醫院治療病痛永無寧日。不過，她時常樂觀地跟朋友說：「我的病病全是我的命造成的。我只能聽天由命！」

六六、她欺侮老公無能卻受情夫羞辱

三十八歲的大陸N女在兩岸「婚姻朝」中嫁給七十五歲的老榮民R先生長N女三十七歲的R先生盡心竭力地待N女。他把自己所有積蓄全部給N女拿到大陸家鄉。她依然不滿足，還不斷找R先生要錢。她的酒量驚人，時常一次要喝一整瓶酒。她還藉酒裝瘋得大罵R先生。她跟R先生做愛時不耐煩地責備、鄙視他「哼，你一上去就沒有了。」

R先生無可奈何地說：「我年紀大了怎麼辦？」

N女氣憤地罵道：「沒用的老東西！你為什麼要我要找我這麼年輕的老婆？」

N女時常找R先生要錢寄回大陸。可憐的R先生每月僅領一萬三仟伍佰元臺幣的生活津貼。他在外面打工多年的積蓄已經全部給了N女。N女再要錢時，老態龍鍾的R先生一方面找朋友借錢，一方面晝夜在外面做清潔工賺錢給她寄回大陸。

N女在一家麵店打工，沒幾天就當上麵店老闆的情婦。有朋友背地裡奚落N女：「她這下可好了，她既可得到老闆的陪睡錢，又可以滿足他自己的性需求。」

之後N女在麵店跟一位來店消費的臺灣閩南籍四十餘歲當某公司經理的男人搭訕。她主動找這位閩南男人要手機號碼。她很快勾搭上他，並跟他陪睡。這位閩南男子很坦率的對N女說：「我們臺灣男人都很壞，一旦跟這個女人上了床，這個女人就不值錢了！」

N 女根本不懂臺灣男人的心態。剛開始，她還裝大方，閩南男人跟她睡完覺後給她二仟元臺幣，她進推遲不收。而後，她對閩南男人產生了真感情。當閩南男人對 N 女說他老婆很漂亮、很能幹、是他們總公司的經理。N 女噘者嘴擺出一副忌妒的樣子。見她嫉妒，這男人更不把她當回事。有一次，閩南男人請他的兩位朋友和N女一起去卡拉OK唱歌。N女跟閩南男人的朋友初次見面，她就找他們借手機打到大陸跟家人談家常。那位借手機給 N 女的男子見她打國際長途家常，而且談很久。他藉故推辭說：「我這手機是找朋友借的。」N 女竟毫無愧疚的繼續拿著人家的手機談家常。在場的人議論說：「哼，這女人很無知，真是太沒檔次了。」

閩南男人請朋友們吃飯花了二千多元，還得付唱歌費。N 女公然找閩南男子要一仟元，說是要搭車回家。閩南男人將口袋裡僅剩的幾佰元零錢全部掏出來給她。N 女嫌少，一氣之下，將幾佰元錢扔在地上，還當場大哭大鬧。她哭鬧的原因認為自己跟閩南男人上了床，他對她居然還這麼小氣。恰恰相反，閩南男人曾經對她表示過：「上了床的女人最不值錢。」或許他沒聽清楚他的意思。

閩南男人見 N 女胡鬧，頓時對她露出厭惡的神情。N 女食堂在朋友面前，將閩南男跟她老態龍鍾的老公相比較。她認為他們有天壤之別。一個風燭殘年、床第遲鈍；一個風度翩翩，床第勇猛、強勁。N 女見到年輕情夫就心蕩神迷、精神亢奮。有一次，N 女撲倒在閩南男人懷抱裡，她的心醉了；情亦醉了。她像一頭發情的母豬，抑制不住自己的行為，瘋狂的親吻他、咬他、擰他。使閩南男人胸膛上、胳膊上青一塊、紫一塊。他生氣的說：「你幹嘛對我這麼衝動？我晚上回去跟我老婆做愛，讓他看到我渾身傷痕累累，我該怎麼向他交代？」

N女信心滿滿的說：「怕什麼？大不了離婚，不是還有我嗎？」

「你？哈……」閩南男人心底裡笑出來說：「你算哪根蔥啊？一個無知無知識的蕩婦……大陸妹！一個男人的玩物……洩慾的工具！我老婆是企業界堂堂的女強人！你還真不知天高地厚！」從此他遠離她，她就重新尋覓新的目標。

六七、她做看護的愛心感人肺腑

公園 21 世紀二〇一六年五旬的 S 小姐做看護工作已八年。她在臺灣出生，她的原籍在大陸江蘇省。她身材標準、容貌清秀、談吐平易近人。這年，她在一所大型醫院照顧一位插有鼻管的八旬老先生。她對老先生頗有愛心。八旬老先生住四人病房，S 小姐每天二十四小時照顧他。老先生時常鼾聲如雷，在他病痛時其哀鳴聲不絕於耳。S 小姐為降低老先生的痛苦，也為不影響同病房病人的休息，S 小姐不停地替老先生拍背、按摩、打熱水替老先生全身擦洗，以增加它的血液循環。有時候，老先生在半夜裡呼吸不暢，他的咳嗽聲、歎息聲、呼嚕、呼嚕的喘息聲，吵得同病房的病人及看護不能入眠。這時候，剛躺下來休息的 S 小姐急忙起身用抽痰器老先生抽喉部的痰液。抽出痰液後，老先生的痛苦緩解了方才安靜入眠。同病房的病人亦從心裡感激 S 小姐的辛勞。這位八旬老先生雖然病魔纏，身不能言語，但在他的眼神裡卻透露出對 S 小姐感激之意。八旬老先生日夜臥床不起，不能自由活動，為能緩解他的病痛及寂寞，S 小姐時常在白天放低音量的音樂給老先生聽。她每天按時將牛奶灌入老先生的鼻管裡，使老先生沒有飢餓感。她還時常替她換紙尿褲清理大小便。雖然他很辛苦，卻跟眼前來探望老先生的子女們談笑風生。將快樂傳遞給臥病在床的老先生耳裡。S 小姐每天盡心盡力的照顧老先生吃喝拉撒，使老先生過的舒適而有尊嚴。

之後，這位八旬插鼻管老先生病情穩定，醫生批準他出院休養。S 小姐的康復表現在這所醫院頗具名氣。當病人及家屬們知道

S 小姐對八旬老先生的康復工作已結束時，許多病人或病人的家屬們爭先恐後的要聘請 S 小姐做看護。有一位老先生跟八旬插鼻管老先生同住一間病房。這位老先生在住院期間耳聞目睹 S 小姐盡心盡力照顧八旬老先生的情形。他既敬佩又關心地對 S 小姐說：「昨天夜裡，我聽到你幫他鼻管的老先生抽痰，你簡直太辛苦了。你賺這種錢真不容易！我看你還年輕，你應該趁年輕，再找一份較輕鬆的工作賺錢。」

S 小姐笑了笑說：「做看護辛苦是很辛苦，不過習慣就好。只要病人能早日康復，我辛苦一點沒關係。」

六八、他們的歡樂被癌魔毀棄

公元二十一世紀初，在綠樹成蔭、鳥語花香的臺灣市級公園的一處涼亭裡，每天有數十位愛好唱歌和跳舞的六旬至八旬的老先生、老太太，以及從大陸嫁來臺灣的女子們。他們從工作崗位退休後，自願聚集在公園涼亭裡，放聲歌唱公元二十世紀二、三十年代的老歌曲。他們閒情逸致地為歡樂、為健康增加肺活量。來的較早的人，先在公園露天舞場跳交際舞。其中一位八旬老榮民Z先生，每天揹著小提琴來到涼亭拉小提琴替大家伴奏。他老當益壯，拉小提琴伴奏時不看歌譜。你唱什麼歌，他拉什麼歌。人們稱它為電腦，腦裡面裝備著唱不盡的歌曲。Z先生拉的曲調優美動聽，增進了唱歌者的興趣。Z先生亦喜歡跳交際舞。他嫻熟的舞姿贏得眾多小姐的青睞。大家紛紛請求他當他的老師教他們跳舞。Z先生亦樂意教他們。Z先生每天清晨六點鐘來到公園露天跳舞場。他耐心、耐煩地教那些女子跳舞。Z先生一輩子未婚，他的一位長官臨終時託付他照顧他年輕的妻子。長官的妻子便成為Z先生的女朋友。這位女朋友愛耍賴，也很霸道。她自己可以跟任何男人交往，卻不准Z先生教女子跳舞。她還罵跟Z先生跳舞的女子們不要臉。甚至揚言要打人家，使熱心教女子跳舞的Z先生非常困擾。他想跟這位女朋友斷絕交往，又覺得對不起長官所托而作罷。

在公園涼亭唱歌愛好者裡，有一位，六十餘歲從部隊退休的上校先生。他神態嚴謹、身體健壯，大家以為他是中年人，根本看不出他已邁入老年。他唱歌時歌聲嘹亮、氣度不凡，大家一致推薦他唱歌班班長。每天唱歌時由他領唱，大家跟著他唱。在他的帶動下，公園涼亭裡的唱歌幫更充滿朝氣。

俗話說：「天下沒有不散的筵席」，正當涼亭唱歌班如日中天時，拉小提琴伴奏的Z先生卻因胃癌不幸猝逝。歌唱著門正陷入悲傷之時，又傳來上校班長亦因癌症驟逝，享年六十九歲。所有唱歌班的人宛如晴天霹靂，他們不相信身體如此健壯健壯的唱歌班班長會突然去世。有了解他的人說，唱歌班班長從小就喜歡吃燒餅包油條，是燒餅包油條對他造的孽。唱歌者中有一位女士，曾經在燒餅包油條的早餐店工作，她證實這燒餅包油條的致哀風險特別高。因為她親眼看見油條裡加明矾，油條才會炸的酥脆爽口，這明矾就是致癌物。再加上早餐店將炸過油條的油和做燒餅的麵糰裡，使燒餅酥脆可口，這樣更增添了致癌風險。因唱歌班長從小到大吃了數年的燒餅包油條，導致他罹患癌症。

在公園涼亭裡唱歌班裡，因兩位主角驟然離世，使歡樂的唱歌班從此蕭條。昔日唱歌愛好者只有在心裡永遠懷念為他們帶來歡樂的兩位先生，願他們在天之靈永遠快樂！

六九、他人醜時運佳總有美女嫁給他

在公元二十世紀九十年代，皖籍老榮民要去大陸家鄉娶老婆。他個子矮、手短、腿短；一張扁臉上生一對細小的眼睛；他不但沒有鼻樑，那鼻樑的位置還往肉裡凹陷成一道印痕，整體看上去只見兩個皺而小的鼻孔；鼻孔下的嘴，宛似在他皮肉上劃開的一道印痕，完全不見嘴唇。凡是初次見到他的人，有的說：「好恐怖！」

有的說：「看到他簡直連飯也吃不下去！」

他的家鄉是安徽省的一處鄉村。當他回家鄉對親戚朋友們表明他回家鄉是來娶老婆的。聽說臺灣人要在家鄉相親，一下子轟動整個鄉村。馬上有人替他介紹一位在縣城當服裝模特兒的漂亮小姐。女方家長提出要她在縣城裡替女兒買一棟房子，他沒有經濟實力而作罷。接著又有人替他介紹一位二十八歲有 3 個孩子的女人，他長這位女子三十四歲。這女子不不提也不要任何條件，皖籍先生很快就跟她辦理結婚手續。

這皖女長相不錯，她嫁到臺灣後卻以賣淫為業。她身上別只大哥大，嫖客隨叫她隨到。她經常去公園人流多的地方拉客。她在人面前擺出一副玩事不恭的輕狂模樣。嘴裡叼一支香煙，抽完煙又咬檳榔，她嘴唇的一圈全是血紅的檳榔汁活像電影裡吸血鬼的模樣，令人不堪入目。有人看不慣皖女的作為，便直率的對皖女先生說：「你老婆好像在外面『拉客 』。」

皖籍先生無所謂地說：「我不管她在外面幹什麼，只要她每天回來陪我睡覺就好了。」他這種似乎贊同他老婆在外面賺骯髒錢的心態，使皖女更加肆無忌憚地在外面賣淫。皖女在臺灣滿八年，她領到臺灣身分證後，她找到一位比皖籍先生官階高的老榮民。她馬上跟皖籍先生離婚，然後跟那位高官階的老榮民結婚。皖女的目的是待那位高官階的老榮民去世後。她每月可領到他比較多的半俸。

皖籍先生根本不在乎皖女跟他離婚。他曾經對朋友吹噓說：「我在大陸閉著眼睛就可以撈個年輕漂亮的老婆！」他邊說邊做手勢。

皖籍先生真的以最快的速度找到一位二十八歲的未婚湘女。這位湘女不但有中專文憑人也長的比皖女漂亮。皖籍先生長湘女四十五歲。湘女跟皖籍先生結婚不久就生下一個男孩。街坊鄰居背後議論說：「這小嬰兒很漂亮絕對不是皖籍先生的『種』。」

有幾位認識皖籍先生的女子，好奇地去皖籍先生家看他新娶的美嬌娘。大家在牆上看到她倆的結婚照，結婚照上皖籍先生的一張臉既醜陋又皺巴巴的，那湘女大大的眼睛，直挺的鼻樑，小巧紅潤的嘴十分秀麗。一醜一美拼湊在一起令人感覺是真實的「一朵鮮花插在牛糞上。」

他們有人想像說：「他們的洞房之夜，就宛如一個老魔鬼在糟蹋一個美麗稚嫩的酮體。」

八年後，湘女領到臺灣身分證，她馬上跟皖籍先生離婚，他牽著兒子離開皖籍先生的家，結束了這場窩囊婚姻。

皖籍先生對離婚習以為常。他經人介紹又去四川農村娶到一個更年輕更漂亮的川女。他長川女五十餘歲。他結婚沒多久就住進臺灣眷村改建所分配的新大樓。他有新娘子又有新房子，真可謂鴻運亨通。他這次是他人生中的第四次婚姻。他第一次婚姻娶的是臺灣本地人，他老婆還生了一個女兒。這次，她女兒見她住在一百多平方公尺的新樓房裡。便有要求他給她一間小房間。讓她跟父親住在一起。可是，皖籍先生害怕女兒干預妨礙他享受美妻和享受他的美好人生，他斷然拒絕他女兒的請求。

雖然川女既年輕又漂亮，皖籍先生卻以要寄錢給他兒子讀書為由，常常在生活上干預川女的自由，哪怕大熱天也不準穿女開空調。川女一慣喜歡把自己打扮成「辣妹」的樣子，他也不給她錢買新式樣的衣服，更不讓她買高檔的化妝品。他妻子受不了他的管東管西。可是。在她沒領到臺灣身分證之前。他在怎麼不自由、不對勁也翻不出他這「如來佛的手掌心。」

在大陸經濟不斷發展的現實中，皖籍先生的時運一定會急轉直下。因為，在公元二十世紀九十年代初，凡是去大陸相親的臺灣人，不論人品、年齡、貧富等，大陸女子一律全收。也就在那時候，以及之後的一段時間裡，皖籍先生既醜陋又沒有經濟實力，他卻在大陸娶的老婆一次比一次年輕、一次比一次漂亮。那是，因為蔣經國先生在臺灣搞十大建設打下經濟基礎，使臺灣經濟起飛，才使大陸女子都嚮往臺灣。所以皖籍先生是沾臺灣經濟的光。在當前臺灣政策嫁到臺灣的大陸女子領身分證的時間由八年縮短為六年。如果皖籍先生川女老婆一旦領到臺灣身分證而跟他離婚，那麼他的時運今非昔比，他絕對再也娶不到大陸老婆，他就只能當一個無人問津的孤獨老人。

七十、他在臺婚姻不遂娶大陸妻子卻是騙局

A 先生是一位老實巴交的老榮民。他命途多舛，在臺灣成家後，老婆生下兩個孩子，最小的孩子才一歲時，她就跟男人私奔了。為了養家活口，A 先生在街頭巷尾叫賣臭豆腐。到吃飯時候，他趕緊收拾做生意的用具回家做飯給孩子們吃。他回到家只見兩個孩子在地面上尿尿裡打滾，甚至還抓尿尿吃，看到這般淒楚情境，他邊流眼淚邊替孩子們清洗。他好不容易將孩子拉拔長大。

在兩岸「婚姻潮」時期，A 先生已七旬。許多嫁到臺灣眷村的大陸女子都爭先恐後替 A 先生介紹大陸女子。她們勸 A 先生:「您這麼大年紀娶一位年輕老婆作伴該有多幸福！」在大陸女子的勸誘下，A 先生去大陸娶到一位 40 餘歲長相清秀、身材適中的 H 女。因 A 先生過去做了數年的小生意還有存款。為娶 H 女他花費上佰萬臺幣。A 先生萬萬沒料到，H 女來臺灣的第一天就跟她分房就寢寢，有一天，夜半三更，A 先生躺在床上思緒萬千、輾轉反側不能入眠。他越想越覺得不對勁。剛結婚的夫妻怎麼不能睡在一起呢？他起床要跟 H 女談談。當他輕輕敲 H 女房門時，H 女忙起床佯裝上衛生間，而躲進衛生間裡。A 先生見她有意迴避也就作罷。A 先生回到自己房間躺在床上，暗暗流淚。H 女跟朋友說：「我見到她就噁心想吐，我是為了還債才嫁給他的。再說我不喜歡跟年紀大的老頭做那種事。」

儘管 H 女不跟 A 先生同床，A 先生依然善待她。他為了感動她，每天替她做好熱騰騰香噴噴的四菜一湯。例如：紅燒牛肉、煎魚、兩種炒青菜、一碗肉絲蛋湯。H 女每天毫無愧疚的吃這些

現成的菜飯，她對 A 先生卻沒有一絲感激之情。有一次，A 先生的朋友來訪時，問題 H 女的表現。A 先生很委屈，他噙著眼淚哽咽道：「我跟她結婚這麼久，她卻從未跟我同過床。」

A 先生的朋友錯愕的說：「啊！」一聲，卻本著「勸和不勸離」的古訓，欲言又止。

H 女時常騙 A 先生說她去外面打工。實際上她到一家麵店上了幾天班就當麵店老闆的情婦。她還跟一位開轎車來店麵消費的顧客當情人。那位開轎車的男人只長 H 女一歲。兩人一見鍾情，轎車男時常在 H 女周遊全臺灣，還大她住高級賓館。H 女時常對朋友抱怨說：「我那男朋友只供我吃喝玩樂，並未給我錢我過生日，他只給我伍仟元臺幣。」

有一年，H 女過五十歲生日。她約了她上班的麵店老闆，也就是 H 女的情夫。還約了老闆的另一位年輕情婦 C 女以及 C 女的老公。她還約她自己的老公 A 先生及一位朋友，共六人。在餐館包了一桌慶生酒席，這慶生酒席完全是一場鬧劇。在酒席中，麵店老闆和情婦 C 女以及 C 女老公 3 人賭酒，規定誰喝輸了就由誰付酒席錢。他們三人你一杯、我一杯很快喝完一瓶酒精濃度高的高粱酒。最後，麵店老闆喝醉了。他去買了一次單，又接著喝。這麵店老闆張當著 C 女老公的面給 C 女二仟元台幣。也許是酒精讓麵店老闆對自己害 C 女老公「戴綠帽」感到愧疚。他竟然在酒席上抱著 C 女老公親吻。大家見麵店老闆失態忙拉開他。他又第 2 次抱著情婦的老公親吻。這位麵店老闆不知是真喝醉，還是假喝醉。他吻完 C 女老公後，又鄭重其事地從口袋掏出一個精緻的包裝盒，從包裝盒裡拿出一枚鑲有紅寶石的金戒指送給 H 女。此刻，

C 女妒火中燒，半響不說話，她對坐在一旁的女朋友嘀咕：「我每星期伺候老闆 4 次，老闆一個月才給我 1 萬臺幣。她（指 C 女）一個月才跟老闆陪睡一、兩次，老闆不但每月替她繳 1000 多元的手機費，她每年過生日還替她包酒席、送禮物。老闆對我太不公平了。」

這時，麵店老闆伸手摸 C 女胸部時，在眾目睽睽之下，C 女忙躲開他。這老闆當即發脾氣，他猛拍一下桌子起身要離開餐館。C 女也忙起身拉著她、安撫他，他方才坐下來。之後，他們將話題轉移到老實巴交的 A 先生身上。這是 H 女事先跟老闆情夫商量好的正題。H 女的情夫以老闆的架勢，煞有介事的對 A 先生說：「老哥，你要多給些錢你的年輕老婆，讓它好存錢去大陸家鄉買房子。」

接著，C 女老公在 C 女暗中慫恿下亦對 A 先生說：「A 先生，我們都是老榮民，而且都是娶的大陸年輕老婆。我說句公道話，你應該替你老婆在大陸買一套房子，而後，你跟你老婆去大陸也有自己的房子住麻！」

H 女從未跟 A 先生同床，竟還有臉糾集情夫和「戴綠帽」的 C 女老公共同逼迫這位可憐的有名無實的老公 A 先生替她在大陸買房子。在這鬧劇中，A 先生始終不發一語。也許，他後悔不該參加被 H 女所設計的逼迫他替她買房子的所謂慶生宴。

A 先生跟 H 女結婚五年來，連碰也沒碰過 H 女的身體。這種婚姻完全是一場騙局。對 A 先生而言亦是一場惡夢。之後，A 先生忍無可忍地向法院訴請離婚。他真是一位待人寬厚的好先生，他跟 H 女離婚時還主動給他二十萬臺幣。

七一、少妻跪求老夫饒恕

大陸貧困地區有一位中年 B 女嫁給長她三十餘歲的老榮民。B 女來到臺灣後，四處打工賺錢。她要寄錢到大陸，培養她的孩子讀書，還替父母交醫藥費。她嫁的這位老榮民卻沒有錢幫助她。就是有錢，他也要為他自己的子女留遺產，為日後臨終時分給子女，給子女留下紀念。

經人介紹 B 女在一個社區照顧一位臥病在床的老太太。她白天去照顧老太太，晚上回家幫老公做家事。B 女老公還特別去社區了解 B 女的工作環境。有一天，B 女推著輪椅上的老太太在社區活動場地走，好讓病人透透空氣。一個跟 B 女相仿年紀的男人主動跟 B 女搭訕。他說他住在這社區裡，並要求跟 B 女交朋友。B 女的容貌不算美，可是她身材苗條、五官端正。臺灣的中年男人甚至老年男人都喜歡找大陸女子交朋友。一是大陸女子比較聽話，二是有些大陸女子好吃懶做，喜歡風騷、勾引男人，甚至做男人的情婦。因此，許多臺灣男人對大陸女子有機可乘。

社區的那個男人時常找 B 女聊天，有時候還對 B 女動手動腳。B 女卻以微笑帶她，並不拒絕他。她想多一個朋友多一條路，說不定遇到什麼事還需要請他幫忙。有一天，B 女推著輪椅上的老太太在前面走。社區男人卻把手伸到 B 女腰部摟著她的腰身走。這時候，B 女老公到社區探望 B 女。很顯然，他不放心年輕老婆在外面工作。他從側面一眼看到那男人對 B 女的親熱鏡頭，他氣得掉頭就往家裡走。當時 B 女並未覺察到她老公來社區探視她，B 女下班時間到了，她將老太太交代給老太太下班回家的子女接手照顧。

B 女回到家裡她老公對她拍桌、打椅的大發雷霆，他大 B 女：「你給我滾出去！你這不要臉的女人在外面偷人！明天，你把你的證件拿著，我要跟你去辦離婚！」

B 女嚇得渾身顫抖，她想打她、罵她，她都可以接受唯獨就是害怕離婚，她知道臺灣沒有身分證的大陸女子，離了婚就得回大陸。那麼，她的孩子、她的父母該怎麼辦？她是他們唯一的依靠。如果他們沒有她在臺灣賺錢他們又該如何生存下去呢？她越想越害怕？隨後，「咕咚」一聲 B 女跪在老先生面前磁磚地上哭著說：「對不起！老公，我對不起你！是那個男人一直糾纏我，我跟他沒有任何關係！」

一位年輕女子向一位能當她父親的老公跪地求饒，哪怕是鐵石心腸的人也會軟化，也會饒恕。再說老先生也要考慮他自己的利益，這個俯首認罪的女子從此可以使他在這個家庭裡佔上風，可以陪伴他、伺候他，甚至陪他睡覺，他又何樂不為呢？最後，他原諒了她。

從此，B 女一方面外出打工賺錢，寄錢回大陸幫家人；一方面則精心照顧她老丈夫，她再也不敢越雷池一步。

七二、他大義凜然反使欺負她的人難堪

K 女在大陸是坐辦公室的公務員，誰知嫁到他鄉臺灣，嫁給父輩年紀的老公卻過著節衣縮食的生活。她不願意依賴他人生活，她四下托人替她介紹工作。一位旅行社的小姐介紹 K 女到南部的一個市場裡的肉丸店上班。其工作時間為清晨五點到下午一點，月薪為一萬五仟元臺幣。

K 女每天準時到肉丸店時，肉丸店裡正在播放佛教地藏經音樂。店裡的老闆娘及她的一位親戚正站在觀世音菩薩的神位前上香、作揖、祭祀，老闆娘見 K 女來了忙向她交代所要做的事。K 女雖然在大陸坐辦公室，又對臺灣的飲食很陌生，可是，當他們將包肉丸的方法教她做一次，她就會做了。而且比他們還包的快，包的好。因為包這肉丸有專用的模子，先將用番薯粉和太白粉（生粉）調和成糊狀的粉漿舀進模子底部；再將調味的肉末填進去；最後用粉漿封口後挖出來放到蒸籠裡煮熟就好了。K 女不但要負責包肉丸，還要站在店門前的蒸鍋旁負責蒸熟肉丸和銷售肉丸。有一天，當 K 女站在蒸鍋旁時，有一位老太太緊盯著她看。而後，老太太靠近他說：「你的相貌好像觀世音菩薩呀！」

K 女笑了笑在心裡想：「如果我是觀世音菩薩就好了，我不但可以就是上人的苦難，同時也可以救來自外鄉的自己。」

從 K 女來到這家肉丸店，店裡的生意漸漸興旺起來。K 女的事情也就多到連轉個身、喝口水的時間也沒有。有一次，她趕著喝口水，沒料到被嗆到，猛咳不止，幾乎要窒息。她想：「賺點錢真不容易。」

店老闆娘什麼事都換 K 女做。有一次，老闆娘用質問的口吻對她說：「湯裡放鹽沒有啊？」

因為煮湯一慣是老闆娘的事。放多少水、放多少份量的鹽都由她自己掌握，當 K 女聽到老闆娘問她放鹽的事，她納悶地說：「我不知道這湯裡該放多少鹽！」

在這無端命令或指揮的言語裡，K 女看到人的本性。因為只要有一點芝麻小權的人，就喜歡操弄權力欲或指揮欲。雖然肉丸店老闆娘每天播放佛經音樂，然而她心地並不善良。K 女辛辛苦苦替肉丸店做了一個月的工作，累得連喘息的時間之機也沒有，替肉丸店增加了好多營業額。然而，這老闆娘竟狠心地只發給 K 女八仟元臺幣。K 女在她一生中就算這個月的勞動量最大，她常常感覺肚子餓。哪怕吃再多做不到兩小時的工作就餓得慌。她深有感觸的想：「難怪勞動人民的食量大，完全因為他們所付出的勞動力大。」

K 女當即對老闆娘說：「當初不是講好說工資一萬五仟元嗎？。」

老闆娘卻扯理由說：「因為你是學徒工。」K 女說：「我那裡是學徒工？我一來就替你們增加營業額。她沉默地想：「剛開始，她們明明知道我是從大陸來的，不可能會做臺灣的這種肉丸。而且當著介紹人的面講好每月壹萬伍仟元。她們明擺著欺負我這大陸人！」K 女越想越氣，她抓起那八仟元二話不說昂首挺胸的走出肉丸店！」

沒過幾天，肉丸店老闆娘不知道是內疚還是見 K 女在她們店不遺餘力的幹活而後悔對她做錯誤的事。她們多次打電話到 K 女家，對他說要把那扣下的 7000 元補給她，還叫她回店裡繼續上班。K 女電話裡回答她們說：「我不做了，你們可以拿扣下我的七仟元再去另外請人吧。」

K 女是一個自尊心極強的人，既然受她們的欺負就不要再去跟他們羞與為伍。在舉目無親的外鄉，她的確非常需要錢。何況那七仟元是被他們無禮扣下的，更是她辛辛苦苦的勞動所得。可是，K 女認為一個人的氣節比錢重要，他卻堅持不去拿那個錢。

這個肉丸店沒多久就倒閉了。冥冥之中彷彿神明在懲罰這位貪心無德的肉丸店老闆娘。

七三、母女共事數男

在公元二十世紀九十年代，大陸五十餘歲的閩籍婦人嫁給臺灣的老榮民。幾年後老榮民去世，她已六旬。經人介紹閩籍婦人嫁給一位臺灣閩籍先生。閩籍先生住在臺灣南部一處鐵路邊山坡地所搭蓋的違章建築的鐵皮屋裡。閩籍婦人索性利用鐵皮屋開辦一間卡拉 OK 室。實際是一處暗娼窯子，陸旬閩籍婦人充當老鴇兼暗娼。她見生意平平，竟利令智昏的申請她已婚的親生女兒以來臺灣探親的名義當暗娼賺錢。

閩籍婦人三十歲的女兒來臺後在她母親的卡拉 OK 室如魚得水，她常常跨坐在來卡拉 OK 室唱歌的陌生男子的雙腿上。在昏暗的旋轉彩燈下跟男人調情。然後，帶男人去她家的暗室裡做性交易。她用這種手法跟數位男人搞性交易，在她來臺僅 3 個月的時間內就撈取六十餘萬臺幣。她在嫁來臺灣而四處打工的大陸女子面前炫耀她的收入，企圖引誘大陸女子來她家卡拉 OK 室做暗娼，她大言不慚地說：「你們真傻！整天像牛一樣幹活，又累又賺不到多少錢，還不如找男人包養你們。」她把羞恥當榮耀，簡直是社會渣滓。

有 2 個男人經常到閩籍婦人的卡拉 OK 室消費，他們還相互交流在卡拉 OK 室跟母女倆性交易的感受。

一個男人說：「那個當母親的比較內行，她女兒不是很靈活。」

另一個男人說：「還是當女兒的比較性感，她身上光溜溜的，女兒的母親該高的地方不高不該高的地方高，她那肚子凸的比奶還大真讓人掃興。」

來臺探親的女兒一方面跟母親配合當暗娼，一方面積極尋找結婚對象，她還跟一些男人短暫同居。她在眾多男的男人中終於尋覓到一位有上千萬臺幣存款的六十餘歲，在遠洋輪船上工作的臺灣先生。她對這位結婚對象十分滿意，她帶著這位臺灣先生去大陸辦理結婚手續時，她首先跟她的大陸丈夫辦理離婚手續。其實她的長相很平常，只是年輕輕佔優勢。他們屬於「老少配」婚姻，那位老先生也樂意娶她。

七四、她在臺灣婚姻不遂最後否極泰來

在公元二十世紀九十年代末嫁，嫁到臺灣的大陸四旬 P 女，容貌秀麗、喜笑顏開的模樣十分惹人喜愛。她老公 Y 先生有陽痿宿疾而導致他性功能障礙，不能過正常性生活。剛開始，他跟年輕漂亮的P女做愛時，他咬牙苦撐了幾次，但總以敗行收場。之後，Y 先生提出要 P 女替他口交。P 女跟朋友們說：「我看到他那黑乎乎、軟棉棉的東西就噁心、恐懼，我實在不能再將那東西放進我嘴裡。」因為七旬的 Y 先生生有長時間不洗澡的習慣，他身上散發出一股腐肉般的酸臭味，更讓 P 女不能接受他的要求。

Y 先生件 P 女不順從他，他馬上翻臉他。把房門鎖上不讓 P 女進去。並對 P 女大聲叫罵，還動手打。有一天，P 女被他打傷，光著腳逃出來。她赤著雙腳在街上邊走邊哭，在朋友的幫助下，她去醫院驗傷。醫護人員也很同情她，她們教 P 女住進了「婦女中途之家」。幾天後，經當地派出所調解，P 女回到 Y 先生家。Y 先生卻依然逼 P 女替他口交。P 女仍不就範。Y 先生又對 P 女強拉硬拽地去律師事務所和戶政事務所辦理離婚手續。因為 Y 先生視大陸女子為「性奴」。他認為大陸有「娶」之不盡，用之不竭的美女供他挑選、享受。他要儘快拋棄 P 女，他好再去大陸去娶新的大陸女子。他不信其他大陸女子也會像 P 女這樣倔強、不順從他。在大街上他抓住 P 女不放。P 女當街痛哭流涕，P 女並不是對他有感情而捨不得離開他，而是因為當時臺灣政策規定尚未取得臺灣身分證的大陸女子，一旦離婚就必須在一個月之內離開臺灣。P 女害怕離開臺灣回大陸面對親人，她對親戚朋友也不好交代。他們會猜測她在臺灣不守本分才被老公休掉。善良的人們那會知道一位長 P 女 30 歲可做父輩的老公怎麼會欺悔、嫌棄一位風韻猶存的年輕女子。（形容中年婦女仍然保留着優美的風姿。）

開始，P 女強忍著悲傷和屈辱不願離婚。可是，P 女見 Y 先生時時刻刻對他橫眉怒目的樣子，她想自殺不想再受他的欺悔。於是，她想到她 7 歲的兒子時時刻刻都在盼望她回家。她離開家鄉的那一刻，她兒子緊緊摟著她的脖子說：「媽媽，你不要走好不好啊？」

P 女哽咽到：「不行！媽媽要去賺錢供你讀書，還要培養你讀大學。媽媽深深知道沒有文化的苦。」P 女兒子說：「媽媽，那你要快點回來呀！」P 女背著兒子暗暗流淚。P 女想到這些忙告誡自己：「不！我不能自殺！我不能丟下兒子呀！」她仰天長嘆、涕零如雨。

P 女屢屢拒絕 Y 先生要她口交的無理要求。Y 先生便一而再再而三逼她離婚。最後，P 女終於橫了心跟他辦理離婚手續。

P 女離婚後在臺灣停留的一個月期間，她的老鄉替他介紹了一位從部隊退役的老榮民。P 女第二任老公住在一處人口稀少的山腳下，他在家的後門空地上養些雞、鴿、羊之類的家禽家畜。周遭有家庭的女人們，看上這些都能給家裡添葷食的動物，而跟老榮民交往。其目的是時常向他要些家禽及蛋類為家人增加營養。有的女人還主動對他投懷送抱、陪他跟他陪睡。他也很滿足那些愛小利的女人送上門跟他打情罵俏。所以他遲遲不考慮娶老婆成家的問題。當介紹人帶著年輕貌美的 P 女去他家時，他卻對 P 女一見鍾情，他們很快辦理了結婚手續。P 女第二任老公以他無兒無女的身份，將P女兒子的戶口以養子的身份遷到臺灣來，使他們母子能在臺灣團聚。這對從災難中走出來的P女的卻是一大幸事。然而，命運好像在跟P女開玩笑，P女的第二任老公同樣患有陽痿的宿疾。不過，這次不是老公逼她替他口交，而是老公喜歡替他口交。第二任老公每天一刻也離不開P女。每天到日落之際，他就迫不及待地替她脫衣服、替她洗澡、抱她上床。然後，從頭到腳地舔她全身，他可以一宿將嘴貼在她陰部，吸吮其分泌物……P女跟第二任老公在一起生活時，感情融洽，只是經濟拮拘。因為第二任老公每個只領13500元的生活津貼，根本負擔不了一家3口的生活津貼費以及P兒子讀書的費用。因此，P女四處打工賺錢養家。他跟第二任老公結婚五年後，八旬的老先生不幸中風史。使P女更辛苦，她每天不但要打工賺錢還要照顧行動不便的老公。她一直對老公不離不棄、耐心、耐煩地照顧老公五年，直到他疾終正寢。

為了培養兒子讀大學，經人介紹騙P嫁給第三任老公。9旬的第三任老公是從是部隊少校官階退休，他長P女三十六歲。他們婚後相互扶持，老公扶持P女兒子讀大學；P女照顧老公的飲食起居。他們在一起和樂融融地過了幾年幸福生活後，老公壽終正寢。P女每月領到老公終身俸的50%。（臺灣稱之為半俸）P女否極泰來，她跟兒子相依為命過著安逸穩定、幸福的生活。

七五、媒婆賺介紹費無所不用其極

臺灣在蔣經國先生領導下搞十大建設的時期，使臺灣經濟躍升為「亞洲四小龍」之首。

之後，在公元一九八七年底，蔣經國先生又開放臺灣人去大陸探親。從而使兩岸婚姻如雨後春筍般地發展起來。凡娶大陸女子的臺灣人一陣風的在大陸替大陸新娘買房子。慣常節衣縮食的貧困大陸女子，一下子擁有新住宅，簡直羨煞了嚮往臺灣的大陸女子。一時間，一些大陸女子四處託親靠友要嫁到臺灣去。有的女子跟大陸丈夫離婚有的甚至假離婚；無論用什麼方法只要能嫁到臺灣就好。

先嫁到臺灣的大陸女子，有的腦筋動得快他們抓住這個致富的機會當媒婆賺介紹費。特別是湘籍大陸女子當媒婆把介紹費拉高到六至八萬元人民幣。她們在臺灣四處打聽單身老榮民和會說國語的臺灣單身閩南人。如果有誰願意娶大陸女子，媒婆就叫她在臺灣辦好單身證明，再要他買 2 張來回飛機票。於是，媒婆就帶著這位單身男子一起去媒婆家鄉。

媒婆回到家鄉，一些嚮往嫁到臺灣的女子都蜂擁而來找媒婆介紹臺灣人。當臺灣男子看重一位大陸女子，媒婆就單獨跟這位女子談條件，要女子先給她八萬人民幣的介紹費，而且不能讓準臺灣老公知道她給媒婆介紹費。因為男女雙方結婚時，男方一定會給媒婆一個紅包。這樣媒婆就可以得到男女雙方的介紹費。

有一位湘籍 C 女經媒婆介紹嫁給一位長他四十餘歲的老榮民。當時媒婆找她要介紹費時，對她採取一一手交錢，一手交人的方法。C 女家裡很窮，為了籌措介紹費，C 女母親向親戚們以及村裡的鄰居們一人借幾仟元或幾佰元人民幣，好不容易才湊足八萬元人民幣。C 女到臺灣後一方面打工，一方面也尋找單身男，采取跟媒婆一樣的方法賺取介紹費環所欠的債務。她跟老鄉們合夥介紹一位單身老榮民跟家鄉女子結婚。於是，C 女分得三萬元人民幣的介紹費，多少可以緩和她的債務壓力。

有的女人當媒婆賺介紹費時，她們把做人的道德準則以及羞恥心全拋到腦後。她們整天流年在台灣的老人活動中心、山上的運動場所以及學校校園（在臺灣所有大、中、小學校園等待學生放學、放假後全面開放給民眾活動。）尋找單身男人。其實媒婆們最喜歡找老榮民。因為老榮民不太挑剔女子的長相，所以成功的機率很高。這天，四十餘歲的 A 女去一所國民小學校園，她看到一位八旬老榮民走路運動完後坐在石凳上休息。A 女忙走過去坐在老榮民對面的石凳上說：「先生，你一個人出來運動呀！怎麼不帶你太太一起出來運動呢？」

「我沒太太，我習慣一個人過日子。」

A 女湊近他說：「您年紀大了，有機會娶個太太照顧您多好，先生，您貴姓？」

「免貴，姓線。」

「線先生，你住哪裡呀。」

「我就住在那山邊上。」他指著對面的山說。

一會兒，線先生看了手錶說：「呦，不早了，我要回家做飯吃了。」

A 女忙起身說：「我去你家看看。」

線先生看了看 A 女說：「你不回家做飯給你老公吃呀？」

「我老公以前開餐館，他做的菜比我做的好吃，所以他喜歡做飯菜。」

線先生往前走，A 女緊跟著他邊走邊說：「我看你比我老公的年紀大，您應該娶太太照顧你。要不然，往後你走不動了，就沒有機會去大陸娶太太了。」

線先生住在一間靠山邊的小平房裡，他拿鑰匙打開門鎖後，對緊跟著他身邊的 A 女說：「你既然來了，就請進去坐一下吧，我家裡很簡單沒什麼好家具，你就將就坐吧。」

A 女坐在一張破舊的藤椅上說：「沒關係，我們家比你家好不了多少。」

A 女起身將線先生拉到藤椅上坐。她去拿旁邊一張塑膠椅子放在線先生身旁。她坐在椅子上緊挨著線先生說：「線先生，我看你一個人太孤單了，萬一你在家裡摔倒了，連扶你起來的人都沒有。我幫你介紹我家鄉的一位很能幹的女子跟你結婚好嗎？」

線先生說：「目前我還沒打算要娶老婆。」

A 女起身雙手拉起線先生說：「我看看你的臥室大不大。」

A 女特別轉身去將大門閂上再拉線先生走進臥房。A 女即倒在床上，同時一把將線先生拉在她身邊躺下，她脫掉自己的褲子，裸著下半身抱著線先生說：「我看你身體壯壯的，一定還會想女人。」她邊說邊幫線先生脫褲子。

線先生受不了 A 女的誘惑，很快就當了她的俘虜。不久，線先生就跟隨A女去她的家鄉娶老婆。A女也如願以償地賺到八萬元人民幣的介紹費。同時也得到線先生給他一個謝媒的紅包。

之後，A女用同樣的手法撮合了數對兩岸婚姻。她用這種卑劣下流的手法賺錢，跟妓女有什麼區別，簡直丟盡嫁到臺灣的所有大陸女子的臉！

七六、她嫁到臺灣天意成爲「夫寶」

大陸一位四十歲的 H 女，面容秀麗，身材苗條。她在大陸的婚姻不順遂，其夫既在外面偷情，又在外面賭博，還揹了一身債。他不但沒錢撫養兒子，還要 H 女替他還債。H 女為了培養兒子讀書，決定跟其夫離婚，從而擺脫了破壞家庭幸福的累贅。

經人介紹，H 女嫁給臺灣一位從部隊退休的老榮民 S 先生，長 H 女三十歲的 S 先生，一直未婚。他跟 H 女結婚後，對 H 女關懷備，使她無意之中成為老公的「寶」，S 先生在各方面對 H 女體貼入微的情形，羨煞了住在他們周遭的婦女，特別是那些嫁到臺灣受父權至上的老公欺侮和虐待的大陸女子，他們知道 H 女成為「夫寶」就是一傳十，十傳百。凡是知道的人都感慨道同樣是大陸嫁到臺灣由於遭遇不同就有天壤之別。

有的說：「H 女命運真好，直過著天堂般的生活。」

有的說：「我跟 H 女比較，我就是在地獄裡過活。」

S 先生不但替 H 女在大陸家鄉買房子，而且還買店面房子，那店面租給人家做生意，使 H 女每月有數仟元人民幣的收入，S 先生還給 H 女培育他兒子讀大學。

在臺灣，H 女在家炒菜時，H 先生忙奪過她手裡的鍋鏟說：「你別弄我來炒菜，你吸到油煙會生病的。」

H 女洗衣服、曬衣服或做家裡衛生時，H 先生一一攔下來說：「你去休息別累壞了身體。」

S 先生怕 H 女在家寂寞，他每天騎機車載她在 H 女去她的同鄉家打麻將，他自己卻回家裡做飯菜、做家事。S 先生為讓 H 女多吃水果保養身體，他十分精細的，分門別類料理水果，例如：葡萄先用鹽水洗乾淨，再用淨水一粒一粒清洗，然後用乾淨毛巾擦乾，最後放到盤子裡；橘子先剝皮，再掰開辦，最後一瓣一瓣放在盤子裡；草莓先用鹽水洗乾淨，再用淨水洗，用毛巾擦乾，最後將一粒草莓切成兩半，裝盤後插上牙籤；香蕉也剝皮，再切成一片一片裝盤插上牙籤。

S 先生把菜飯做好，再把料理好的水果一盤一盤擺在餐桌上罩上網罩，眼看時間到了，他騎機車去 H 女打麻將的同鄉家，將 H 女接回家。他們吃完晚餐後，出門散步，S 先生顧慮他年紀大跟老婆走在一起，怕妨礙老婆的面子，他有意讓 H 女走前面，他在去離 H 女二十公尺的後面走，S 先生時時處處呵護 H 女，使她成為「夫寶」。

七七、悍婦奢侈死於非命畫上人生句點

在海峽兩岸「婚姻潮」初期，臺灣八旬老榮民 C 先生，他老伴去世後，一心想去大陸娶一位年輕貌美的老婆。那年冬季，經人介紹 C 先生去大陸跟一位是四旬女子見面。C 先生生身個矮瘦，容貌猥瑣，那身材高挑的四旬女看他一眼，滿臉鄙夷地扭過頭朝門外走去。

俗話說：「人不留人，天留人。」那天下雪，從臺灣亞熱帶地區來的 C 先生特別感覺到氣候寒冷，他連門也不敢出，就住在四旬女家裡。四旬女的母親 M 女已逾六旬，她非常嚮往臺灣。當天深夜，M 女坐到 C 先生床邊，伸手摸先生身體及下體問道：「你冷不冷呀？」她說著鑽進 C 先生被窩裡說：「我知道你很怕冷，我乾脆替你暖被子。」

這家母女倆像演戲似的，兒女嫌棄 C 老先生，母親卻爭著想嫁給他。之後，他們就自然而然每天睡在一張床上，M 女待西先生很殷勤，每天做大魚大肉給他吃，而且一天換幾樣菜色，M 女向 C 先生表明要嫁給他，待雪霽後，他們到省政府涉外在婚姻處辦理了結婚手續。

M 女到臺灣住在眷村裡，他跟 C 先生性情合不來，兩人常常爭吵、叫罵，他們在家擺了三張麻將桌，每天「抽頭」上仟元臺幣，這錢全由 M 女掌管，M 女很兇悍，她對 C 先生稍不如意就先翻桌子，使C先生後悔不已。C 先生跟同胞和好友抱怨說：「我真糊塗，為什麼跑到大陸找一個老太婆回來，如果要找老太婆，我們臺灣不就多的是，而且長相比她俏皮，年紀也沒她大，我真見鬼！特別花錢去大陸挑個「老寶貝」結婚，她生個又高又大，滿臉皺紋，我簡直不敢帶她出門，更別說帶她走親訪友。」我第二次去大陸時，我病了，去大陸醫院看病時認識了一位年輕，又長相清秀的護士小姐。護士小姐已離婚，她對我說，她想去臺灣，她想嫁給我，我回臺灣後一直向老婆提出離婚的要求，她堅決不同意離婚，我也沒辦法跟我那個厲害的老太婆離婚。我就每天打國際長途電話跟大陸護士小姐談情說愛，護士小姐常常在她洗澡的時候打電話給我說：「老公，我現在是裸體，你快來呀！快來跟我親熱，跟我上床抱著睡覺。」我哪怕只是跟她談談情，說說愛，也能使我的性慾得到滿足，因為我非常喜歡她，我去大陸時還特別送了一套金首飾給她。

M 女很奢侈，總想當貴婦，過貴婦的生活，她回大陸，哪怕僅一個月的時間，她也要花錢請保母照顧她的生活起居。在台灣她專賣名貴的服裝，她時常對同鄉說：「我這人一輩子不喜歡穿那些廉價的水貨衣服，我的胸罩都是上仟元臺幣的高檔品牌。」

C 先生嫌棄 M 女老，M 女更嫌棄 C 先生髒。M 女常常對朋友說：「她老公在三十多度的高溫天氣裡，可以三天不洗澡。」C 先生常常嗤之以鼻的對 M 女說：「哼！你夠什麼資格嫌棄我？我有那麼多年輕女人愛我。」M 女鄙視說：「傻瓜！她們那會愛你這個不足三尺長的武大郎！她們是愛你的錢。」

M 女到處跟人說：「我那老頭去大陸就是為了玩女人，她在大陸已經玩了八、九個女人。剛開始，我不知道他是這副德性，所以對他好，我現在跟她分房睡，我只照顧他的吃喝，絕對不跟他做那事，因為他很亂，說不定有性病，所以，我要離他遠一點，我不能讓他把梅毒、愛滋病傳染給我。」

有一天，C 先生正在跟大陸的護士小姐打電話調情，她沒料到螳螂捕蟬黃雀在後，M 女一直躲在隱蔽的地方，偷聽 C 先生跟大陸護士毫無記憶顧的調情。

護士小姐說：「老公，我日夜在想你，我脫光衣服的時候，就等著你上床抱我睡覺，你的身影一直在我腦海中陪伴我。」C 先生說：「嗨！親愛的小寶貝，我愛你愛得發瘋了，我做夢也想跟你結婚，抱想抱著你細皮嫩肉的身體睡覺。」C 先生完全沉浸在宛若性慾的氛圍裡，他根本沒有察覺 M 女在偷聽，M 女越聽越生氣，氣得渾身發抖，她決心去大陸教訓那位護士小姐。翌日清晨，M 女對 C 先生說：「大陸有急事，我要馬上回大陸。」

M 女回到大陸後，花錢請了三個黑道兄弟，她跟黑道兄弟一起坐計程車前往護士小姐的工作室，M 女大罵護士小姐：「你這不要臉的賤女人，破壞我的家庭，你偷人的手腕還真高超，在電話裡用嘴賣淫就得到一套金首飾。如果你用下身賣淫，你不就可以得到金山、銀山！你這騷貨，給我小心點！你再敢在電話裡用嘴賣淫，我就派人把你的嘴割掉。」她罵完後向黑道兄弟使眼色，黑道兄弟瞬間將護士小姐工作室的醫療器械及桌椅全砸爛後，他們張揚長而去。

幾年後，眷村房子改建，M 女搬進新建的房子裡，這時候，C 先生因病去世。M 女沒有領到臺灣身分證，她只能回大陸。她跟 C 先生子女協商後，她將新房子以低價出售，她分到一佰萬臺幣。她還有開麻將室「抽頭」所賺的錢，一起拿回大陸。她在大陸家鄉買了一處新蓋的房子，她喜歡擺出貴婦的模樣，每天買菜時拎一個名牌包，渾身穿戴得很時髦。她站在住家大樓的馬路邊招手坐上一輛電動三輪車，十分風光的去菜市場。

這天，M 女出門招手坐電動三輪車去菜市場時，突然，後面一輛汽車失控撞上前面 M 女所坐的電動三輪車。M 女當場被汽車撞死，汽車駕駛賠了十萬人民幣，結束 M 女愛虛榮、逞強、兇悍的人生。

七八、人生循環老而復小

在路上，人們常常看到老人走路走不穩，需要用助行器走路；小孩走路走不穩，要扶娃娃車走路。小孩小的時候要穿紙尿褲；老人老了大小便失禁也要穿紙尿褲。小孩小時候離不開娘；老人老時或生病時離不開妻。小孩見大人不順從他就甩東西發脾氣；老人見子女或妻子不順從他就拍打東西發脾氣。種種跡象表明老就復小。

有一位逾八旬的老人患糖尿病，他的腿被截肢，他每天吵鬧要跟大陸籍老婆抱著睡覺，他老婆原本身體不好，患有失眠症和肝功能衰退，她還得整日間照顧老先生的吃喝拉撒。他老婆對他解釋不能跟他抱著睡覺是因為她身體不好，晚上要休息，白天才有力氣照顧他。他聽老婆說這些，根本沒有要跟他抱著睡覺的意思，他便大發雷霆，又哭又鬧，抓著東西就往地上摔打，他還把老婆趕走。他說老婆嫁給他是假結婚，他要跟老婆離婚。可憐的老婆也很生氣，她全心全意照顧他，到頭來還要受他欺壓，還要被他趕出家門。她也哭著去找里長（等同大陸居委會主任）評評理。她對里長說：「我不是害怕跟他離婚，而是覺得我照顧他十多年，沒有功勞，也有苦勞，他不應該這樣對待我。」

里長安慰她，勸她別跟一般病人計較。里長說：「如果他要跟你離婚，他也得請律師去法院打官司，到時候法院也會派人到我們里長辦公室了解情況，妳對他精心照顧，我們都看在眼裡，不是他想趕你走就趕你走，還有鄰居和里民都站在你這邊，替你打抱不平。」

還有一位老先生輕微中風，他一刻也離不開他的大陸籍老婆。他老婆出門買菜或是到垃圾，他就把窗戶打開，趴在窗口上盼望著老婆回來。他老婆偶爾跟熟人站在外面講幾句話，他就趴在窗口上叫道:「老婆，快回來！老婆……」叫的聲音很悽慘。這時候，鄰居們都對他老婆說：「你快回去，你老公是不是發生了什麼急事？」其實，這是老先生的習慣，沒見到老婆就會喊叫。

每天晚上，老先生也非得跟老婆頭挨頭的睡覺，他的手會伸到老婆身上到處摸，一時沒摸到就會像小孩子似的哭泣。他老婆便過來安撫他，跟她一頭睡，他就不哭了。有時候，在半夜裡，他老婆見他睡著了，她為讓自己能睡好覺，就悄悄爬起來去另一間房間睡覺。老先生醒來沒摸到老婆，也就起來，跌跌撞撞的走到那個那間跟老婆睡在一起。他老婆被他弄醒後，再也睡不著覺了。老先生大小便失禁，稍沒注意，他就把大小便拉在褲子裡，他又不願願意穿紙尿褲，他老婆幾乎每天都要替他清洗大小便，以及骯髒的床單、被子、衣褲，他老婆對朋友們講：「照顧一個老人比照顧幾個小孩還要麻煩許多。」

這位年近七旬的老婆照顧九旬的老先生，使她沒幾年就蒼老許多，而且還落得一身病。她稍沒注意老先生的意，他就像是孩子似的哭泣，她也像哄小孩似的哄他說：「寶貝，你要乖一點，我就不出去，我一直在家裡陪著你。」她常常想：「像這樣下去，說不定哪天她會在他前面先去天堂。」

看到以上老人的狀況，老人像小孩簡直如出一轍。也許，這就是人類循環的規律吧！當老人即將走完人生路的時候，卻又回復到孩童的時期。

七九、貧富變富婆的發跡史

公元二十世紀九十年代初，在大陸長江中游，洞庭湖以南某小鎮的大街上，一位年已半百，身材魁偉，衣冠楚楚的男子跟一位身材小巧年約四十餘歲的 X 女邊走邊談笑風生。那男子講國語帶有濃重的閩南語口音，凡接觸過臺灣人聽到這位男子講話就知道他是臺灣人。當時正值臺灣經濟興旺，臺灣人走到哪裡都會大言不慚的說：「我們臺灣錢淹腳面。」因此，凡是娶大陸老婆的臺灣人都肯花錢在大陸替老婆買房子。

這時候，一貫在大街上負責搞環境衛生工作的清潔對 E 女，她特別注意大街上來自臺灣的臺灣人的動向。她一直跟在這位臺灣男子身後走，一直跟到他家住家的門口。突然，E 女一把拉著 X 女的胳膊說：「大姐，我想跟你談條談件事，也請你替我幫個忙。」E 女好像在街上早上就注意到 X 女跟這位臺灣先生逛大街。這時，她忙從口袋掏出早已準備好的 Z 女照片說：「她是我的親戚，今年才三十出頭，她很可憐，她丈夫在外面欠了許多債，跟她離婚後就逃跑了，一些債主都找上門向她要錢還債。她一個人既要養孩子，又要養自己的父母親。我看你是一個很善良的人，你就做做好事幫她介紹一個臺灣人，讓她嫁到臺灣好挽救她的困苦家庭。E 女說著又將口袋裡事先寫好的紙條掏出來，上面寫有 Z 女的姓名、年齡、地址等交給 X 女。

翌日，E 女帶著 Z 女來跟 X 女見面，X 女見 Z 女矮墩墩的身材，胖嘟嘟的臉龐，臉上抹有厚厚的胭脂和鮮紅的口紅，「她這種妖豔樣子一定能迷醉男人，會使男人拜倒在她的石榴裙下。」X

女站在一旁想。

X 女到臺灣後很快替 Z 女物色到一位臺灣人，他們很快辦理好結婚手續。Z 女嫁到臺灣很會討好老公，她時常跟老公撒嬌，她跟老公外出時總是手牽手顯的很親密的樣子，朋友們都羡慕他們是一對恩愛夫妻。可是，Z 女並不滿足現狀，她的野心很大，連做夢也想要多賺錢成為家鄉最富裕的人。她認為當兩岸婚姻的介紹人可以很快致富，於是她想方設法到處尋找臺灣單身男人，哪怕坐在自家門口的男人，他也敢上前跟人家搭訕。功夫不負有心人，她很快找到一位想娶大陸女子的臺灣男子。她知道在她們家鄉介紹一對成功婚姻就可以得到八萬元人民幣的介紹費，為了穩固這筆可觀的收入，在將要啟程前，她特別去這位男子家跟他陪睡，因為 Z 女視男女關係為兒戲，只要能賺錢她哪會把道德、名聲當回事。當她要跟那位男子啟程去家鄉時，她方才告訴老公說：「我母親病重，我得馬上回家鄉看望母親。」她老公信以為真，還送她去飛機場。那位跟隨他一啟程的男人，當然會迴避這尷尬的場面。

Z 女帶一位臺灣男子回到家鄉，那寧靜的小鎮一下子熱鬧起來，一些嚮往嫁到臺灣的女子，都想方設法接近 Z 女，祈求她幫忙介紹。俗話說：「吃水不忘掘井人。」正當這 Z 女處在如日中天之時，她被信心是沖昏了頭腦，她忘了一開始幫助她嫁到臺灣而跟蹤陌生臺灣人的她的親戚 E 女。E 女兒見立女把她丟在腦後，回家鄉卻沒給她送錢感謝她，她氣急敗壞地打國際長途電話跟臺灣 Z 女的現任老公通話，他對 Z 女的老公說：「Z 女一慣淫亂，她以前的大陸老公就因為她到處偷人才跟他離婚的，她現在又故技重施，欺騙你說她回家鄉看望她生病的母親，其實她母親根本沒病。實際上她是為帶一位臺灣男人回家鄉娶大陸老婆，她跟那位臺灣男人吃住在一起，甚至還在一起睡覺。」

Z 女老公聽到 E 女訴說，宛如晴天霹靂。他氣勢洶洶地說：「好，她背叛我，我就叫她來不了臺灣。」

根據臺灣的政策，嫁到臺灣的大陸女子尚未領到臺灣身分證時，每次來臺灣必須要臺灣老公以探親名義申請辦理配偶來臺，否則不予來臺。當 Z 女帶回家鄉的臺灣男子找到合適的對象辦理結婚手續後，Z 女也如願以償賺到介紹費，Z 女要回臺灣時，她打電話給臺灣的老公，臺灣老公根本不接她的電話，她知道事情已經敗露，得罪了老公，她也就回不了臺灣。她嚇傻了，打電話請求在臺灣的老鄉 X 女幫忙。X 女一方面找海基會，一方面找法院徵詢解決 Z 女婚姻的辦法，經過一年多的努力，法院給 S 女老公發存證信函，信函表明在一定期限內，Z 女老公如果不來法院解除與 Z 女的婚姻關係，Z 女婚姻關係便自行解除。

Z 女的老公對 Z 女背叛恨之入骨，他根本不想聽，更不想管有關認 Z 女的任何事情。最後法院按規定的時間讓 Z 女自行解除了她的婚姻。這下 Z 女自由了，她又拖在臺灣她所認識的朋友替她介紹結婚對象。

Z 女的運氣真好，沒多久，兩位臺灣朋友一人替她介紹一位結婚對象，一位是臺灣的老榮民，一位則是擁有土地和房產的地主。很明顯老榮民窮，地主很富裕，她當然選擇很富裕的地主。當介紹人大臺灣地主到大陸小鎮跟 Z 女見面時，兩人一見如故，宛如一對久別重逢的夫妻，當 Z 女提出要馬上辦理結婚手續時，地主方才告知，他說他老婆剛去世，根據臺灣人的習俗要等一年後才能跟她結婚。霎時間，Z 女的心涼了，她在心裡想：「那怎麼行！我就是為賺兩岸婚姻的介紹費才急著去臺灣的。」她當即對地主說：「你要我等一年才能跟你結婚，那讓我考慮考慮再說。」

Z 女送走地主後，馬上跟那位窮的老榮民結婚。她終於再次踏上臺灣的土地，當她跟老榮民一起生活時，見他住的房子既矮小又破舊，每天只買最便宜的香蕉當水果吃。原本不安分守己的 Z 女不想陪老榮民過苦日子。她又想心思背叛老榮民。她對老榮民講，我已經找到了工作，每天得出去上班，實際上她卻跑到那位地主家，她見地主家的房子又大又華麗，使她看的眼花撩亂，她是玩弄男人的高手，見到長她二十七歲的地主便以嬌媚撩撥的姿態撲進他懷裡，如乾柴烈火般的二個人，一下子融化了，誰也離不開誰。因為 Z 女有婚姻在身，不得不每天回到老榮民家應付一下，有一次地主開小轎車送 Z 女回家，兩人連分手時又是親吻，又是擁抱。他們的親密動作恰巧被老榮民看到，老榮民氣得大罵她「淫婦！不知羞恥的騷貨，在外面偷野男人！」老榮民當即把她趕出家門。

當 Z 女住進他地主家時，地主的兩個兒子都認為她是騙子，想騙他們家的土地和房產，兩個兒子趁他們的父親有事出門時，就抓住 Z 女打，甚至要趕她走。一段時間，Z 女被地主的兩個兒子打怕了，她又回到老榮民家，老榮民不但不收留她，還拉她去戶政事務所辦理離婚手續。Z 女回到地主家，不想再隱瞞地主的兩個兒子打她的事，也不再害怕得罪這兩個兒子，她把這兩個兒子如何打她，如何趕她走的事，原原本本告訴地主。地主氣的警告兩個兒子，還向他們明確交代，如果他們再打Z女，他就跟他們脫離父子關係。如果他們不聽，還是一意孤行的話，他就上吊或者喝農藥自殺。地主的兩個兒子見父親說出這麼重的話，他們乾脆搬出去住，不再管Z女的事。

從此，Z女和地主皆大歡喜地辦理了結婚手續，地主對Z女忠心耿耿，他為Z女賣掉一塊農田。然後，跟Z女一起回到她的家鄉，他特別替Z女花四、五佰萬人民幣在家鄉買一棟多間店面的房子，讓Z女出租收租金，這下轟動了整個小鎮，鄉親們都知道Z女發大財了，許多嚮往嫁到臺灣的女子紛紛簇擁到Z女家送自己的玉照給她，請她在臺灣替她們物色對象。這下Z女感覺正中下懷，她就是樂意做這種買賣，她夥同地主丈夫臺灣、家鄉兩地跑，忙得不亦樂乎，地主丈夫在臺灣四處找單身男子，帶去大陸相親，Z女向嫁到臺灣去的女子要介紹費絕不手軟，有的女子家裡窮得揭不開鍋，也要四處借錢付介紹費，有的不惜高利貸付介紹費。

不到十年功夫，Z女先後介紹了幾十對兩岸婚姻，她無本得利的賺了好幾佰萬人民幣，她一改原先住小鎮窮困潦倒的樣子，如今出門，渾身珠光寶氣，穿最流行的名牌服裝，拎最名貴的名牌包，還請化妝師替她畫「辣妹裝」，無論走到哪裡，哪裡人都稱她為富婆。

八十、妻打電話講床幃秘事夫錄音休妻

在大陸長江中游某市有一位 W 女，經人介紹嫁給臺灣閩南籍 H 先生，H 先生性情怪異，他長 W 女十七歲，婚後他嚴格管束 W 女，不讓他跟任何男人講話，他還電話機裡安裝錄音筆。

有一次，W 女打電話給大陸前夫訴苦說：「老傢伙把我管得很嚴，而且他的性慾很強，一天要做好多次，我真受不了。」

W 女前夫說：「那還是我對你比較好，一天做一、兩次就好，而且總讓你快活，你乾脆回來一段時間，我可以在床上彌補你，保證讓你快活，你跟那老傢伙在一起多沒意思，你又不喜歡他跟你做那事。」

W 女作夢也沒想到她跟前夫打電話所講的床幃秘事一句不漏被 H 先生全錄下，H 先生見 W 女打國際長途電話聊天，在一個月之內就花費他上萬元臺幣的電話費，這些錢卻供她跟前夫有說有笑地談情說愛。H 先生所煩惱的是，當他放出錄音內容，裡面全是 W 女的家鄉方言，雖然大概意思他知道一點，其餘具體細節他完全聽不懂，他拿著錄音機去找跟 W 女同家鄉的同事一位老榮民，他到老榮民家裡打開錄音機，讓老榮民所聽錄音機裡是什麼內容，離開家鄉已半個多世紀的老榮民聽完錄音機裡的內容，說他忘了家鄉話的說法，他在心裡想就算知道，他也要本著勸和不勸離的做人原則，然後他乾脆說這些都是年輕人所說的話，我完全聽不懂。H 先生找了幾位跟 W 女同家鄉的人，放錄音給他們聽，他們都說聽不懂。

H 先生回家時對 W 女說：「雖然我沒有完全聽懂你跟前夫所

講的內容，但是根據你們在電話裡嬉笑調情的狀態，我就知道你們的關係密切，你在電話裡對你的前夫說我是老傢伙，說明你嫌我老，你還是喜歡你的前夫，那我們在一起還有什麼意思？」於是，H 先生堅持跟 W 女辦理了離婚手續。

之後，W 女孩想到臺灣來，雖然 H 先生之前對他嚴厲管束使她不自由，她主動想來臺灣打工賺錢培養她的孩子讀大學，她知道 H 先生很喜歡漂亮女人，特別去做整容手術，將自己的眼睛割成很大的雙眼皮，使原本長相清秀的 W 女變成妖媚女，她將自己整容後的照片寄一張給 H 先生，並要求跟他復婚。然而，H 先生怨恨 W 女跟她前夫藕斷絲連，他不接受 W 女的復婚要求。之後，H 先生很想娶老婆，他拿著 W 女的漂亮照片以及他自己粗大性器官的特寫照片，四處向熟識的女人們炫耀說：「這是我的前妻，她長得很美，可是她被我特大的性器官打敗了，現在她求我復婚，我明確對她講我不要她，因為她是我手下的敗將。」凡是看過 H 先生性器官照片的人，一個個都搖頭說他精神不正常，他拿那東西給別人看很無聊，所以，凡是認識他的人都對他唯恐避之不及，誰都不願意幫他介紹對象。

八一、她爲跳舞遭脅迫回臺被迫寄錢他

一位六旬大陸女，在大陸退休後，到各公園以及跳舞廳跳交際舞，整日間她除了吃飯，睡覺外，其餘時間全在跳舞。在一次跳舞中，她跟一位老同學不期而遇，這位老同學介紹她嫁到臺灣，她嫁給八旬老榮民，她老公體弱多病全靠她照顧他的飲食起居。她在照顧老公的當兒，特別抽空去臺灣公園跳舞的露天場地參加跳舞活動。當有人帶她跳舞時她再怎麼努力也難以配合帶她跳舞人的舞步，因為臺灣交際舞的跳法跟六旬女家鄉的交際舞相差甚遠，有的舞連名稱也不同。例如，臺灣交際舞中有一種舞名為「恰恰」，在六旬女家鄉的交際舞則稱這種舞為「倫巴」。這兩個地方的舞不但名稱不同，跳法也各異，六旬女家鄉有一種舞稱為「三步踩」，在臺灣的這種舞卻稱作「吉魯巴」。

其他的舞華爾滋、探戈，雖名稱相同，舞中的步伐各異。六旬女友十好不容易抽空到台灣露跳舞場，請舞技高超的人帶她跳舞，或者請主持跳舞的老闆太她跳舞，都配合不了。她像初學跳舞似的，跟別人跳舞十分憋扭，人家也都不願意帶她跳舞，她自己也感覺不是滋味。她在照顧老公的單調生活中萬分思念在大陸家鄉跳舞的歡樂時光，她連做夢也沉浸在家鄉跳舞樂此不疲的氛圍裡，她有時在夢裡手足舞蹈，她老公看到她說她神經不正常。

六旬女兒老公的病情慢慢有好轉，他能走路，生活也可以自理，她提出要回大陸探望親人，她老公也點頭同意。她回大陸後，在第一時間就迫不及待的去舞廳跳舞，她坐在舞池邊第一排最顯眼的座位上，舞曲奏起，一對對舞者紛紛步入舞池隨舞曲起舞，坐在她身旁左右邊的年輕、中年女子一個個被男舞者請去跳舞，有幾位年紀大的男舞者哪怕從她面前走過，連看也不看她一眼，她渴望有人請她跳舞，卻因她年紀大而始終坐冷板凳。她待不住起身時，她看到坐在她後排椅子上有一位三十餘歲的年輕小夥子，她心想別人不請我跳，我去請這位年輕人跳試試看，她挨坐到這位年輕人身邊，自我介紹說：「小伙子，我是臺灣回來的，我請你陪我跳舞好嗎？」年輕男子二話不說忙起身，帶她步入舞池跳舞，他們跳完一曲快步舞，接著小夥子又帶她跳一曲慢四（伯魯斯）舞，這是一支情侶喜歡跳的調情舞曲，隨著燈光慢慢暗下來，那年輕男子竟然將自己光溜溜的臉旁緊貼在六十女皺巴巴的臉上，跳起情侶們常跳的貼貼面舞，六旬女子陶醉了，她每天忘我地約年輕男子去舞廳瘋狂的跳舞，跳舞完後還跟年輕男子一起陪睡。

六旬女老公的子女從臺灣打國際長途電話，通知她說老公病發了要她馬上回臺灣，她卻捨不得離開年輕男子，臺灣老公的子女催她回臺灣的電話打了一通又一通，她還硬著頭皮跟年輕男子跳了幾天舞後，方才依依不捨地買飛機票回臺灣，她臨行時年輕男子找她要住在臺灣的地址及電話號碼，然後還開口找她借錢，她身上沒錢，就把所戴的金項鍊、金手鐲、金戒指全取下來給他，她還向他承諾說我回臺灣後找老公要錢再寄給你。

從此那年輕男人時常打電話到臺灣向六旬女要錢，他還威脅她如果不給錢，他就要寫信給她老公，還要跟她做愛的照片寄給她老公，六旬女害怕極了，她有時找老公要不到錢，就到處撿垃圾賣錢或者去病人家裡替病人洗澡、洗衣、做飯菜賺錢寄給大陸的年輕男人。可是年輕男人不滿足，還不斷的打電話找她要錢，她完全被那年輕男子男人控制了，卻又不知道怎樣才能擺脫他，她除非重新申請電話號碼，或者是搬家換居住地址，但是在臺灣不能當家作主的她又怎能做到隨便換居住地址呢？

八二、他去大陸娶老婆卻遇不倫女人緣

公元二十世紀八十年代，臺灣開放區大陸探親的探親潮興起時，接踵而至的是海峽兩岸的「婚姻潮」。臺灣一位七旬老榮民S先生，他臺灣的老婆因病去世後，在兩岸「婚姻潮」的影響下，他決定去大陸娶老婆。經朋友介紹，他在大陸相識了一位五十歲婦人，S先生見同袍們在大陸所娶的老婆既漂亮又年輕，他對這位女半百婦人不是很稱心合意，可是半百婦人出了嫁的女兒和媳婦兩位年輕女子對他非常熱情。S先生出門購物時媳婦替他穿外套，女兒挽著他的胳膊十分親熱，跟他邊走邊聊。在女兒家吃飯時，女兒拿濕毛巾替他擦臉，媳婦卻緊緊挨著他坐在餐桌上替他夾菜，甚至將好菜餵到他的嘴裡，使他整日間沉浸在這兩個年輕女人親密的肢體語言和貼心的氛圍裡，使他忘了對他們媽媽不稱意而很快跟他們的媽媽辦理了結婚手續。

S先生跟大陸老婆結婚二十載時，他年逾九旬，有一天，他跟多年不見的同袍相約喝酒，他們酒逢知己千杯少，邊喝酒邊聊天，聊得不亦樂乎。之後，S先生喝醉了，他的話匣子也打開了，他說：「夥計，我酒醉心明，我要跟你講我這一生所遇到的女人緣很奇特，在二十年前我七十餘歲，去大陸娶老婆，我老婆除了嫁的女兒、再是她媳婦以及他的弟媳婦，還有她的妹妹都要跟我睡覺。」

同袍插嘴說：「那是他們想要你的錢。」

S先生繼續喝酒說：「你說的也是，假若我們一點錢，他們誰瞧的起我這老頭子呀！」

「有一次，我正在臥室睡午覺，老婆的媳婦拿著撲克牌推門進來說，爸我們打牌吧，她把我拉起來坐在床上，我的下半身還在被子裡，她上床上盤坐在床上說，爸我們這次打牌不賭錢，誰輸了誰就脫衣服，後來我輸了。她替我脫衣服，我那傢伙一時不爭氣起不來，她趴在我那地方用嘴吸那傢伙，後來老婆的女兒推門進來看到我跟媳婦那樣，她也脫光衣服鑽進被子裡，兩個年輕女人聯合起來跟我做那事，當時我才七十餘歲，身體還很結實，如果是現在這把年紀，我就會被她們徹底擊垮。」

同袍舉起酒杯開玩笑說：「我真羨慕你，你那時候過的是帝王般的生活，這兩個年輕女人為你獻身，供你玩 3P，你一定花了很多錢吧。」

S 先生舉起酒杯喝下一大口酒說：「那是一定的，我替女兒在鬧市買了一套房子約有六十多平方公尺，因為女兒為我付出比較多，剛開始的時候認識他們時，女兒時常抱著我親，她跟我親嘴時她的舌頭都伸到我的喉嚨裡，有一次女兒拉著我在臥室幹那事時，媳婦闖進來，女兒忙起身拉住她並替她脫光衣服，三個人光溜溜在床上抱成一團，就像報紙上新聞報導的那樣玩 3P。有一次，我老婆去大陸治療治病，女兒以探親名義來臺灣跟我同居好幾個月。」

同袍揶揄說：「你的人生真精彩，我看很少有人像你這樣的經歷。」

S 先生拍拍自己胸部說：「我向你保證做那些事我從來沒主動過，都是她們主動找我的。」

同袍說：「那你老婆知道他們對你這樣？」

S 先生說：「她應該知道，只是大家都心照不宣。」同袍感慨說：「從你的經歷使我體會到人生如戲，戲如人生的說法。」

八三、老媽媽們的晚年心酸

一位在臺灣出生的老媽媽，二十一世紀九十年代，他已八旬，在民國五十年公元六十年代，她嫁給公元一九四九年從大陸來臺灣的國民黨軍人，之後生育了六個子女，接著她老公生病，她又照顧老公，數年老公去世，她累成一身的病，她不但腰椎疼痛還時常尿失禁，一天到晚得穿紙尿褲，她走起路來紙尿褲摩擦她的雙腿根部，極不舒服，儘管如此她每天都堅強的拄著拐杖彎著腰到國民小學的步道上走路，一方面能透透氣，一方面為增進她衰弱身體的血液循環。

這天老媽媽拄著拐杖在學校步道上走，她走幾步停下來歇口氣，然後再走。一位同樣在步道上走的女子，她見老媽媽費力地走路，很敬佩他的堅強意志，她走到老媽媽身旁跟她打招呼，老媽媽見她和藹可親便停下沮喪的問她說：「我臉上有皺紋嗎？」可見老媽媽受到刺激和委屈。她非常害怕自己老，那位女子看著老媽媽圓圓的臉說：「你臉上的確沒有皺紋。」一會兒老媽媽委屈的對那位女子說：「我的小女兒不要跟我住在一起。」她邊說邊流淚，老媽媽還說小女兒經常罵我：「老女人。」她還說：「我女兒不讓我進廚房，我想去廚房煮點我想吃的東西，如果求女兒煮，她會推三阻四，我去廚房煮好東西，她便惡狠狠地指著我說：「你在廚房煮一碗麵害我要做兩小時的清潔。」

老媽媽每個月給女兒二萬元臺幣，小女兒卻專買一些既老又爛的，極不新鮮的便宜菜給老媽媽吃。一天晚上，老媽媽要吃藥，她去女兒房間問問女兒，她的藥放在哪裡，女兒卻不耐煩地指著老媽媽影響她睡覺，如果老媽媽晚上發病也不能叫她，因為她是夜貓族，睡得晚起得晚，這樣看來家裡人折磨老人往往比外人更厲害。老媽媽的這位女兒沒想想生老病死是人生中的自然規律，如果她老了，病了，她的下輩人也如此對待她，她會對虐待老媽媽行為後悔嗎？

還有一位老媽媽也在臺灣土生土長，她嫁給當年隨國民黨部隊來臺灣的大陸籍軍人，她將三個子女扶養大而參加工作又結婚生子後，她老公因病去世，她跟獨子就住在一棟樓房裡。因兒子對她有意見，說他待子女一晚水沒端平，老是偏護女兒，對他這兒子反而不當回事。這位七旬老媽媽把住家房產過給兒子，兒子仍不滿足。他跟媽媽爭吵時，還趕媽媽走，他對他自己的兒女面前做出不孝敬老人的不良示範，可憐的老媽媽拖著一身的病，來到老年連安身之處都沒有，她只好傷心地離開家去老人院居住。之後，這位老媽媽兒子不知是良心發現，還是要在他自己的兒女面前做出敬老的樣子，因為他自己的兒女已長大成人，好讓他自己在衰老時的兒女能孝順他。他平時不過問住在老人院裡的老媽媽，他只是在過年時才打電話叫老媽媽回家吃團圓飯。

有一位大陸嫁到臺灣的大陸女子，她在臺灣遭受老公刻薄和虐待，她便自立自強拼命在臺灣賺錢，後來積勞成疾罹患癌症。她去醫院治療時，醫生避免她的癌細胞轉移將她的一條腿連同臀部全割掉。之後，她住進安養院等死，在此期間，她的大陸子女也沒來臺灣照顧她，原本她指望繼承老榮民老公的財產，眼看她會走在老公的前頭，反而有老榮民老公繼承她的財產。

一位四十餘歲的大陸女子，嫁來臺灣也拼命打工賺錢，不幸勞累過度罹患癌症，由於無人照顧，她老公將她送進安養院，沒多久就在安養院過，臨終時沒有一各大陸子女來臺灣照顧她和替她送終。

一位大陸女子嫁來臺灣後，除了她拼命打工賺錢之外，還找老公要錢，然後將所有的錢拿到大陸給兒子。她年紀大了還有病，她再沒能力賺錢，她再回大陸時，由於沒錢給兒子，她的兒子和媳婦都對她板著臉，一副嫌棄她的樣子。甚至連話也不跟她講。她後悔當初不該把錢全部給他們，如果自己留些錢，他們也許不會對她這麼絕情。俗話說：「養兒待老，積穀防饑。」她卻養兒嫌棄她老，她除了暗自傷心流淚又能有什麼辦法呢？

八四、他們收入低卻打腫臉充胖子

在二十世紀末的兩岸「結婚潮」時期，一位六旬月領一萬三仟五佰元臺幣生活津貼的老榮民，穿著西裝革履回大陸家鄉探親時。四下裡吹噓，說他在臺灣一家公司擔任董事長，家裡有三棟房子，兩輛轎車。在他家鄉一位三十歲的大陸女子對他的吹噓信以為真。她為了改善她家的經濟困難，主動跟他辦理結婚手續。她來到臺灣後卻大失所望，老榮民吹噓的事件件件都是虛構的。老榮民在臺灣什麼財產也沒有，更莫說當什麼公司董事長，連他住的房子也是他兒子的。大失所望的大陸女子只好自己去外面打工賺錢，以改善大陸家人的生活。

在臺灣有位蜀籍的七旬單身老榮民，他在國民小學運動時，認識了三位同樣是蜀籍的大陸女子，她們是以假結婚來到臺灣的。他們在臺灣租房子居住，一方面也賣淫賺錢。這位老榮民跟三位大陸女子熟識後說他有房子，並請他們住在他家。他可以供她們吃喝，他也可以幫她們找工作。三位三十餘歲的年輕女子住進他家，使他享盡艷福。其實他住的房子也是租的，他的收入也很低，他一方面享豔福跟三位年輕女子睡覺，一方面四處替她們縴。有一天，他到一位同袍家，說他家裡住的三位大陸來的年輕女子，同袍羨慕他有豔福，他對同袍說送一為女子給他，同袍怕麻煩，因為他們是以假結婚的名義來臺灣的，隨時都會受到政府的處罰。

有一位劉老先生在臺灣開放區大陸探親的那年，他已七旬，身個子矮小，老態龍鍾。於公元一九四九年隨國民黨部對來臺灣，他一直未婚，過著單身孤獨的生活，因此，他十分想念大陸的親人們。開放去大陸探親時，他將自己一輩子的積蓄和家裡所有能值錢的東西全部拿去大陸，送給親戚們。最後，他要回台灣時，坐在機場候機室，他身上連買飛機票的錢也沒有。他只好打電話向台灣同袍們借錢買機票。劉老先生的兩位同袍一人出一半的錢，匯大陸機場給他買飛機票回台灣。他回台灣後，連吃飯的錢也沒有，他又到處借錢。因為台灣半年發一次的終身俸。俗話說：「打腫臉充胖子。」他錢半年發的終身俸他以全部拿到大陸送給親戚們。在這剩下的時間裡，他就只有借錢度日。有一次，他在一位同袍家借錢，同袍外出不在家，只有同袍的孩子在家裡，他就找同袍的孩子借錢，同袍的孩子說他沒錢，他對他說他存錢罐裡有他存的硬幣。劉老先生竟說：「那就把你的硬幣借給我，等我領了終身俸再還給你。」

這孩子很老實，立即拿出存錢罐並把存錢罐底部的蓋子弄開，把存錢罐裡的硬幣全倒出來給劉老先生。劉老先生拿著硬幣急忙走出去，因為他肚子餓了，要去買便當吃。幾個月後，他領了終身俸，因積欠的債太多，他並未還這孩子的錢。

一位蘇籍老榮民，雖然年已七旬，面容因俊、瀟灑。他每月領一萬三仟五佰元臺幣的生活津貼，他去故鄉探親時，將一生積蓄拿到故鄉名城買一套住房。他對任何人都特別隱瞞他的微博收入。他外出時，就穿著西裝革履，繫上鮮豔領帶，裝扮成闊佬吸引美女到他家去。他先後跟五位美女同居，待積蓄全花光時，方才回到臺灣。

一位老榮民去大陸家鄉娶老婆，他四處吹噓，說他在臺灣賺了很多錢，家鄉親戚們替便替他介紹一位四十餘歲其夫因病去世的G女。G女來臺後，她見老榮民住的地方是山坡墳地旁搭蓋的鐵皮棚子，棚子後面有一座座墳墓。棚子門外堆滿回收物，G女呆站在棚子外面，不敢相信自己的眼睛，以為自己在夢裡。她老公將她拉進棚子裡，她看到裡面坐著一位跟她年紀相仿的女子，G女老公像G女解釋說：「她是周小姐，也是我的朋友，她老公待她很刻薄，我要回大陸娶老婆，所以特別請她來幫我做資源回收。」

G女感覺老公跟這女子的關係不尋常，G女遭遇這些怪誕不經又不可思議的事，她想即刻回到大陸家鄉。不過，她還有兩個小孩要養，她來臺灣的目的是為賺錢寄回大陸養孩子。她長嘆一口氣，只得留下來想辦法去外面打工賺錢。

一位臺灣老男人去大陸騙一位四十餘歲的A女，說他有千萬財產。他跟A女辦理了結婚手續。A女來臺灣後，卻要她照顧她兩個殘障（行動不方便）的兒子。他一個兒子娶了大陸一位啞巴，另一為兒子娶的大陸正常女子。A女聽別人講，先前這位老男人娶一位大陸廣東籍女子，廣東女來臺灣後，他家窮得沒錢吃飯，廣東女坐在公園傷心哭泣，人家同情她替她找份工作，那時期臺灣政策不允許大陸女子在臺灣打工，那位廣東女打工時被人告發，她只有離婚回大陸。

A女看到也聽到這個家的狀況，她的心涼了，她無所適從，確地仰天長嘆！

八五、他官運亨通女人緣荒唐

皖籍 M 先生於民國二十一年（公元二十世紀一九三二年）出生。他於公元一九四九年雖國民黨部隊來臺灣，當時他只有小學文化程度，再加上他有眼疾想出人頭地卻比別人難度大。他小時候在媽媽身邊玩耍，那時他媽媽正在納鞋底，沒注意到他，他媽媽手裏的納鞋針不小心戳傷了他的眼球，由於當時的農村沒有醫療，他受傷的那隻眼睛不幸失明。他心小志大，決心在仕途上闖出一片天。因此，他所付出的努力要比正常人多好多倍，於是，他加倍努力，再加上他天資聰穎，他很快就考上軍官學校。之後，他又不斷努力竟考取中校官階。

M 先生從部隊退休後，一直在地方上做公益，雖然他身材瘦小，卻很精幹。俗話說：「前人栽樹，後人乘涼。」他遵循古人教誨，不斷做公益，深獲民眾好評。他還是一位歌唱愛好者，他能背唱出上百首歌詞，自得其樂。他官運亨通，退休後的生活一過的很愜意。他曾經參八二三金門砲戰，他很樂觀地說：「我在那場戰爭中死裡逃生，我既然逃過一死，就應該快快樂樂地活著。」

可是，M 先生兩次婚姻均不順遂，都是老婆背叛他。他的第一次婚姻是民國五十年（公元二十世紀一九六一年）那時期凡是男子娶親都得付聘金，當時他付了一萬二仟元臺幣的聘金，這錢在那時期可以買一棟房子。他娶到一位十八歲的老婆，他長老婆十七歲，老婆卻一直嫌棄他太老。婚後，他們生了五個孩子，在最小的女兒剛滿七歲時，M 先生的老婆就跟小她一歲的男人私奔了。那男人是專給女人提供性服務的無業遊民，他的全部生活費用都由女人供給，M 先生的老婆為了供養這個男人，寧願在外面做清潔工。M 先生的老婆開門見山的對 M 先生說：「我跟你做愛從沒有高潮，也沒有快樂，特別是我生了五個孩子後，你害怕再有孩子，而採取體外排精，頓時我感受不到做女人的樂趣。」

M 先生老婆離家出走後，M 先生父兼母職，他每天替孩子做飯、洗衣忙得不亦樂乎，他看在他老婆替他生五個寶貝孩子的分上，他盡量寬讓，善待他老婆。不過，他不願「戴綠帽」還是跟老婆辦理了離婚手續。

M 先生經人介紹又認識了第二任女人，這女人嬌媚味十足，她第一次跟 M 先生見面，就跨坐在他大腿上。她倆喝酒時，這女人將酒含在嘴裡，然後將自己嘴裡的酒一點一點餵進 M 先生嘴裡，她的床上功夫更放蕩、輕挑，柔情似水她用舌舔他全身，撩撥得他心癢難忍，使他如癡如醉地愛上她。M 先生跟他第二任老婆結婚後，方才知道這第二任老婆是為將來他去世後能得到他的撫恤金半俸才嫁給他的，並非真心愛他。之後，M 先生的第二任老婆為了得到其他男子的錢財，便用對待 M 先生的方法對待其他男人，她跟 M 先生出去旅遊的第一天晚上，跟 M 先生說在一起，第二天晚上卻變成另一位男人的新歡，她有讓男人對她饞涎欲滴的本領，她以柔情似水的方法贏得許多男人的好感。同時她騙取了許多男人的錢，因而購置了好幾起房產和土地。M 先生受不了跟眾多男人共老婆的窩囊，而跟第二任老婆離婚。離婚後，M 先生常常回顧第二任老婆帶他的柔情密意，以及她對男人擅長表現的嬌媚，特別在深夜人靜之時，她的身影及嬌媚總在他心裡纏繞著他。他告誡自己：「這樣不行，我要是她為『毒品』，我像癮君子『戒毒』

那樣，戒掉她。」

於是，M 先生在自家的床頭、衣櫃、冰箱、飯桌等處貼上他寫的警語：「要愛自己，要對自己好一點！」他每天念他的警語，經歷半年之久，他終於從自己的腦海將第二任老婆徹底剔除掉。然後，安安靜靜過他自己的人生。他想安靜，他的單身身份以及他中校官階將來有撫恤金一半俸的優勢卻不讓他安靜。有些離過婚或是丈夫過世的單身女子都主動接近他，其中有一位女子很忠厚老實，當她跟 M 先生交往時，她對 M 先生很忠誠，從來不跟她講條件。M 先生接受前兩次婚姻失敗的教訓，他決定不再跟任何女子結婚。M 先生的第三任女子又一個好吃懶做的「啃老族」兒子，這兒子不但「啃老」，還喜歡亂花錢。他背著她母親將家裡的房產拿到銀行貸款，貸款的錢花光後，又找她母親要錢花用。M 先生的第三任女人也只好四處打工替兒子還債，當 M 先生知道他的第三任女人的兒子不成器的事，他慶幸自己沒有跟她辦理結婚手續。M 先生第三任女人不住在一起，她每星期固定來他家兩次，他一個月給她五仟元臺幣。平素她有什麼急難，他也另外給錢幫助她。

每年過年，M 先生家裡既熱鬧又令人尷尬。M 先生出嫁的女兒們攜她們的夫婿和孩子們回娘家過年，M 先生離了婚的第一任女人也回家跟女兒女婿、外甥們一起過年，M 先生的第三任女人也上門跟 M 先生一起過年，M 先生的第三任女人跟 M 先生及 M 先生的外甥們坐在一張桌子上，M 先生的第一任女人跟女兒、女婿們坐在另一張桌子上。M 先生的一個十幾歲的外孫見 M 先生的第三任女人上衛生間去了，他氣不過氣憤地對 M 先生說：「阿公你對阿嬤不公平。」

M 先生尷尬地說：「等你長大後就知道，阿公公不公平。」

M 先生的第三任女人坐在 M 先生旁邊嘀咕：「你所謂原配老婆真不要臉，她在外面養男人破壞了這個家庭，她還有臉回來過年。」坐在另一張桌子上 M 先生的第一任女人對女兒、女婿的們嘀咕：「那個喜歡勾引男人的女人不知廉恥！人家一家人過年團聚，她跑來算什麼呀！真是丟人現眼。」

這個家庭裡的成員表面上不吭聲，私下裡卻暗潮洶湧。

M 先生寬厚地對待第一任女人說：「你喜歡孩子們你就回來，我不計較你以前和現在的事。」

M 先生第一任女人嚼著嘴說：「除非我現在的那個男人死了，或者是他不要我了，我就回來。」她說這話的那一年，她的那個男人才六十三歲，比她小一歲。M 先生卻已經八十一歲，她非常厭惡跟 M 先生這老男人睡覺，在她的人生中唯一愛好的是跟年輕男子睡覺，對於其她一切都無所謂。

M 先生的第四任女人是從大陸嫁到臺灣的鄉下女，她 47 歲嫁給一位九旬的老榮民。她跟老公出門運動時認識了 M 先生，當她知道 M 先生沒老婆，認為有隙可趁。她主動接近 M 先生，因為她自己的老公對她的行動很關注，她為了撈錢，特別利用老公睡午覺的時間，跑到 M 先生家裡跟 M 先生做愛。她每天如此，她跟 M 先生做了二個月這種事，M 生給他五萬臺幣。在這二個月的親密交往中，M 先生發現她不講衛生，每次做愛她從不洗下身，M 先生是個非常講究衛生的人，他見她這麼髒，他害怕她將什麼隱疾傳染給他。最後，他扯一個理由說他的女朋友不允許他跟別的女人交往。於是，M 先生跟這年輕的第四任女人斷絕了往來。

荒唐的女人緣何時休？這問題全靠他自我節制，以保持他晚年的節操。

八六、他受騙入陷阱後圓夢

在公元二十一世紀二〇〇二年，臺灣有一位五十餘歲專做人販子的頭目，去大陸浙江舟山群島地區做騙婚勾當。他首先要女方給他三萬人民幣才能跟他結婚。之後，他分文不花，吃飯、住宿以及辦理結婚手續全由女方負擔。他每次跟大陸女子結婚僅半年就離婚。然後，再找其他大陸女子結婚，他像這樣結婚、離婚十餘起。他當然不是在同一個地方做這種騙人勾當，他最後一次跟四十餘歲的大陸 K 女結婚，K 女給他三萬人民幣買他假結婚人的「人頭」。婚後，不久他對 K 女謊稱要回臺灣辦事，回臺灣後，由於他作惡多端被人暗殺了，他死後他在臺灣的家人為得到有關賠償金，經查資料得知大陸 K 女跟他有婚姻關係，他們就通知大陸 K 女來臺奔喪。

K 女為圓嫁到臺灣的夢，她又繼續借錢買飛機票去臺灣奔喪，跟 K 女假結婚的「人頭」丈夫的家人，只是利用 K 女的婚姻關係領取一切有關死亡者的各種津貼，他們并不負擔 K 女來臺灣的一切費用，包括在臺灣住宿和生活費。其實，K 女也想利用這個機會到臺灣找結婚對象。因為她沒錢，又急需找一處安身之所，經同鄉介紹她認識了一位所謂熱心助人的大姐，這位大姐對 K 女說：

「你沒地方落腳就去我家住，我還可以幫你找結婚對象，我們這裡有幾處眷村，眷村裡的老榮民都喜歡娶大陸老婆。

K 女以為她運氣好遇到搭救她的好人，她跟著大姐來到她家，大姐熱情招待 K 女吃飯。晚上，她們一起聊天，聊到夜闌人靜。大姐說：「喲，不早了，我們快睡覺吧。」大姐起身安排 K 女到她家主臥室睡覺，她自己卻睡客房。K 女在床上睡覺時，大姐丈夫卻推門進來說：「我老婆要我陪你睡覺，她明天帶你出去幫你找結婚對象。」

K 女滿臉錯驚愕，一時不知所措。

大姐丈夫上床後，抱著 K 女說：「我很喜歡你，我老婆老了應付不了我，她特別請妳來幫我，我很需要女人。」

頓時，K 女感覺自己掉進所謂「好人」所設的陷阱裡。不過，像這種場合 K 女見怪不怪。當初，她跟人販子頭目結婚，人販子帶男人道他們租屋處，指使她跟別的男人性交易賺錢供他吃喝玩樂，之後，K 女受不了而逃回自己的家。此刻，K 女感覺跟人打交道很可怕，她深有感觸的想，身陷絕境的她，不得不任人擺佈。當晚，大姐丈夫跟 K 女做那事，K 女迫不得已應付他。

翌日，大姐牽著 K 女宛如牽一隻猴似的，在眷村挨家挨戶找老榮民，她們到幾位老得流涎、流鼻涕、又鬍子拉渣的七、八旬老榮民們面前。當大姐向他們說明 K 女要找結婚對象時，他們一個個擺的擺手、搖的搖頭表示不願意。第二天大姐又牽著 K 女到眷村小公園去找老榮民，當老榮民們知道她們的來意，都用鄙夷的目光看著她們。兩位女人尚未靠近他們，他們便一個個先溜走，有意避開她們。K 女白天跟大姐出門找對象，晚上回到大姐家還得跟大姐丈夫陪睡。大姐帶著 K 女走了幾個眷村仍未找到結婚對象。眼看二個月奔喪期限就要到了，K 女急得吃得吃不飯、睡不著覺，幾乎要病倒，她為嫁到臺灣欠下許多債務，現在卻困在臺灣坐以待斃，她整日間唉聲嘆氣，前途渺茫。

也許命運多舛的 K 女受到上天的憐憫，她在臺灣僅剩下最後的幾天，她終於如願以償，K 女跟大姐一起找到一位少校官階退休的七旬老榮民，老榮民老婆去世後，他跟一位臺灣原住民婦人同居，因原住民婦人的子女對他不尊重，他決定離開她們，而跟四十餘歲的 K 女結婚，使 K 女終於圓滿的嫁到臺灣。

八七、原配去世他換同居人棄若敝屣

在公元二十世紀九十年代，在臺灣一位八旬的皖籍老榮民，自原配妻去世後，他不甘寂寞，四處尋覓同居人。他有房屋出租，有終身俸，而兩項收入加起來一年有五十多萬臺幣的收入。俗話說：「有錢使得鬼推磨。」

在皖籍老先生家附近的山上，有許多來自四面八方的男男女女在山上民眾建造的簡易健身處，做各種健身活動。有許多從大陸嫁到臺灣的女子也加入山上健身運動的行列，皖籍老先生每天來到健身處喜歡找大陸女子搭訕，他的目的是在年輕漂亮的大陸女子中選擇同居人。他找的第一位同居人是五十歲，長相清秀的大陸 A 女。這位 A 女嫁到臺灣不久，她老公就因病去世，當皖籍老先生向 A 女提出同居要求得到她默許後，他對 A 女獻殷勤，替她在大陸家鄉買房子，買挖土機送給她的大陸家人，在臺灣每月固定給她二萬臺幣，A 女晚上陪他睡覺，白天去外面打工賺錢。皖籍老先生跟 A 女同居一年多後，趁 A 女回大陸家鄉探親時，他感覺跟 A 女玩膩了，想換口味而尋覓新的獵物，皖籍老先生在山上簡易健身處又跟一位同樣是老公去世的四十餘歲大陸 B 女搭訕，他見這位 B 女身材苗條，長相秀麗，恨不的立即跟她同居。當他了解到 B 女老公去世後，沒給她留下房產和錢財，全靠她四處打工討生活時，他馬上對 B 女展開追求，B 女見他消瘦身個，瘦長臉上一張凸嘴宛似老猴，而且他還有同居人。

正當 B 女猶豫不決時，皖籍老先生的同居人 A 女從大陸探親後回到臺灣，皖籍老先生便對 A 女棄若敝屣地提出分手。五十歲的 A 女很詫異，感覺他把自己當玩物，玩膩了想甩便。她氣憤地向他提出要五十萬臺幣的分手費，皖籍老先生害怕事情鬧大，就給 A 女一萬美元作為分手費，了結他們之間的同居情。

之後，皖籍老先生一刻不停地追求她的第二任「獵物」。這位老實本分的 B 女在外打工既要租房子又要顧生活花用，她每月打工的錢入不敷出，她只有閉上眼睛咬緊牙關，接受這位尋花問柳的皖籍老先生同居要求。當他們同居後，B 女索性向他提出結婚的要求，按常理一位如花似玉的年輕女子願意跟老態龍鍾的老頭相依為命，皖籍老先生應該喜從天降、樂不可支。然而，皖籍老先生卻反其道而行，他不願意結婚，他是為日後再換同居人預備方便之門，因為同居很自由，沒有法律約束，換同居人可以像換衣服似的自由。開始皖籍老先生對如孫輩般的 B 女很歡心，更能增加他的性慾。他對 B 女說：「我跟那個五十歲的女人做那事時，一點也不快活，因為她已經沒有月經了。」

他對他第二任同居人 B 女講好條件是一年給她二十萬臺幣，他們同居時，B 女想吃什麼食物，想穿什麼衣服，他一概不替她買，全由她自己花錢買，因為皖籍老先生在做那事時，他能控制自己不排泄精液，所以他的性慾很強，每天都拉著 B 女做愛。原本他對沒有愛的 B 女，跟皖籍老先生做愛時如同受刑般的痛苦，她的陰部常常被磨破皮而潰爛，但皖籍老先生仍不放過她，每天照樣拉著她做那事，使四十餘歲的 B 女痛苦不堪。

兩年後，皖籍老先生又跟第二任同居人 B 女玩膩了。他又故技重演，當 B 女回大陸家鄉探親時，他又找到一位老公去世並拿到老公半俸的大陸 C 女。他跟第三任同居人 C 女談好同居條件後，在第二任同居人 B 女從大陸探親回來，他見 B 女老實好欺，他不直接跟 B 女提分手的事，而是以找 B 女的麻煩的方式，讓她自己離開他，這樣他就不用付 B 女的分手費。他故意冷落 B 女，不跟 B 女講話，還把 B 女所有的衣物全搬到房間的角落裡堆放著，他想盡各種方法逼 B 女走，真令人嗔目結舌，像這樣帶同居人棄若敝屣的戲碼，皖籍老先生已經上演了兩次，可憐的 B 女在皖籍老先生無所不用其極逼她走的攻勢下，她不得不自己走出他的家門。她走的時候他連欠她的錢也不還給她，當人們知道一個外貌如猴的老頭居然嫌棄一位可當他孫女的同居人，真令人不可思議。那麼他的第三任同居人 C 女，他要在什麼時間、用什麼方法換掉呢？皖籍老先生的鄰居、山上健身處的朋友們，以及知道他淫亂行徑的人們，正拭目以待的看著他換第三任、第四任以及更多認的同居人。

八八、老鄉不當好心勾起她不堪回首的往事

F女嫁到臺灣二十餘年，她隔好幾年才回大陸探望親人，上次她去大陸返回臺灣時，發現家裡有不尋常的變化，F女心情抑鬱，她最害怕老公將不潔女子帶回家，她知道老公有病不能滿足老公的生理需求，如果老公在外面找到新歡，她會無條件成全他們。她最恨老公將不潔的女帶到家裡，使病毒污染家庭環境。在她不停的追問下，可她父輩的老公終於坦承在她去大陸期間，曾經帶女人到家裡來，還說那只是逢場做戲。F女將家裡所有用品全部徹底清洗，洗得非常辛苦。這次，F女又得回家鄉看望衰老的兄長，臨行時，F女給老公寫了一張留言條放在家裡最明顯的地方，其內容為：「上次已諒解，這次如重蹈覆轍，就各人過各人的自由人生。」

這天，F女有兩位老鄉來家裡替她送行，他們進門一看到F女寫的留言條，她們都替她抱不平，有一位老鄉勸F女說：「你乾脆跟大陸的前夫復婚。」

F女震驚地說：「啊——復婚？我寧願死也不會跟他復婚。」

於是，F女跟前夫所受的苦一股腦兒講給老鄉聽，F女命途多舛，她的兩次婚姻都使她的日子過的很悲痛、很心酸。F女二十多歲時家裡很窮，她母親有一次找一位熟識的老太太借錢，那老太太二話不說拿二十塊人民幣借給她，當時二十塊人民幣相當於兩個人一各月的生活費，其實這位老太太醉翁之意不在酒，老太太當即向F女母親提出，要F女嫁給她的獨生子。F女母親回到家裡勸F女嫁給老太太的兒子，F女母親說：「老太太的兒子很老實人，

也長的俊俏。」

F 女在母親苦口婆心的勸解下，也就點頭同意了。誰知街坊鄰居都不看好這門親事，他們說這老太太打街罵巷，是很難纏的人。為了孝順母親，F 女尚未多加考慮就糊里糊塗的嫁給這位兇悍老太太的兒子。

F 女結婚結婚後不久的一天清晨，F 女被前夫拉住不讓起床，F 女婆婆站在房門外大聲叫罵：「不要臉的婆娘，太陽都曬到屁股了還不知起床……」她給新媳婦一個下馬威，F 女一慣愛面子，她雖然一聲不吭，內心卻十分痛苦。F 女生孩子時，前夫的姐姐也跑來娘家插上一腳欺負 F 女，因為 F 女的婆家人都嫌棄 F 女娘家窮沒有陪嫁。其實，F 女婆家並沒付聘金給 F 女娘家，他們憑什麼要陪嫁。婆家人見 F 女老實可欺，這前夫姐姐說是來看剛出生的外甥，其實是來找碴的，來羞辱 F 女。她一進門就坐在床上，大聲嚷嚷：「這床架怎麼不擦乾淨，變成了兩種顏色。」

F 女前夫卻跟她姐姐一唱一和地說：「兩種顏色好看些。」

那前夫姐姐站起來雙手猛拍自己的屁股說：「這床單好髒啊！把我的褲子都坐髒了。」

F 女聽前夫姐姐說的話很刺耳，她不跟她一般見識，只有沉默以對。

F 女跟前夫生了兩個孩子，每次臨產時 F 女前夫騎自行車把 F 女帶到醫院大門口，然後就轉身回家睡覺。有一次，F 女在醫院生第三胎的時難產，護士站在房門口大叫：「F 女家屬！ F 女家屬！」卻沒人應聲，護士跑進產房問正在痛苦掙扎的 F 女：「你的家屬呢？」

F女強忍著疼痛說：「沒……沒有，我沒有家屬。」

一天晚上七點鐘，正值風雨交加，F女下班後，去托兒所抱著三個月大的兒子，冒著風雨乘公共汽車。下車後，又抱著孩子冒雨走回家，F女前夫明知道F女在這個時候下班，他卻根本不顧及妻兒的安危，連把傘也不送到車站，他只顧自己坐在家裡安穩看電視，F女和孩子被雨淋得透濕。半夜裏，孩子發高燒，F女忙撐著傘抱著孩子走幾公里路程到醫院看急診。F女前夫對孩子，對家庭漠不關心的惡劣行徑深深傷透了F女的心。她向前夫提出離婚，前夫自知有錯，便跪在F女面前，表示會痛改前非。F女心腸軟，也為孩子著想，這次原諒了前夫。

F女生第二個孩子在家做月子時，有一天，婆婆從早到晚沒做飯給F女吃。在前夫下班回家，三餐沒吃飯又要餵孩子吃母奶的F女，已經餓得頭昏眼花，她對前夫說：「你媽今天三餐都沒做飯給我吃。」

前夫不信，去問他媽，他媽說：「我忘了做飯。」

前夫對F女說：「那我去熱湯給你吃。」F女二的肚子，又等了兩小時，她沒見前夫拿東西給她吃，她決定自己進廚房找東西吃，外面下著雪，天氣很寒冷，F女穿好棉褲、棉襖，昏昏沉沉的走進廚房他，看廚房爐子上煮的湯早已燒得焦黑，F女又餓又氣，將燒焦的所謂湯摔在地上而痛哭流涕，前夫聽到聲音才從電視機旁跑出來看，他並未重新煮食物給F女吃，可憐的F女坐月子卻無緣無故地餓了一天一夜，還嘔了一肚子氣。

故態復萌的前夫使F女很後悔，她痛恨自己當初沒有堅持跟前夫離婚。這天，一歲多的小孩發高燒，F女向單位請假抱著孩子去醫院看病。那天是F女前夫休息。F女替孩子看病回來，將孩子繼續打針的藥單交給前夫，囑咐他在規定時間內抱孩子去醫院打針，當時前夫同意了，待F女下班回來，只見孩子渾身發燙，問前夫替孩子打針沒有，他說：「沒有。」因為他正在家裡玩弄他尚未成形的摩托車，他為了他自己的愛好，連孩子的性命也不顧。F女急了，抱著孩子邊哭邊朝兒童醫院飛奔，到醫院後，孩子高燒四十度，醫生替孩子打退燒針，孩子的高燒仍降不下來，F女哭著求醫生用最好的藥救孩子的命。還好，F女在工作中認識一位警察，這位警察也常幫F女向醫院求情，經過一天一夜的搶救，孩子的高燒終於降下來。

F女前夫對孩子和家庭漠不關心的態度，使F女忍無可忍，F女向法院提出離婚申請，法院派人在F女住家周遭的居民調查，鄰居們紛紛向法院證明F女很好，F女前夫一家都欺負F女，嫌棄她娘家窮，一慣把F女踩在腳底下過日子。法院了解情況後，馬上判決離婚，並將讀小學二年級的大兒子判給F女前夫，將三歲多的小兒子判給F女。可是，F女前夫一家人都嫌氣大兒子眼睛不好，長得不漂亮，他們「開後門」找關係，讓法院將長得漂亮的小兒子判給他們，F女害怕在大兒子心裡留下被人嫌棄的陰影，F女只好認他們去挑選。俗話說：「虎毒不食子。」F女前夫一家人對親生骨肉都挑肥、揀瘦，說明他們心毒如蛇蠍，F女對只有三歲多的小兒子離開自己很心痛，她哀嘆自己命不好拖累了孩子。那天，F女前夫牽著小兒子，小兒子望著F女一陣大哭，且亂蹦亂跳地要掙扎F女前夫的手。F女望著自己的心頭肉一陣撕心裂肺的痛，她幾乎要昏倒，她大聲呼喚：「兒呀……媽媽要去很遠的地方，你等著媽媽呀！等有機會媽媽就回來接你，兒呀……你要堅強啊！是媽媽對不起你，沒替你選擇一個好家庭，對不起！對不起……。」她淚如泉湧，她害怕兒子太痛苦，只得踉踉蹌蹌地離開兒子。

離婚後，F你去前夫家看兒子，兇悍的前夫母親不但把兒子藏起來還大罵F女：「滾！離了婚還有臉來。」

之後，F女想小兒子想得肝腸寸斷，心痛難忍，她在路邊隱蔽處等著，叫大兒子去把小兒子從前夫家裡偷偷牽出來，小兒子跟F女相見時，母子倆抱在一起痛哭流涕。小兒子童言童語說：「媽媽，我每天想你，我每天躲在被子裡哭。」

這時，F女的心碎了，她捂作隱隱作痛的心口說：「兒呀，對不起，是媽媽不好，媽嗎沒有照顧你……。」

俗話說：「一報還一報。」F女跟前夫離婚後，前夫的姐姐替他介紹了介紹一個女朋友，這女人很厲害，她跟F女前夫同居後，沒多久就跟前夫的母親打架，前夫母親的眼睛差點被她打瞎。前夫母親遇到狠人卻不敢跟她鬥。她叫他兒子快快把這狠女人趕走，這狠女人對老太太兒子說：「你們誰敢趕我走，我就殺死你兒子！」

作為介紹人前夫的姐姐也不敢叫兇悍的狠女人走，因為前夫姐姐自家的衰事連連，她的兩個女兒在外面當騙子，還騙走幾個親戚的錢，他的獨生子不但是「啃老族」還吸毒。接著她丈夫被汽車撞死，她自己也罹患糖尿病。俗話說：「天作孽猶可違，自作孽不可活。」前夫家各種衰事，都是他們家欺負弱女子所應得的報應。

八九、她跟老公之子亂倫視同兒戲

公元二十世紀九十年代，大陸湖北某大城市是一位四十餘歲的婦人在市區裡不務正業，遊手好閒，靠母親退休供養她，每天東遊西盪，跟他一起玩的人都稱她為「大姐頭」。這年她經人介紹嫁到嫁給臺灣的老榮民，她到臺灣住在臺灣的中部地區，她非常愛打扮，將自己打扮成年輕辣妹的模樣，她作風大膽走在鬧區都會主動跟陌生人搭訕，沒多久當地民眾幾乎全認識她。她的老榮民老公是中校官階退休，一年四、五十萬臺幣的終身俸要供養全家五口人。老榮民有兩個三十餘歲的兒子和一個三十歲的女兒，這三個子女都沒出息不務正業。兩個兒子抽菸、喝酒、嚼檳榔、賭博，女兒卻在外面當小偷，三個子女均在家當啃老族。

老榮民的大陸老婆因為愛打扮，她每個月的花費亦很驚人。她發現老公的女兒在外面偷不到錢就回家找爸爸要錢花費，她心裡氣憤，不過她一慣跟老公的兩個兒子打成一片，因為兩個兒子尚未娶老婆，老榮民的大陸老婆經常在家跟兩個兒子一起打牌、嬉戲。兩個兒子見他們的妹妹經常找爸爸要錢，再加上他們爸爸的老婆在他們面前挑唆兩個兒子，便在爸爸面前說妹妹好吃懶做，並要爸爸不要再給錢妹妹。為錢的事，老榮民家裡經常大吵大罵，吵的四鄰不安，勢孤力單的女兒根本不是繼母及哥哥三人的對手，她只能痛哭流涕發洩心中的不滿。老榮民大陸老婆經常在家裡跟兩個兒子輪流做愛，有幾次老榮民撞見他們的不倫行徑，老榮民也只能睜隻眼、閉隻眼，他認為他的二個兒子沒娶老婆就讓他們跟他的大陸老婆湊合、湊合。

九十、她們嫁到臺灣命運各異

一位大陸湘女三十餘歲嫁到臺灣四十餘歲的男子，湘女為了賺錢在家裡擺麻將桌邀約朋友以及鄰居熟識的人來家裡打麻將，通常她一天可以抽頭三佰元臺幣。有時候打麻將的人三缺一，她便指使老公上桌湊腳，她老公原本很單純，不會打麻將。在時常上桌湊腳的狀況下，他便很快打上了癮，家裡沒人來打麻將時，他就去外面賭場打麻將，而且打賭資較大的麻將，久而久之他欠下不少賭債。當債主上門討債時，湘女卻悔恨不已，他沒錢還老公的賭債，最後她自食惡果跟老公吵鬧以離婚收場。

一位大陸年輕女子在大陸家鄉未婚生子，她無顏面對鄉親們，經人介紹她被迫嫁給臺灣一位腦袋長瘤的男子。大陸女子來臺灣後，這位男子就去醫院開刀治療腦瘤，結果他的老公癱瘓了，只能終身臥床不起。這位男子的父母也無力幫忙幫助兒子。這位大陸女子只好四處打工賺錢，她不但要供養他的殘疾老公，還得每年寄一仟二佰人民幣給家鄉的父母，補貼他們撫養自己未婚所生下的兒子。

一位大陸蘇女在家鄉時被她未來老公的姊姊相中，她就將臺灣的弟弟介紹給蘇女。這位臺灣未來的老公長蘇女三十一歲，屬軍官退休的老榮民。蘇女來到臺灣，蘇女老公卻對她很刻薄，家裡從來不買蔬菜、水果，蘇女老公把節省下來的錢全部寄給大陸家鄉的外甥女，蘇女老公的性情很暴躁，他對蘇女稍不如意開口便罵：「操你娘」。

蘇女氣憤的回嗆他說：「你連我都不能操，還能操我娘？」

蘇女老公患糖尿病開過刀，有嚴重的性功能障礙，根本不能做人事，剛結婚時他為了行房，一次服下五粒威爾剛卻不重用，他沒有子女，蘇女一直陪伴他，忍受他的刻薄和暴躁脾氣，她指望他去世後繼承他的房產和領他每月的半俸。

大陸一位二十一歲的未婚女子嫁到臺灣，她老公四十餘歲，體弱多病，債臺高築。她四處打工，做醫院看護，又做清潔工。她賺到本錢後就開餐館，她一天只休息三、四個小時，最後終於替老公還清了債務。她掌握家庭經濟權，她老公一切聽她指揮，雖然賺了錢，她依然辛苦顧店，她一直想生一個孩子，然而她老公長年洗腎，根本不能生育，她感到很痛苦，但絕對不去外面移情別戀。

大陸一位滬女嫁給臺灣一位老榮民，這位老榮民的外表英俊瀟灑，他娶了大陸年輕老婆還不滿足，他還每天穿著整齊的去外面找女人調情，外面的女人寧可倒貼他也要跟他打情罵俏，甚至陪睡。當滬女知道她老公淫亂行徑後，不願當「女王八」，她自己去外面租好房子後搬走，她去醫院當看護，一個月賺四、五萬元臺幣自己養自己。許多大陸女子都佩服她有骨氣，說她為受夫權欺侮的大陸女子樹立了自立自強的好榜樣。

大陸一位鄂女嫁給臺灣老榮民，這位老榮民有四個子女，所以，給她的錢有限。她便去醫院當看護，她照顧一位無子女又是上校官階退休的老榮民，她見這位老榮民的經濟條件比她老公好，於是，鄂女跟老公離婚。然後，嫁給這位上校官階退休的老榮民。這位老榮民給她很多錢，還替她在她家鄉買一棟房子。之後，鄂女見這位老榮民的財力已被她掏空，她便回家回家鄉替他介紹一位家鄉女子，然後跟這位老榮民離婚，讓家鄉女子跟老榮民結婚。俗話說：「自古嫦娥愛少年」鄂女在家鄉找到一位比她小好幾歲的男子結婚。因為她有錢，有房產，哪怕是姐弟婚夫妻去感情也很甜蜜，她宛如告老還鄉的富翁，過著稱心如意的生活。

一位大陸C女嫁到臺灣，她的第一任老公是月領一萬三仟五佰元臺幣的老榮民。老榮民去世後，她又跟一位士官長退休的老榮民結婚，她的虛榮心作祟到處吹噓，還吹得有鼻子有眼，他見人就吹噓說他的第一任老公是將軍，她去世後她領將軍老公一個月六萬餘元的半俸，她還吹噓說她老公的同袍也是將軍很喜歡她，然後跟他同居。由於看病不用交掛號費，而被人檢舉說她有將軍前夫供養。所幸停止領第一任老公的半俸，跟著位同袍將軍結婚。婚後，這位將軍老公給她兩仟萬臺幣，她的騙術很高明，讓一些大陸女子信以為真，都羨慕她當將軍太太真好命。已六旬的C女把頭髮染成金黃色，打扮成土不土，洋不洋的模樣在大眾場合裝闊。

有一次，經銷商召開促銷會，會上不斷推銷商品還送入會者一些贈品，如米、油、醬油、衛生紙、泡麵等，其實全是過了期的商品，C女了讓經銷商經銷商多送她一些贈品，她便以借錢給別人買商品的方式，幫忙經銷商推銷商品。這天，一味平時極羨慕C女命好的大陸W女，也來參加這促銷會。C女極力勸說W女買蜂王膠囊，W女說她沒帶錢，C女忙借給W女三仟元臺幣買一盒蜂王膠囊，C女當天回家忙將借給W女的三仟元計在她的帳本上。三天後，經銷商又開促銷會，W女特別將三仟元臺幣還給C女。三年後，C女拿著她的賬本到處討債，因為三年來在無數次的促銷會上，C 女曾借錢給許多人買商品，她都一筆一筆地記在賬本上，她為什麼要等三年才討債，因為人的記憶力是有限的，原本已還她錢的人也忘了是否還過錢，見她來討債就第二次還錢給她。C 女這樣也是一種騙術。這天 C 女到 W 女家進門就說：「三年前我借給你三仟元買蜂王膠囊，你還沒還錢給我，我都有記帳。」W 女說：「我買蜂王膠囊三天後，已經還錢給你了，我這人從來不喜歡長期欠人家的錢。」

C 女惡狠狠地說：「你根本沒還錢給我，如果你想賴帳的話，我會去法院告你，我還認識黑道上的兄弟，不然我請黑道上的兄弟來找你要錢。」說完她馬上離開 W 女的家。

W 女膽量小，她害怕 C 女找黑道來找她的麻煩，他忙去派出所將 W 女威脅她的事全講給警察聽，警察說如果 C 女再來你家鬧事，你馬上打電話給我們，我們馬上派人來解決，C 女知道之後不敢再去 W 女家要錢。」

C 女不但說謊騙人，還欺負貧苦的大陸女子，一位大陸女子的老公去世後，她老公既無房產又沒半俸給她領，她只有四處打零工度日。有一次，C 女要回大陸，請這位貧苦女照顧她老公，C 女對貧苦女講好十天給她一萬元臺幣。外面的行情照顧老人一天二十四小時為二仟元臺幣。十天後 C 女回到臺灣，卻只給貧苦女五仟元臺幣，等於貧苦女辛苦十天一天才五佰元臺幣的工錢。只是外面行情的四分之一，貧苦女明知 C 女欺負她，她也只有忍耐。

一位大陸 H 女嫁給一位既吝嗇又淫亂的老榮民，她來臺灣後，她老公經常拉他看 A 片，H 女很討厭看 A 片，感覺 A 片裡的人物宛如動物在表演。這位老榮民經常去外面找女人陪睡，H 女知道後很想跟他離婚。她害怕被他傳染上性病，但是 H 女尚未領到臺灣的身份證，一旦跟他離婚他得在一個月內離開臺灣回大陸。她感覺回大陸跟親人及朋友不好交代，老榮民不但淫亂，還對 H 女非常刻薄，H 女喜歡吃青菜，這位老榮民每天僅花十元臺幣買一把小青菜，每天吃青菜時，老榮民總望 H 女瞪眼，說她吃多了。老榮民從來不給 H 女零用錢，那時候臺灣不準許大陸女子在臺灣打工賺錢，H 你的內衣破了，一條毛巾用的像漁網，這位老榮民也不給錢她買。舉目無親的 H 女拿著針線一針針縫著她破爛內衣，和像漁網般的毛巾時，她的淚水像湧泉般流到她所補的內衣上，什麼年代呀！她在大陸從未受過如此窘境。她感覺自己度日如年，老榮民對 H 女不如意時還罵她，斥喝她，叫她滾出去。他白天罵她時，H 女原本怨恨他，到晚上他還拉她做人事，他很愛面子，她拒絕他會吵到鄰居不安寧，她只有閉上眼睛任憑她蹂躪。她感覺自己是他的「性奴」，比被人強姦的女子還不如，被人強姦還可以大聲呼喊叫罵，然而，處在這尷尬境地的 H 女只能忍辱含羞，宛如啞巴吃黃蓮有苦說不出。H 女常常感覺自己在服刑，她每天望著日曆盼望著刑滿釋放。

大陸一位魯女三十餘歲嫁給臺灣一位胖墩墩的中年男子，魯女身材標準，長相甜美，胖男卻不惜福。他在遠洋輪船上工作，在家的時間較少，胖男無視魯女他特別請他的出了嫁的妹妹掌管他家裡的一切，魯女感到不自由而心理不平衡。她也對她老公很灰心，他們夫妻吵架時，魯女覺得嫁給她老公很委屈而傷心哭泣，她老公不但不安慰她，還諷刺挖苦她會表演。一位各方面優秀的魯女嫁給她老公宛如嫁給一個家族，受很多人的管束，如同生活在萬丈深淵，當她拿到臺灣身分證後就跟老公離婚，去外面找工作謀生，她擺脫了前夫對她無情的痛苦卻，擺脫不了心理上的陰影，她離婚後一直不敢再結婚。

一位三十餘歲的大陸鄂女嫁給一位跟她年紀相仿的臺灣男子，婚後夫妻兩人都有工作，他們夫唱婦隨感情很好，鄂女的老公很孝順，一直跟父母住在一起贍養父母。鄂女也幫老公照顧他的父母。他們夫妻結婚十多年後，鄂女的老公的父母相繼去世，接著鄂女老公又將她罹患癌症的哥哥和一位精神病患的侄兒接到家裡供養和照顧。他們這位侄兒很怕水，濺到水就大呼小叫，他常年不洗澡身上散發惡臭，鄂女老公特別在頂樓替他蓋一間鐵皮屋居住，鄂女雖然心煩卻看在夫妻感情的份上，亦遵循古訓嫁雞隨雞，嫁狗隨狗，她每天做好飯菜送到頂樓鐵皮屋給老公的侄兒吃，每次送飯菜時得忍受侄兒身上惡臭替他整理房間。

大陸一位五十餘歲的 W 女嫁給臺灣七十餘歲的老榮民。W 女來臺灣後發現她老公時常去外面找女人陪睡，她害怕被老公傳染上性病，她不跟老公同房，更不同床。有一天，W 女老公外出，W 女暗地裡跟蹤他，W 女看到他老公跟一位年齡長相醜陋的女人邊走邊談笑風生，W 女心裡不平衡的想：「我以為他會找比我漂亮的女人，那我就服了，原來他找的女人比我醜。」W 女帶老公回家時她氣忿的站起站在老公面前脫光衣服說：「來呀！看你有多大的本事。」

W 女的老公說：「怎麼你終於耐不住寂寞。」

W 女聽老公這麼說啼笑皆非，W 女知道外面的女人都是想錢才跟老公淫亂，於是 W 女嚴格控制老公身上的錢，一天只給他二佰元臺幣零用，她老公不願意時，W 女便說她要回大陸去。W 女老公卻哭著求她別離開他，因為 W 女很能幹，雖然老公月收入僅二萬餘元臺幣，W 女卻把家庭生活安排得有條不紊，每餐有魚、有肉、有蔬菜，她把營養調配的很均衡，使她老公的氣脈調和而紅光滿面，可是無論 W 女再怎麼努力也斬不斷她老公的淫根。

大陸一位 V 女嫁給臺灣人，她來到臺灣後，她不知道臺灣男人對性行為很開放。她第一次在異鄉陪老公睡覺，她老公稱讚她的肌膚像緞子般的滑膩，宛如跳舞廳的舞池裡抹上一層滑石粉，舞迷們在滑溜溜的舞池裡跳旋轉舞時身體像漂浮在舞池的地面上一般，V 女老公邊跟 V 女做愛邊講述，他跟某某女人做愛，那女人的長相，裡裡外外樣貌以及跟那女人做愛時的滋味……他好像在講一道菜餚的煮熟，然後吃的時候那迷人的滋味。V 女聽著聽著腦袋裡浮現一幅淫繪圖，使她感覺不到他是她的什麼人，只是感覺他是一個能動的物象，因為他們是兩處不同地方的人而盲從結合在一起，他們之間沒有愛，所以她忘了她在做什麼，也忘了他是誰。

九一、他們人老心不老注重恣情縱欲

一位老榮民做在台灣某公園路邊石凳上，兩眼癡癡地盯著來往路人，盼望有人幫他解悶。從大陸嫁來台灣的 F 女知道這位老榮民的心思，說他想花錢請一位女子陪他聊天以消磨他的孤獨歲月。F 女介紹 E 女陪她聊天，E 女頗具文化素養，她對這位老人找人聊天很好奇，她並不想要他的錢，只想偶爾花點時間了解他孤獨之苦，當她去跟老榮民聊天時，老榮民對她說：「我找人不是光跟我聊天，還得幫我解決性方面的問題。」E 女頓時嚇得花容失色，她在心裡罵道：「老色鬼！」

台灣某處有一座山，最高也有五百公尺，周遭民眾喜歡上山運動，有的老榮民拄著拐杖也來到山上找女人約時間帶回家性交易。有性功能障礙的老榮民也來山上找女人去他們家摸女人隱密處或要女人摸他的隱密處，有一位湘女被幾位老榮民約到他們家，一個一個地摸她，摸完後一個人給她三、四佰元臺幣，他一個上午就賺到一仟多元臺幣

一位老榮民在民國五十年間，公元六十年代娶一位殘障（行動不便）老婆。

她生了幾個孩子，有一個女兒也是殘障，她每天只能在家裡的地上爬行，見哪位嫁來臺灣的大陸女子有困難或是遭遇家暴沒地方住，他就熱心快腸的幫忙解決困難或帶她們住在他家，有句成語：「項莊舞劍，意在沛公。」這位老榮民則是「幫人解難，意在性慾。」有一次，老榮民家來了幾位大陸女子，那個在地上

爬行的女兒當著客人的面大叫說：「我爸爸帶女人回家，我看到他總是在抱女人。」老榮民的女兒一語道破了天機，在座的大陸女子全傻眼了，原來樂於助人的老好人卻是色鬼！爾後，她們口耳相傳，不再找這位老榮民幫忙。

民國七十六年十一月二日（公元一九八七年十一月二日）臺灣開放去大陸探親，接踵而來的海峽兩岸人民的「婚姻潮」亦蓬勃發展。年輕貌美的大陸女子一各個嫁到老榮民所居住的眷村，使老榮民享盡艷福。任何事物有一利必有一弊，有淫亂的老榮民對這些年輕的大陸女子垂涎三尺，一位中士官階退休的老榮民，聽說大陸女子喜歡在眷村附近的國民小學運動，他每天待小學生下午四點鐘放學後，連忙去學校尋覓淫亂對象。他看到一位大陸女子，哪怕人家正在做運動，他也跑到女子身後伸手摸女子的腰和臀，有正派女子除了對他橫眉鄙視怒吼道：「你幹什麼？」他說：「對不起我看錯人了。」

有迎合他的女子，他馬上帶她去她家裡陪睡，無論是大陸的，還是台灣本土的，他一律全收。雖然他每月收入只有兩萬多元台幣，他卻跟無數位女子有淫亂關係，眷村人都了解他的德性而稱他為「豬哥」（閩南語），也就是好色的意思。

大陸有位彭鑫中醫博士曾在講學的資料裡特別強調：「過量的房就會導致糖尿病、中風等一系列的病。」果不其然，這位恣情縱慾的老榮民就罹患糖尿病，

他在不到八旬的當兒就因糖尿病鋸掉一條腿，他另一條腿卻在糜爛中，他不肯去掉。之後，經人介紹，這位老榮民娶了一位大陸老婆 W 女。當 W 女知道他拈花惹草的德性，她害怕被傳染上

性病，她已晚上失眠為由不跟他同床，但她卻無微不至的照顧他的飲食起居。W 女孩監視他，不讓他四處找情人。無論 W 女如何管束他、跟蹤他，他仍然照樣尋花問柳。他沒有什麼錢便找一位六十餘歲其夫已去世的老太太，老太太不要錢，只需要給予她肉體上的刺激。

有一次，W 女站在她老公身後聽他跟女人打電話調情，他說：「還是去地下室，那裡涼快，還有睡的地方……」他打完電話轉身看到 W 女，他說：「你在偷聽我打電話，你為什麼不早點阻止我，不讓我講下去？」

W 女說：「那不好，那樣我就聽不到精彩的內容，我也就太划不來了，戲沒看到，還會落得我誣陷你。」

有一次，W 女去公園找他老公，有朋友告訴她，說她老公跟一個倒貼他的女人一起走了。當 W 女的老公回到家時，W 女說他又跟女人一起去開房間。

W 女的老公當著她的面立即脫下褲子要她檢查，W 女卻聞到一股沐浴乳的味道，她完全證實他剛跟女人上過床，然後用沐浴乳清洗過下身。W 女的老公不但不承認，反而說 W 女很內行，自己一定在外面賣過才知道這些事。W 女說：「我是做奶奶的人有什麼事不知道，你卻倒打一耙污衊我這種正派人，你明明做過這種事還不敢承認。」

有一次，W 女的老公糖尿病復發，在醫院住院的時候請一位女看護二十四小時照顧他，他的一條腿已經鋸掉，行動不方便，當女看護替他洗澡時，他伸手摸女看護的胸部和臀部，女看護憤怒的指責他，還向有關負責人反映說這個老榮民對她性騷擾，並當即拒絕替他服務。醫院全體醫護人員全知道這位重病人的可恥行為，當護士小姐替他打針時，都跟他保持一定的距離。W女跟朋友說：「老色鬼在醫院幹這種事，證明他一輩子哪怕死到臨頭他的淫心也不會泯滅。」

另一位老榮民不但淫亂還尖酸刻薄，他間接害死他的糟糠之妻。在民國五十年（公元六十年代）這位老榮民娶了一位台灣土生土長的處女，結婚後生了幾個兒女，儘管他長糟糠之妻二十歲，他仍不善待她。這位聰穎、善良，為家庭窮苦做的妻子得不到他的一絲溫暖，他每月給老婆買菜都定有固定的錢數。當他老婆買菜卻提前把錢用完了，他也不再給他補充缺額。為能讓子女能正常吃到飯菜，他老婆沒辦法就去外面找好心人借錢買菜，當那位借錢給他老婆買菜的人來找他還錢時，他竟不還錢。那位好心人忍不住發脾氣說：「好心得不到好報。」這位吝嗇老榮民不得已才還錢給人家。他對自己卻不吝嗇，他又抽煙又喝酒又玩女人，更可惡的是，他見老婆好欺，竟指示他老婆去外面找女人回來供他玩3P，可憐的老婆在他的淫威下只有去外面找一個女人回來跟他陪睡。

他特別買一張特大號的床，並要他老婆跟別的女人一起供他玩3P。他大言不慚的跟朋友說：「我跟一個女人抽動，我的一隻只手卻不停地揉摸另一個女人的私密處。」

之後，這位老榮民的老婆實在受不了他恣情縱慾和刻薄，她便離家去外面自己闖自己創業，由於她租地下室做快炒生意，使她吸入過量的油煙又不知防範，僅兩年時間他便罹患肺癌去世，她剛跨入不惑之年的寶貴生命卻被淫夫間接給毀滅了。

九二、他當衆對那舞女上下其手致妻難堪

台灣人在婚宴或公司犒賞員工的筵席活動中，喜歡請鋼管女郎跳舞，或讓鋼管女郎脫光衣服對參加宴席的男人們搞搞色誘，以此炒熱活動氣氛。

有一天，七十五歲的 L 先生跟他大陸籍泰 A 女一起參加朋友兒子的婚禮結婚喜宴在宴會的舞臺上，有一位披著長髮的鋼管女郎抱著鋼管上上下下的跳著鋼管舞，一會兒，她邊跳邊一件件的脫衣服，最後脫得只剩下乳罩和丁字褲。她從舞臺上走下來，面對台下兩百多位男女老幼，她走到一桌酒席邊強行跟一位男人擁吻，並將性感的肉體貼在男人的身體上扭動著，還將她的臉緊貼在男人的臉上。然後又換另一個男人，她用她的身體在這男人身上磨蹭、扭動。全場觀眾轟動的大聲吆喝。剛開始男人們被動的讓跳舞女郎擁吻、磨蹭，之後，有幾個男人卻主動地將舞女郎抱到餐桌上，還將一位瘦小男人抱在桌上跟吳女郎站在一起，舞女郎忙拉著那男人替他一件件脫衣服，最後那男人頑強抵抗不讓舞女郎脫下他最後一間白色襯衣。這時，舞女郎拉著那男人跟她一起扭動做模擬做愛的動作。此刻，全場觀眾的吆喝，助威聲不絕於耳。A 女在大陸從未見過這種淫穢場面，她坐在那兒臉紅心跳，不寒而慄。她閉上眼睛不敢看下去。

接著，第二個鋼管女郎更勁爆，她渾身赤裸，披一件透明袒胸的黑紗，從舞臺上下來，她見到男人就瘋狂的抱住。這時候，臺下的男人們見到她如鳥獸散。舞女郎便沿著一張張酒桌尋找目標，她抱住一個男人，就在男人身上磨蹭，她將她裸露的陰戶緊

貼在男人生殖器的部位蹭來扭去。之後，她瞄準一個目標，猛然跨到男人的肩頭，用她那裸露的陰戶緊貼在這男人的臉龐上，讓這男人的面部神經直接感受她陰戶的刺激，同時也刺激全場男人們的感官。之後，這個男人給吳女郎一仟元臺幣作為犒賞。

這時，L 先生的感官受不了刺激，他見到一些男人躲避舞女郎的追逐，便在一旁嘀咕說：「這些男人真傻！幹嘛要躲著她。」L 先生用色瞇瞇的眼光緊盯著舞女郎陰戶上的陰毛說：「毛、毛，她那裡黑的毛……」這時候，舞女郎從 L 先生面前走過時，L 先生躍躍欲摸的喜悅一下子跌入谷底，舞女郎見他年紀大，根本連看也不看她一眼，這下，L 先生著急了，忙去找節目主持人說：「讓我也抱抱，過過癮嘛！」節目主持人承諾說：「好，一定給你抱。」

第三個一絲不掛的裸體鋼管女郎，她在舞臺上象徵性地抱著鋼管搖晃了幾下，就從臺上走下來，她走到男人堆裡，有的男人迎合，有的男人躲避，有的男人把朋友推到無女郎懷裡，那個節目主持人說到做到，他把舞女郎拉到 L 先生的懷裡，對舞女郎垂涎三尺的 L 先生，忙把舞女郎拉到一邊，背對觀眾，對舞女郎上下其手，他摸她臀部，又摸乳房，又親吻她的嘴。然後給她 200 元犒賞她。

A 女坐在旁邊看著 L 先生的醜態渾身顫抖，她感覺自己彷彿掉進茅坑，強忍著惡臭無處逃避。

之後，又一個披著薄紗，裸露著身體的無女郎撲向一各個獵物一男人，有一個男人被幾個男人抓住，逼他站在一只圓凳上，那舞女郎也站在他旁邊的圓凳上抱住他。那男人舉起一隻手向那舞女郎行個禮，然後從原石上跳下來走開。那節目主持人又將這位舞女郎拉到 L 先生身邊，L 先生興奮地將舞女郎拉到隱蔽的牆角裡，他跟舞女郎臉貼著臉，一手抓住她的乳房，一手摸著她的陰戶遲遲不肯放手，那饞涎欲滴的樣子好像要將她一口吞下似的。這時候，舞女郎硬生生的從他懷裡掙脫出來，L 先生才掏錢犒賞她。

A 女看到這種可怕的情形，她當即跑出喜宴大廳，之後，她跟朋友講那天看鋼管女郎表演時，她的色老公摸抓鋼管女郎的表演更淋漓盡致，她感覺自己渾身骯髒，彷彿自己跟淫魔生活在一起隨時會遭受毒菌的侵襲。

那天晚上，A 女獨自徘徊在夜色蒼茫的異鄉道路上，她孤苦伶仃，淚流滿面地遙望著臺灣西邊的大陸故鄉。

九三、在貌似天堂的臺灣他卻過地獄般生活

在大陸某大城市的 M 女，從小在課本上讀到寶島—臺灣，她幼稚的想，既然是寶島，那麼一定是天堂。在公元二十世紀九十年代中期，M 女經人介紹嫁到臺灣，她到臺灣後，感覺臺灣氣候真好，四季如春，真是名符其實的寶島。

M 女做夢也沒料到她嫁給移位可做父輩的老人卻對她十分兇悍、刻薄，M 女剛來臺灣，沒有工作權，她身無分文，一切得依賴老公生活。她老公視錢如命，慳吝到一毛不拔。她每天買巴掌大的一條吳郭魚（鯽魚），中餐時，M 女和老公將就吃這點菜配飯，菜吃光了，M 女老公下午去公司上班，可憐的 M 女晚餐無菜可吃，只好吃白飯，她邊吃白飯邊流淚，她想在大陸再窮也沒吃過白飯。

根據臺灣當時的政策，大陸女子來臺灣住滿半年，必須回大陸。在臺灣半年的時間裡，M 女一直苦撐每天晚餐吃白飯的日子。她從大陸帶來的一雙塑膠涼鞋穿破了，她請老公幫她買一雙涼鞋，他不但不買，還責怪 M 女走路的姿勢不對，走路時不把腳抬高走路，就是買再多鞋也會破。M 女性格剛強，她見老公不給買涼鞋，她決定不去乞求，她繼續穿那雙破涼鞋，她去外面撿一根塑膠繩繫在斷裂的涼鞋上，繼續穿那雙破涼鞋。她從大陸穿來的奶罩也破了，她找老公要十塊臺幣買一個線團補奶罩，他不肯給，她說不穿奶罩不能出門，他方才不情願地將十元硬幣丟在地上。M 女覺得她的尊嚴被踐踏，她要跟他離婚，可是當時臺灣的政策規定，嫁到臺灣的大陸女子尚未領到身分證，凡是老公去世或跟老公老公離婚者，必須在一個月內離開臺灣。M 女想如果離開臺灣回大

陸，那該怎麼跟親人和親戚朋友交代，再說那時期正值兩岸「婚姻潮」時期，許多大陸女子想嫁到臺灣而找不到門路，再加上M女在大陸的兒子尚未找到工作，她為了孩子的前途只有咬牙苦撐，過著缺衣少食，精神受折磨，肉體遭殘害的地獄般生活。M女老公一方面有臺灣父權至上，一方面臺灣種種政策亦對他有利，因此，他佔有絕對優勢。而M女卻處在舉目無親劣勢中，M女老公就任意欺負她，他在生活上對她刻毒，在肉體上也不放過她，哪怕M女在經期，他也要做那事。由於他不善待M女，每次做那事時，M女感覺自己在受刑，在當他的「性奴」。人性有醜惡的一面，M女老公一旦佔上風就對弱者做出種種惡毒的事。M女老公強勢的壓迫下，有透不過氣來的痛苦，M女在舉目無親的外鄉，每時每刻都在思念親人，她常常在夢裡抱著親人痛哭，她知道大陸在臺灣的西邊，她常常遙望臺灣西邊的天際涕灑滂沱。她在心裡呼喚著上天的父母，呼喚著大陸的親骨肉，在無人處她哼唱著類似思親的歌：「相見時難別亦難，東風無力百花殘，春蠶到死絲方盡，蠟炬成灰淚始乾。」M女邊唱邊流淚，她知道這首唐詩是描寫情人間的懷念情，可是，這四句詩對M女在異鄉思念親人柔腸寸斷的心境一時傳神寫照。

有一次，M女根據政策得回大陸，她老公也替她買好飛機票，平時她在臺灣受苦受罪欺負時思念親人，偶爾打電話聽聽兒子的聲音對她是也是一種慰藉，可是，當她一碰電話就遭到老公歇斯底里喝叱：「國際長途很貴，別打別打了。」

翌晨，M女就要去機場坐飛機，她今天要打電話跟兒子約定好時間，讓兒子好去機場接她，這時M女拿起電話筒，她老公就一陣咆嘯：「不要打長途電話！不要打長途電話！」

長日長時間受壓制，受虐待的 M 女，此刻，再也受不了她老公的無禮壓制！她氣憤地朝陽臺衝去，她要跳樓了結她受人欺侮、被人不當人對待的苦命，說時遲，那時快，M 女老公搶先一步一把抓住她，死也不鬆手，這次無論如何要離婚。她跟老公一起去戶政事務所，當工作人員拿出離婚表格給她填寫時，特別交代一定要兩位有身份證的證明人簽字、蓋章。可是，舉目無親的 M 女去哪裡找兩位證明人呀？這婚又離不成了，她只好為兒子的前途著想，默默忍受屈辱和欺侮，等待出頭之日。

九四、她姐被母教觀靜坐不可理喻的事

在海峽兩岸「婚姻朝」的公元二十世紀九十年代，H 女在家鄉，經人介紹跟一位老榮民 W 先生見面，W 先生對 H 女一見傾心。當時 H 女的父母已去世女，H 女姐姐就以女方家長自居。她跟著 H 女和 w 先生走進百貨公司，H 女姐姐走著、走著，她駐足在金飾櫃前盯著展示櫃裡的一枚鑲綠寶石的金戒指，她拉著 H 女說：「這枚戒指很好看。」

W 先生忙叫營業員將那枚戒指拿出來，當營業員拿出那枚戒指時，H 女的姐姐忙伸手接過那枚戒指，即刻戴在自己的手指上，W 先生傻眼了，他以為 H 女姐姐是替 H 女要的戒指，想不到她自己卻戴在手上，H 女在心裡責怪姐姐沒自尊心，太丟人了。但是 H 女為緩和尷尬場面，忙對 W 先生說：「姐姐，早就要我替她買這種款式的戒指。」W 先生佯裝大方地說：「沒關係，我替你姐姐買吧！」W 先生付錢後，他們又走到皮鞋櫃前，H 女姐姐又指著一雙高級皮鞋說：「我女兒花花早就想買這雙鞋。」

H 女忙搶先掏出自己的錢說：「我替花花買吧。」H 女覺得姐姐老在 W 先生面前要這、要那的，丟她的面子，害怕被 W 先生瞧不起。她忙拉著姐姐說：「姐姐，時間不早了，姐夫在家會著急的。」她拉著姐姐走出百貨公司。W 先生也樂意跟著她們離開花錢的地方。

H 女到臺灣後，有人私下告訴她，她老公把一塊銅板看的比地球還大，H 女在臺灣沒有工作權，她回大陸時，她老公並未給錢她，她姐姐卻視她為從臺灣回來的財神爺，H 女未去臺灣之前

曾經在大陸做小生意，所以在大陸銀行存有上萬元人民幣，因此，H 女從臺灣回大陸，不想讓大陸的親戚們取笑她，她特別在大陸銀行取錢花用。她姐姐約她到舞廳跳舞，跳完舞，H 女姐姐約她自己的十多位朋友，拉著 H 女走進一家餐館，H 女姐姐拿著點菜單，盡點一些名貴菜餚。大家吃完飯，H 女姐姐起身去收銀台付了五佰餘元用餐費。

翌日，H 女去服裝店幫台灣朋友購買冬衣，H 女姐姐知道後又跟著 H 女走進服裝店。H 女士穿冬衣，她姐姐也在一旁試穿她喜歡的時髦服裝。H 女挑好衣服請營業員替她把衣服包裝好，H 女付款時，H 女姐姐忙湊過來拿著她挑好的時髦服裝對 H 女說：「還有我這件衣服一起付錢吧。」

待人一慣寬宏大量的 H 女二話不說就幫姐姐付了錢，站在一旁的朋友小聲說：「這位當姐姐的真會楷油。」

H 女姐姐對 H 女說：「你既然來這裡就去我們家坐坐。」

H 女跟隨姊姊來到她家，H 女進門就看到客廳裡掛滿了姐姐的流行服裝。H 女知道姐姐生性喜歡穿流行服裝，她對服裝的喜好已至癡迷程度。她買很多衣服，有些衣服放忘了，從未穿過，她家的櫃子、箱子全放滿了她的衣服。再買的衣服沒處放，她就用衣架把衣服一排排掛在竹竿上欣賞。H 女坐在姐姐家沒一會兒，姐姐的朋友們都來了，她們帶來一個專賣服裝的女人，那賣服裝的女人拿出各式各樣的服裝讓 H 女姐姐試穿，H 女姐姐一眼看中一件色彩鮮豔的外套，她穿在身上捨不得脫下來。賣服裝的女人要走了，H 女正作著看電視，冷不防她姐姐的一隻手伸進 H 女的口袋裡抓錢付給賣衣人，此刻，H 女驚愕地看她姐姐一眼，她真沒料到姐姐會用這種下賤手法對待她，她也不明白姐姐為買衣服竟道德淪喪到如此地步。每個人都有自主權，哪怕 H 女是她女兒，做母親的也不應該沒經過女兒同意就擅自拿女兒的錢，有道德修養的 H 女始終不發一語，她裝出若無其事的樣子繼續看電視。

H 女將姐姐變相找台灣人替她買戒指的事告訴哥哥，哥哥說：「你姐姐從小就被媽媽嬌慣了，媽媽從來不要她做事，家裡有什麼好吃食物都給她吃，她在家裡像有錢人家的公主似的，「飯來張口，衣來伸手。」有一次，她要媽媽替她買金絲絨的流行服裝，媽媽沒錢買，她老人家為了滿足她的要求，竟去醫院賣了幾次血才終於替她買到富貴人家才買得起的衣服，因此，使她養成非常自私的習慣，什麼事都替自己著想，絲毫不關心別人的死活。

H 女說：「媽媽歷來被姐姐的甜言蜜語蒙蔽了，直到媽媽臨終時才看清姐姐的真面目而對他感到很寒心。」

「姐姐全家都在外地山區工作，她做夢也想調回家鄉，當時，爸爸也是姐姐間接害死的，姐姐全家在山區工作時，她總是拖出差的同事找媽媽要豬肉帶給她們全家吃。那時候，城市的物質都是實行計劃供應，每人每月憑肉票才供應一斤豬肉，媽媽就將全家人的肉票一次買給姐姐出差的同事帶給姐姐全家吃。可憐的老父親年紀大，又缺乏營養，沒有抵抗力，他患一次感冒就猝逝了。」H 女邊說邊流淚。

「之後，媽媽為幫姐姐全家調回家鄉，她老人家不惜一切代價向有權人求情，終於把姐姐全家調回家鄉。為替姐姐搬家，媽媽累的中風，媽媽中風後家裡的兄弟姐妹都輪班照顧媽媽。輪到姐姐照顧媽媽時，她扯白說她胃不舒服不能睡晚了。俗話說：「慣養忤逆兒，棒打出孝子。」姐姐完全是不折不扣的忤逆女，「當弟弟見姐姐不照顧中風的媽媽，他氣的用三輪車將媽媽拖到姐姐家，幾天後，我去姐姐家看望媽媽時，媽媽我哭訴說：『你姐姐對我甩巴掌。』我當時叫車把媽媽拖走。」

H 女對哥哥說她不敢將媽媽挨姐姐打的事告訴弟弟，她害怕弟弟年輕，氣性大，萬一弟弟一時衝動會鑄成大錯。一直往住在邊遠地區，忙於工作的哥哥，聽到這些不幸的家事，他難過得哀歎不已。

九五、老榮民半俸有子女掌握致配偶悲淒

在二十世紀九十年代的兩岸「婚姻潮」中，嫁到台灣的三十餘萬大陸女子絕大多數嫁給長自己數十載的老榮民。她們來台灣就得照顧老榮民中的老人老弱病殘者，他們有的推輪椅，有的在醫院病房陪伴老榮民終老，有的老榮民患慢性疾病，她們得整日間伺候他們吃喝拉撒，甚至清洗曝曬他們大小便失禁手弄髒的衣褲及被子、床單。遇到神智不清的老榮民，他們連自由的空間也沒有，老榮民像小孩似的離不開老婆，老婆跟朋友說幾句話這老榮民就會哇哇大叫，弄的朋友老鄉都不敢上他們家的門。

就算身體健壯的老榮民一日三餐也得要老婆伺候和陪伴他運動、出遊等。因為老榮民的思想還在中國封建時期夫權至上的狀態。他們掌握了家庭經濟權，家庭裡的一切都得以他為中心，大陸嫁到台灣的女子絕大多數都失去自己的自由空間。因此，台灣社會如果沒有這批年輕的大陸女子，誰又願意沒日沒夜的照料這些經濟條件不是很好的老榮民？所以這些大陸女子為台灣社會的老年化作出了不可磨滅的貢獻。

儘管如此，老榮民去世後，照台灣政策規定的福利，其配偶可領老榮民每月終身俸的一半，（台灣社會稱之為半俸）可是自從陳水扁當總統之後，這項福利就修改為有老榮民的子女掌握，陳水扁政府規定，老榮民去世後必須有老榮民的子女在領半俸的同意書上簽字、蓋章，缺少一名子女的簽字、蓋章，老榮民的配偶就無權享受老榮年的半俸。這種規定實施後，使許多照顧老榮民數年，甚至數十年的大陸女子得不到老榮民子女的簽字、蓋章。

俗話說：「人在人情在，人亡兩天交。」這些大陸女子不但得不到老公子女們的簽字，也就領不到老公半俸，甚至還被老公的子女從家裡掃地出門，最後落得一無所有，只有黯然離開台灣回歸大陸。她們嫁到台灣不但做了一場夢還賠上自己的青春年華。

有的大陸女子腦筋很靈活，平常跟老榮民子女的關係相處得很好，老榮民去世後，她跟老公的子女協商另一種親屬均分的福利，也就是一次性領老榮民兩年半的終身俸，由配偶與子女們平均分配，作為老榮民配偶的大陸女子為了每月能領半俸，她便四處借錢案老公兩年半終身俸的數額分配給子女們，然後，一手交錢，一手簽字、蓋章，才使這位大陸女子每月領到半俸。

這種修改後的半俸政策不但使大陸女子悲哀，同樣也使老榮民在台灣本土的配偶受到波及，有一位老榮民去世後，他的二婚是本土配偶，同樣受到老榮民子女不簽字的阻礙，在老榮民二婚配偶請求下，她老公的子女們提出要拿兩佰萬台幣給他們的媽媽作為生活費。這位女子沒辦法就是處籌借兩佰萬台幣給他給他老公的前妻，因兒換得老公子女們的簽字，也使他每月領到老公的半俸。

九六、資源回收物的老榮民很富足

台灣某旅社旅行社的小姐幫一位撿資源回收物的老榮民買飛機票回大陸探親，當小姐走進這位老榮民家看到他家裡到處堆滿資源回收物，連坐的地方都沒有，小姐見此狀況，頓時對他的憐憫之心油然而升。她特別替他買優惠的飛機票，付錢時，老榮民從口袋抓出一大把錢給小姐並對小姐說：「飛機票需要多少錢，你自己拿吧。」

小姐從他手上所抓的錢裡看到有美元也有台幣，小姐嚇了一跳，她把飛機票所需的錢拿夠後，請他把多餘的錢收好。她在心裡感慨道：「原來以為他很窮，實際上他卻很有錢。」

大陸一位粵女四十餘歲，她嫁給台灣一位撿資源回收物的老榮民。粵女也幫老榮民撿資源回收物，他們一天的收入就有三仟元台幣。老榮民一直未曾結婚，粵女跟他結婚後生下一個兒子，沒過兩、三年老榮民因病去世後，粵女繼承老榮民熱鬧地段的一棟可做店面的房產，還繼承老榮民一仟多萬台幣存款。因此同時粵女每月還領到老榮民的半俸。之後，粵女將店面出租每月可收六萬元台幣的租金，她自己也很會賺錢。她在自家門前擺了一台縫紉機做換拉鍊、修改衣褲的生意，每月可轉幾萬台幣。她即刻成為當地有名氣的小富婆。這時候，有一位小她幾歲一有一棟房產的未婚男子追求她，希望跟她結為連理，粵女向男子提出要將他的房產過戶給她兒子，她才同意跟他交往，不過，她不能跟他結婚，因為她每月領有去世老公的半俸，如果跟他結婚按政策規定就要取消她所享有的半俸。

這位男子對粵女特別鍾情，他既同意將他的房產過戶給她兒子，還同意不結婚而跟他同居，粵女幸運的獲得情利雙收。

九七、盲女的技能勝過生理缺陷

在公元二十一世紀初，在台灣南部的某公園，每天清晨一位台灣本地的中年N女，站在公園的大樹下引吭高歌，以練嗓子。她的歌唱得很好，曾經獲得唱歌競賽前幾名。她面目秀麗、性情溫和，使許多老榮民對她產生好感。不幸的是她母親雙目失明，她亦遺傳到她母親眼疾的基因，如今她雙目模糊，走路特別過馬路需要有人帶路。他老公在部隊的一次戰爭中，被砲彈擊碎了睪丸。她老公從部隊退休後，夫妻兩自行分居，各過各的人生。

有一次，在唱歌競賽中，N女認識的老榮民S先生，兩人從此同居。S先生待N女很好，每天不但做飯給N女吃，出門還替她帶路，兩人在一起生活了近十年，N女的雙目完全失明了。N女說搬到她兒子住的地方，由兒子照顧她。過了一段時間，S先生想念N女，他去N女家看她。S先生發現N女根本沒跟兒子住在一起，而是跟一位退休男教師同居。S先生感覺被N女拋棄了，他認為N女沒良心，把他利用完了就一走了事。S先生不理解，為什麼一位當老師的，跟N女年紀相仿的男人會喜歡一個瞎子，而且每天牽著一個瞎子在街上走。S先生聽說那位當老師的男人也喜歡唱歌，S先生聯想到N女的魅力很大，不但使他這個老人對她念念不忘，還使跟她年紀相仿的，甚至比她小的男人都迷上她。S先生認為，N女有技能才是迷人的主要原因，哪怕她身體有缺陷人家也不在乎。例如：N女會唱歌、會按摩，她跟喜歡他的男人在一起生活時，她的兩種技能會給喜歡她的人帶來樂趣，她每天唱歌給愛她的男人聽，使男人身心愉快，她替男人按摩，使男人身體得到享受。這說明技能勝過身體缺陷。

九八、在人蛇集團盤剝下大陸女子困苦不堪

在公元二十一世紀初，正值兩岸「婚姻潮」蓬勃發展之際，兩岸人蛇集團相勾結，抓住機會盤剝兩岸通婚民眾。台灣這邊的人蛇集團派人到處勸說單身漢得付給他們三十萬台幣的仲介費，然後，由大陸的人蛇集團到處吹噓大陸女子嫁到台灣的好處。他們向一些心動的大陸女子開口要十萬人民幣的住仲介費，並規定付錢後辦理結婚手續。嚮往嫁到台灣的大陸女子只好到處借錢交仲介費。

他們在大陸各省的民政廳前排隊等待台灣動員到大陸娶老婆的單身漢。更可惡的是台灣的人蛇集團還動員社會上的一些無業人員、街友（流浪漢）、殘障人士以及年紀大的榮民充當假結婚的「人頭」，除給他買來回機票外，還另外付給他們每人十萬台幣的酬勞。

有的大陸女子在大陸民政廳前好不容易排隊排到了，由於錢不夠，湊不齊十萬人民幣，就被人蛇集團冷落，讓下一位有十萬人民幣的女子辦理結婚手續。人蛇集團欺騙不懂台灣政策的大陸女子說：「你嫌貴，還有別人，十萬人民幣算什麼？妳嫁到台灣幾個月就可以賺回來，等妳還完債，以後賺的錢全是妳的，幾年後，妳就可以成為一個大富翁。」

一位三十餘歲的大陸女子嫁給一位六十餘歲一無所有的流浪漢，這流浪漢不但彎腰駝背還矮她一截。大陸女子要嫁到台灣，對結婚對象根本沒有選擇的機會，因為要嫁到台灣的大陸女子很多，機會很難得，那怕結婚對象的條件再差，大陸女子也只能咬

牙接受。

一位大陸女子嫁給醜陋的、斷掉手的失業男子當她的「人頭」丈夫，她為了求這位「人頭」丈夫替她辦理再台灣延期居留，她還得陪這位「人頭」丈夫睡覺，她一天二十四個小時像牛依般的打幾份工，她所賺的錢都被「人頭」丈夫以及人蛇集團搜刮走，使她每月的辛苦所剩無幾。

再一位三十餘歲的大陸女子花十萬人民幣的仲介費嫁給一位老榮民，她來台灣後到處打工時認識了一位年輕的計程車司機，由於她的文化水平低，沒有警覺性，竟受這司機的囚禁，還被他打罵，甚至慘遭性虐待。之後，她找機會逃出計程車司機的魔掌，然後跟「人頭」丈夫離婚，她仿佛在台灣做了一場惡夢，最後悲憤地離開談灣回大陸。

九九、老夫度過黏少妻使少妻無地自容

在台灣某國民小學，每天清晨七點之前，有許多民眾在學校操場寶跑道上散布運動。其中一對「老少配」夫妻十分引人注目。少妻四十餘歲長相妻清秀，性情溫和，舉止嫻雅。老夫 S 先生已逾七旬，他在台灣

一直未成家，台灣開放去大陸探親時，他回四川家鄉，在鄉親們的撮合下娶到這位川女。在圍繞學校操場散步時，S 先生總會緊緊摟著川女的腰身走，凡走在操場跑道上超過他們的人們，都會不自覺地回頭看他們一眼，川女見有人看她，她每每羞赧地垂下頭，同時她掙脫 S 先生的手，他們夫妻各自走沒兩步，S 先生的手又伸向川女，並且比頭次更緊的摟住川女的腰身，川女只得垂下頭不再敢看從他們身邊走過的人們。S 先生每天如此摟住愛妻散步，其實，她的經濟條件並不好，每月才領一萬三仟五佰元的生活津貼，只能勉強應付夫妻日常簡單的生活費用。川女為賺錢幫大陸親人過上好一點的生活，她每天得四處打工。根據當時台灣政策不允許嫁來台灣尚未領到身分證的大陸女子打工。

有一次，川女打工時被人檢舉，她在打工的單位被警察帶上手銬後，再帶到派出所，派出所打電話通知 S 先生，指示 S 先生馬上卻去買飛機票任川女回大陸並規定川女在一年之內不能來台灣。S 先生買好飛機票即刻送去派出所，川女從派出所直接去飛機場搭飛機回大陸，一對老少配恩愛夫妻就這樣無預警地分別了，他們所做的一切都是按派出所的指示辦理的。S 先生每天孤獨、沮喪的到學校散步，凡知道內情的人，都用憐憫的眼神看著他，S 先

生心境抑鬱的蔡學校跑到上踟躕不前。

在另一所國民小學的運動人群中，有一對「老少配」夫妻，少妻三十餘歲，比情略顯輕挑。圓圓的臉上頗有幾分姿色，她的八旬老夫緊緊緩著她的胳膊在跑道上走。老夫彎腰駝背，渾身皺皮疙瘩，他走路歪歪倒倒猶如醉漢，像隨時有跌倒的危險，很多人都以為他們是祖孫關係。在學校早鍛鍊的人評判這對夫妻從各個層面都有天壤之別。有人忌妒，有人對他們的關係存疑。有一次，老夫獨自來學校運動時，一魏先生用揶揄的口吻問他：「先生，您沒帶孫女出來運動呀？」老夫尷尬的笑了笑沒講話。

那位少妻獨自在學校鍛鍊時，亦有人半開玩笑半嘲諷說：「唷……小姐，你怎麼不攙扶你爺爺出來運動呀？」

少妻羞紅臉無地自容地辯白說：「他不是我爺爺，他是我老公。」

一百、母荐女兒跟自己情夫同居

在海峽兩岸「婚姻潮」時期，大陸一位U女嫁給台灣一位長她二十幾歲的退休老榮民E先生。U女五官端正、身材苗條，使未曾結過婚的E先生收心。E先生每月給U女生活費，E先生雖然有輕度中風的疾病，可是她的生活還能自理，U女去外面打工賺錢，E先生也不計較，她自己在家做飯吃，每月照樣給U女生活費。E先生萬萬沒有料到U女不惜福，她除了去外面打工賺錢，還在外面打情罵俏跟男人陪睡。U女在眷村固定跟一位離了婚的老榮民X先生當「地下性伴侶」。這個X先生每月有兩萬多台幣的終身俸，雖然收入不多，但他還有一些存款。U女覬覦他的存款，特別申請她在大陸的已婚女兒以探親名義來台灣。

U女女兒來台灣後，U女竟做出傷風敗俗的事，她介紹女兒跟她昔日的情夫X先生同居，這種見不得人的醜事使整個眷村人都知道大家都都鄙視U女母女倆的亂倫行為，說他們不成體統，簡直是無恥至極。有一次，U女女兒在X先生家給大陸老公打電話時被X先生知道後問她：「你在大陸有老公啊？」U女女兒忙說：「沒有，我在大陸沒結婚，我是跟大陸的朋友打電話。」U女女兒跟X先生同居半年，她探親的期限已到，她就回大陸。她在台灣也已掏光了X先生的錢財。

U女時常在外面找男人的事被她老公E先生知道後，E先生非常憤怒，他以為他對U女那麼好，讓她去外面賺錢，同時他還給錢她，他自己有病也不麻煩她照顧，她既然讓他「戴綠帽」，他越想越氣，便猛烈地撲向她，將她的耳垂咬掉一塊。沒過多久，

U 女耳垂上的傷痊癒後，U 女依然如故地在外面跟男人陪睡，E 先生知道 U 女屢犯這種丟人的事已經不可救藥了，他憤恨地拿起一把水果刀刺傷她的臉，破他的相，他還把她穿家門不讓她住在家裡。U 女去外面租房子住，她為了得到老公的遺產和半俸她不在乎別人對他的鄙夷或遭人白眼。雖然 E 先生傷害她兩次，她依然每星期去 E 先生家，幫忙清掃房間，還替他作飯菜，E 先生也照樣給他錢。

有一次，U 女回大陸家鄉，E 先生步履蹣跚的過馬路時被一輛汽車撞死，U 女從大陸回到台灣，她如願以償繼承 E 先生的遺產和房產，每月還領到 E 先生的半俸，她還得到肇禍駕駛賠償 E 先生的三佰萬台幣。然而，U 女被扭曲的道德行徑亦讓她的耳垂和面容永遠留下醜惡的疤痕。

一百一、她當暗娼賺大錢兒與媳當肯老族

在大陸長江中游，洞庭湖以南的一個小鎮有位四十餘歲的 M 女，她於公元一九九九年嫁到台灣。她老公是一位曾經中風的退休老榮民。這位老榮民年逾七旬長 M 女三十五歲。他有房產有存款，每年領近四十萬台幣終身俸。M 女跟老榮民結婚後，老榮民將所有財產及終身俸全部交給 M 女掌管。當嫁到台灣的一些大陸女子知道 M 女的老公給 M 女如此優越的條件都羨煞了。有些慘遭台灣老公虐待的大陸女子深感不平。她們以為 M 女處於天堂，她們處於地獄她們想既然不如人，還不如歸去。可是，「上賊船容易，下賊船難。」她們只好暗暗暗下決心自立自強。在惡劣的環境裡吃苦耐拚死一搏。M 女卻生在福中不知惜福，她自輕自賤做「人盡可夫」的事。

M 女剛來台灣時，穿戴時髦，她時常帶著一副墨鏡挽著老公在公園轉悠，表示她很愛老公的樣子。在公園邊運動的民眾見 M 女抬頭挺胸、趾高氣揚地挽著老公，大家感覺她很特別而盯著她看。她的身材比一般女子略高一點，約一六八公分，國字臉形笑容可掬的雙眼，嘴型適中，唯獨那臉上肉嘟嘟的鼻頭，使她容顏略遜一籌。M 女見別人都看著她，她反倒大大方方地向大家打招呼：「你們都在這裡玩呀！」

有一次，M 女跟一位大陸 V 女一起參加婦女會，沿途一百多公尺的路程卻有四、五位中年的、老年的男人舉手向 M 女打招呼。M 女看到這情形想到曾經有人跟她說，M 女在路上走時，經常會有騎機車的男人向她揮手，M 女就坐上那男人的機車後座被男人

載走，那男人就是她的嫖客。聽說她做一次性交易喊價一仟元台幣，完事後人家給她兩、三佰元台幣，她也收下，居然她對嫖客說：「那你下次再多給一些。」

M 女見 V 女邊走邊明思默想的樣子，為掩飾這尷尬場面，M 女當即視 V 女為知心朋友，M 女掏心掏肺的 V 女訴說，她老公對她很好，把她所有的錢全交給她，可是她老公唯一缺憾是性功能障礙，不能跟她做愛，她在家經常強顏歡笑，有時候會對老公發脾氣，她發了脾氣又一個勁的責備自己，還跪在神位面前求神明原諒她。V 女想，M 女說這些是替她賣淫找藉口。

有一年，跟 M 女熟識的 B 女要回大陸幫子女找工作。她臨行時，請 M 女照顧她老公。M 女跟 B 女老公在一起談笑風生，吐露真情，B 女老公向 M 女提出要跟她做朋友。

M 女問 B 女老公：「那你要給我多少錢？」這下就比明她是做賣淫勾當的。之後，M 女找 B 女老公要首飾，還叮囑她說：「要大的、要粗的白金項鍊」。

B 女老公見 M 女「獅子大開」忙打退堂鼓不再跟她交往。B 女回台灣聽老公說 M 女的做為方才知道 M 女是這種德行。B 女想起 M 女曾親口對她講，她在大陸家鄉蓋了一棟八層的樓房，還蓋了三家店面，樓房和店面都做有地下室，她還花了很多錢給她兒子去北京讀貴族學校。B 女想 M 女來台灣才五、六年的光景，哪來那麼多錢呀？ M 女的老公在銀行的存款只有三佰萬台幣，他一年只領四十萬台幣的終身俸，他們還要生活，有那麼大的經濟實力替她在大陸家鄉做那麼高大的房子以及培養她兒子讀北京的貴族學校呀？原來她的錢是做暗娼賺到的。M 女時常對別人講，她根本不把一佰元台幣放眼裡，她時常打一佰五十一圈的麻將，一夜下來輸贏上萬元台幣她也不在乎。

M 女在台灣過了十多年，她對所有男人，那怕不認識的男人都以她的招牌校笑臉相迎。她大部分的時間在外面打麻將，於此同時她也可在麻將桌上尋覓嫖客，可謂一舉兩得。M 女平時很少在家裡做飯給老公吃，她老公時常吃她帶回家的便當，所以 M 女以熟間在外面幹一些見不得人的勾當賺錢。有一年春節，B 女和老公從 M 女家門前路過，他們順便走進 M 女家看看，當他們在 M 女家坐下來時，先後有四、五位老男人到 M 女家探望 M 女，看他們的表情就知道他們是 M 女過從甚密的嫖客，他們圍坐在客廳的一張圓桌上，M 女招待他們喝茶、吃瓜子、糖果。其中有一位像老闆的樣子，看來老男人們間沒有什麼互動，他們是無預警碰在一起的，他們自顧自地埋頭喝茶或嗑瓜子，在這尷尬場面，男主人也就是 M 女的老公並未露面，M 女的老公失一位行動不便的老人，他一定明白這些來家造訪的男人的意圖和目的。M 女的老公不會也沒能力干預他們，他指要求 M 女照顧他的飲食起居就行了，他有性功能障礙，因他也不會吃醋，反倒是那些前來看望情婦的隱蔽男人們用忌妒的眼神邊喝茶邊有意無意的獻一眼坐在他們左右的情敵。B 女老公的內心裡一定是五味雜陳，他見 M 女有這麼多地下情人來找她，他不知是忌恨還是忌妒，B 女亦坐在一旁遐想：「M 女凹凸勻稱的身段，如果不是他臉上肉嘟嘟的鼻頭降低她幾分風采的話，她在台灣這塊風水寶地上，她在表面上又以照顧一個生活不能自理的老公做掩飾，她一定更能飛黃騰達，莫說她在家鄉蓋一棟八層樓的房子就是蓋五、六棟八層樓的房子也不在話下。」

世上的事物常常具有兩面性，也就是「有一利必有一弊」。M 女花大錢培養兒子在北京讀貴族學校，到頭來，那兒子不但沒出息，還娶個媳婦陪伴他當肯老族。M 女得時常寄錢回家供養過「貴族」生活的兒子和媳婦，這也許是上蒼讓 M 女的財富悖入悖出吧。

一百二、她守身如玉擺脫淫亂大陸女

公園二十一世紀初在大陸某酒店陪酒的B女，三十餘歲，她在大陸陪酒陪睡臭名遠揚，很難找到結婚對象。B女母親早期嫁來台灣，作為母親她知道B女在大陸找不到結婚對象，於是，特別在台灣替B女物色一位作風正派、品德優秀、熱心助人的中年未婚男子L先生。B女母親便以辦理B女母親來台灣探親的名義讓B女來台跟L先生見面。B女來台後，B女母親突兀的帶女兒去L先生家，B女母親對L先生撒謊說：「家裡老公生病，女兒在家不方便。」

原本助人為樂的L先生見B女有無處落腳的困難，便欣然接受安排B女住在她家裡。這下，B女母親喜不自勝，她暗想這事成了，孤男寡女住在一起哪有不成的。可是，她做夢也沒想到，L先生首身如玉，他安排排B女住在另一個房間裡，晚上他還特別將自己住的房間拴緊、反鎖著。凡知道B女在大陸底細的人都紛紛對L先生告密，他們說B女在大陸酒店跟眾多男人陪睡，甚至曾經墮胎。這B女在L先生家沒住幾天就很快露出她玩世不恭的醜陋本性。待L先生出門上班之際，B女在家客廳裡，僅穿一條三角褲，嘴裡叼支香菸在客廳裡走來走去，因客廳與門外僅隔一道紗門，門外往來路過的鄰居們將B女幾乎裸露身體的醜態看得一清二楚。B女約一些大陸在台灣的熟人來L先生家聚會，他們大聲喧嘩，鬧得四鄰不安。鄰居們紛紛議論說：「正派的L先生千萬不能娶這種無知的下三濫女人。」

鄰居們還紛紛向L先生的長輩反映B女在L先生家裡種種不

齒的行徑。L 先生亦對 B 女看出端倪，他不再帶 B 女出門遊玩，B 女探親的時間也到期了，B 女母親趁 L 先生不再家時，她到 L 先生家看到她女兒跟 L 先生分房住的情形，亦知道她將淫亂女兒硬塞給 L 先生的計謀露空了，她帶著女兒悻然離開 L 先生的家。

一百三、台灣女與嫁到台灣的大陸女情隨事遷

台灣本土有一H女，她年輕的時候嫁給老榮民。老榮民去世後，她每個月領老榮民的半俸過日子。她沒什麼技能，總感到她的生活和精神很無聊、空虛埂她已年過六旬卻把時間和精力全用於找男朋友。照道理她是寡婦婦正當找一位老伴屬人之常情，她卻專找有婦之夫。有時她跟男朋友吵架鬧得四鄰不安，鄰居們都鄙視她。但是，H女不在乎，繼續在老榮民聚集地點長期蹲點不斷尋覓她所喜歡的對象。有一次，H女竟到一位有老婆，還有三個兒子同住的老榮民家的臥室跟老榮民通姦。不料被老榮民兒子當場抓獲兒大罵她。這位老榮民的老婆比H女年輕、漂亮，也愛在外面找情人。老榮民不理睬他老婆，自己已也在外面拈花惹草。他跟女人性交易一次就給兩仟元台幣。他是台中校官階退休，每月終身俸有四萬多元台幣。他跟H女交朋友每月給她一萬元台幣。H女跟這位老榮民通姦被其兒子抓獲而大罵她的事，在老榮民迯住的大樓裡以家戶喻曉。H女不承認只說跟這位老榮民在家裡聊天。她為了證實自己的清白，她在這棟大樓的女朋友家脫褲子露出陰戶給那位女朋友看時說：「我這裡不滿已經塌下去了，根本不能做那事。」

有一次，這位老榮民去H女家，住在樓上的H女不開門，這位老榮民在樓下當著眾人的面大聲叫罵H女，說H女找需多男人騙他，還騙走他幾十萬台幣，是個不要臉的女人！H女站在自家陽台上說，「你再罵，我就報警！」這時老榮民忿忿不平地離開。不久再樓下叫罵H女的老榮民又來到H女家裏，他們竟言歸於好，

在一起有說有笑。H 女的鄰居們都說：「這對老男女的臉皮還真夠厚！」

之後，H 女又另外找一位老榮民，這位老榮民身材瘦小，身穿一件有方圓圖案兒發亮的中式對襟服裝，活像戲台上演丑角的老頭兒。他經常來 H 女家幽會。沒多久，兩人爭吵起來，老男站在門外，H 女站在門裡面，兩人唇槍舌劍誰也不讓誰，還互罵對方詐欺。H 女說，她老在外面無端被她老婆當小三追打，害她氣得病倒，花很多錢看病。吵著，吵著，H 女拉開門，老男人走進 H 女家裏繼續吵，不到十分鐘，兩人由吵變成交談，之後又互訴衷腸。老男人說：「我錯怪你了，我按門鈴，你沒開門，我以為你找到新男人。」H 女說：「我渾身是病找什麼男人？」

老男人說：「我帶你去餐廳吃飯人。」

H 女也邊哭泣說：「我的感情權給你了，你能幫我什麼？我打電話找你，你老婆又愛罵我。」

其實 H 女又找到新的老男人。那位穿著中式對襟服裝的男人還是被 H 女甩了。

這天這位穿著中式對襟服裝的男人站在 H 女家門邊求她復合，她情切切，意綿綿的呼喚她：「小妹……小妹……」她喊了好長時間，關關在在家裡的 H 女就是不理睬他。也許她找到的新男人比這個男人條件好，給她的錢比較多。這位受情傷的老先生苦苦求愛的哀求聲宛如處在飢餓中求人救命般哀鳴！

一位老榮民跟一位台灣的 M 女結婚，老榮民長 M 女十七歲。M 女總嫌他年紀大，跟他做愛不快活。M 女陸續跟老榮民生了五個孩子。老榮民害怕孩子太多不好照顧，於是跟 M 女做愛時，採取體外排精的辦法控制生育。M 女覺得他這樣做，讓他更不快活。他乾脆把孩子全丟給丈夫養。自己離開家去外面找情夫。她找外面好吃懶做的流浪漢當她的情夫，因為她喜歡年輕的男人這流浪漢正好小她一歲。她去外面當清潔工賺錢租房子跟情夫同居，還供情夫吃穿花費。有一天，這情夫趁 M 女外出打工時，在外面將一個女人帶回家，她跟兩個女人睡在一張床上玩 3p。沒多久，M 女跟情夫鬧翻了。她又去外面找一個圖樣吃軟飯的好吃懶做的情夫，M 女照樣去外面打工賺錢，負擔情夫所有的生活費用。

M 女在外面任勞任怨的過了好多年這樣的生活，後來她丈夫要娶老婆就跟 M 女辦理了離婚手續。

一位燙著棕色常捲髮，穿著時髦超短裙的大陸：「老辣妹」，在台灣待老公去世後，她專做類似流動應召站的事。嫖客打手機給她，她隨叫隨到。其實她滿臉皺紋，年逾半百當嫖客嫌她老時，她振振有詞的說：「在暗暗的燈光下，你抱著的應該是有血有肉的女人，而不是抱著一張整容的漂亮臉蛋。光一張漂亮臉蛋能用嗎？好用的應該在下面。」

一位大陸閩女，家裡很窮，在她三十歲時，經人介紹嫁給台灣一位四十餘歲的傻子，他是出車禍被撞傻的。他跟閔女結婚後連床幃密事也不會，他只是坐在閔女身邊望著她傻笑。閔女的公公婆婆還時常堤防她去外面找男人。她公公、婆婆見情況不對，他們的兒子不能為他們家傳宗接代，就替他們的兒子跟閔女辦離婚手續。按台灣當時的政策規定，大陸女子一但跟其夫離婚，必須在一個月內離開台灣。閩女離婚後，凡認識她的人都關心她，替她介紹對象。由於她陪伴傻子，她自己也變成傻子，當有人替她介紹一個條件很好，生肖屬猴的男子，她不願意跟人家見面，她說：「傻子老公屬猴，凡是屬猴的男人我都不要！」

大陸一位魯女，嫁到台灣才二十餘歲，為了賺錢她幾乎拼命。她做過一天二十四小時的看護工。後來又做早點間清潔工。當時政策規定，從大陸嫁來台灣的女子，領台灣身分證需要八年時間。由於她沒有身分證不能在銀行開戶存錢。她就把她所賺的錢全部放在她公公那裏，請公公已她的名義將錢存在銀行裡。她公公是外省人（在台灣本土之外出生的人）她老公便是外省第二代，她老公愛喝酒、愛發脾氣，他們小倆口夫妻感感情不好。當魯女要回大陸時找公公要她賺的那筆錢，她公公竟不肯給她，她當場氣的暈倒。送醫院搶救時，被確診為猛爆性肝炎，幾乎送了命。她生下一個兒子，仍跟老公感情不好，兩人長期分床睡，之後，她跟老公已離婚收場。

一位月領一萬三仟五佰元的老榮民去大陸家鄉娶一位年輕貌美的湘女，她長湘女三十餘歲。回台灣後，跟他最要好的同袍很羨慕他的豔福。他對同袍說：「我老婆不算最美的，在我的家鄉比我老婆美的女子還多得多。」同袍便拖他回到家鄉，如他所願，他在家鄉很快找到一位比他老婆年輕、美麗又風騷湘女。他借替湘女介紹對象知名，跟這位風騷的湘女偷情。這位風騷的湘女到台灣後，宛如餓虎撲食已他的美貌四處勾引男人，還跟他這位介紹人保持暗渡陳倉。

在兩岸「婚姻潮」中，大陸一位五十餘歲的鄂女嫁給一位七十餘歲的老榮民，結婚時老榮民替鄂女買了一套房子。來台灣後，鄂女要老公再替她在家鄉買一套房子，於是她跟老公做愛時，便投其所好強迫自己替老公口交，有幾次幾乎被精液嗆到。之後，她終於如願以償，老公替她在家鄉多買了一套二室一廳的新房子。

一位大陸三十歲的桂女嫁給一位七十四歲的老榮民，老榮民跟桂女相親時對她吹噓說：「像你這樣的女子，有十個我也養的活。」老榮民給她一仟元人民幣作為見面禮。桂女來到台灣後，見她住的房子是在一處山坡地上蓋的一間違章建築的鐵皮屋，家裏什麼家具也沒有，衣服就放在蛇皮袋裡，家裏到處堆著放東西的蛇皮袋，因為老榮民一個月只領一萬三仟五佰台幣，他卻喜歡到處拈花惹草。每天不是吃蛋炒飯就是吃麵條，連買菜的錢都沒有。他時在負擔不起桂女的生活費，就邀情跟桂女離婚。他暗裡卻拖熟識的人替她介紹結婚對象。之後，她聽說一位八十四歲也是每月領一萬三仟五佰元台幣的老榮民，她中風後沒錢請人照顧他，這位桂女迫不得已跟老公離婚而嫁給這位八十四歲的老榮民。

一位台灣本土的七旬老太太，他的榮民丈夫去世後，他跟兒子、媳婦住在獨門獨戶的房裡（台灣稱這類樓房為天厝）。老太太在外面認識一位有婦之夫，她將她帶到家裡她姘居。沒多久，這位有婦夫又在外面勾引一一位年輕女人，甚至將女人帶到老太太家裏住。那位年輕女人還大模大樣的在老太太家裏挑選一間最好的主臥室跟她的情夫姘居。為這事老太太的媳婦瞧不起婆婆得做為，竟搬出去租房子住，後來老太太兒子氣不過，將這對淫亂男女趕出門。那個男人她的姘頭分手後，又回頭來找老太太，照老太太竟然接納他。老太太對朋友們說：「這個男人比以前好多了。」老太太寧可在兒子媳婦面前丟醜而失去做長輩的尊嚴也要容納這種男人。

一百四、她在年邁多病中想起母親就錐心泣血

W 女從大陸嫁到台灣，隨著歲月流逝，生活在異鄉已二十餘年。如今，W 女年近七旬，由於年邁的她舊疾時常復發，在病痛中，她時常回想母親中風時痛苦的情形。那時候，W 女的母親亦近七旬，她在病痛中掙扎，最後，在媳婦狠心的虐待中痛苦逝世。

W 女的母親中風後，右半身癱瘓，解打大小便時需要人從座椅上扶起來，再扶到另一張裝有痰盂的椅子上大小便。W 女因工作忙，不能照顧中風的母親，她要求她的姐姐跟她一起每人每月給十元人民幣請嫂嫂照顧母親。當時，大陸每月每人的生活費為十元人民幣。照道理，作為母親的媳婦應當滿足了。按中國人的習俗兒媳婦照顧長輩是天經地義的事，何況她每月還有二十元的收入。W 女的嫂嫂卻不孝敬中風老人，她還虐待老人。她時常不給老人水喝，她害怕老人喝水會要小便，就得麻煩她扶老人。W 女的可憐母親，只有在洗臉時，用癱瘓無力的手將毛巾擰出一點水用嘴接著解渴。W 女母親常常吃不飽而挨餓，她還常常遭受狠心媳婦的喝斥。有一次，W 女的母親受不了媳婦的虐待，她趁媳婦出門得當兒，將一個玻璃杯摔破，在將破碎的玻璃抓在手裡割自己的頸項，鮮血直往外流。由於她中風無力，尚未割斷頸部動脈血管。經常來哥哥家看望母親的 W 女知道母親自殺非常痛心。她當著母親的面不捨地安慰母親，背著母親卻痛哭流涕。

有一年，即將過年，W 女到哥哥家看母親，她見母親餓得渾身顫抖，母親見 W 女直喊肚子餓。W 女嫂嫂只為準備過年，根本沒有給中風老人吃飯。W 女忙找嫂嫂要食物給母親吃，嫂子說她

很忙沒時間作飯，她隨手抓一把炒熟的蠶豆給 W 女叫她給中風老人吃。一位中風老人哪裡吃得動像鐵一般硬得蠶豆。當時那個年代在外面沒有攤販，買不到任何熟食，W 女只有乾著急。翌日，W 女的侄兒來 W 女報信說：「奶奶去世了」。W 女邊急走邊哭，她在心裡恨嫂子不到三年時間，將中風老人折磨死了。

俗話說：「一報還一報。」W 女的嫂子到自己老時，她的女兒一定會有樣學樣的虐待她。W 女痛心的想。

國家圖書館出版品預行編目資料

兩岸糾葛情 / 海鳴著 . -- 初版 . -- 臺北市：博客思出版事業網，
2024.03　面；　公分 . --（現代散文；20）
ISBN：978-986-0762-76-1（平裝）
1.CST: 異國婚姻 2.CST: 兩性關係 3.CST: 兩岸關係

544.38　　113001075

現代散文 20

兩岸糾葛情

作　　者：海鳴
主　　編：楊容容
編　　輯：楊容容
美　　編：陳勁宏
校　　對：沈彥伶、古佳雯
封面設計：陳勁宏
出　　版：博客思出版事業網
地　　址：臺北市中正區重慶南路 1 段 121 號 8 樓之 14
電　　話：(02) 2331-1675 或 (02) 2331-1691
傳　　真：(02) 2382-6225
E－MAIL：books5w@gMail.coM 或 books5w@yahoo.coM.tw
網路書店：http://5w.coM.tw/
https://www.pcstore.coM.tw/yesbooks/
https://shopee.tw/books5w
博客來網路書店、博客思網路書店
三民書局、金石堂書店
經　　銷：聯合發行股份有限公司
電　　話：(02) 2917-8022　　傳真：(02) 2915-7212
劃撥戶名：蘭臺出版社　　帳號：18995335
香港代理：香港聯合零售有限公司
電　　話：(852) 2150-2100　　傳真：(852) 2356-0735
出版日期：2024 年 03 月 初版
定　　價：新臺幣 280 元整（平裝）
ISBN：978-986-0762-76-1